Prof. Dr. Max Otte

Charles MacKay und Joseph de la Vega
Gier und Wahnsinn
Warum der Crash immer wieder kommt ...

Charles MacKay | Joseph de la Vega

Gier und Wahnsinn

Warum der Crash immer wieder kommt …

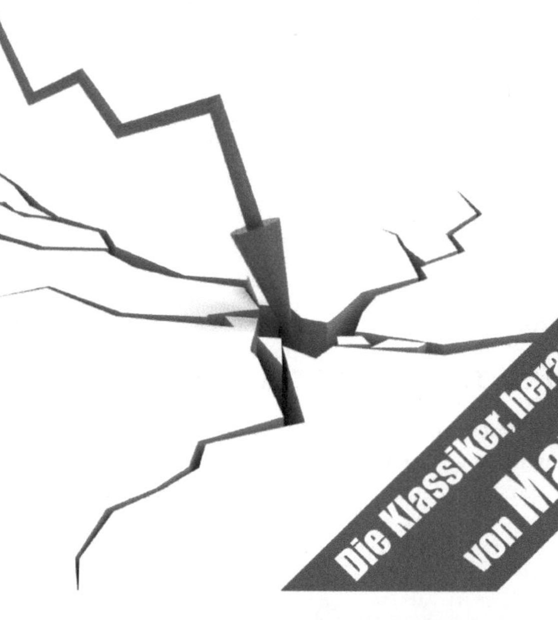

FBV

Die Klassiker, herausgegeben von Max Otte

Bibliografische Information der Deutschen Nationalbibliothek:
Die Deutsche Nationalbibliothek verzeichnet diese Publikation in der Deutschen Nationalbibliografie; detaillierte bibliografische Daten sind im Internet über http://d-nb.de abrufbar.

Für Fragen und Anregungen:
maxotte@finanzbuchverlag.de
charlesmackay@finanzbuchverlag.de
josephdelavega@finanzbuchverlag.de

3. Auflage 2013

Nymphenburger Straße 86
D-80636 München
Tel.: 089 651285-0
Fax: 089 652096

Übersetzung: Stephan Gebauer
Korrektorat: Verena Schnapp
Layout & Satz: Druckerei Joh. Walch, Augsburg
Druck: Books on Demand GmbH, Norderstedt
Printed in Germany

ISBN Print 978-3-89879-815-0
ISBN E-Book (PDF) 978-3-86248-460-7

Inhalt

Einleitung

von Prof. Dr. Max Otte

Vom »Tulpenwahn« hörte ich zum ersten Mal 1986 als 21-jähriger Student, als Charles Kindleberger[1] auf einer Konferenz im Institute for International Economics in Washington einige besonders amüsante Anekdoten aus Charles MacKays Klassiker zum Besten gab. Es faszinierte mich sofort, wie Menschen in der damals führenden Wirtschafts- und Handelsnation der Welt – Holland – Haus und Hof versetzten, um Tulpenzwiebeln zu erwerben, wie schon damals Terminbörsen entstanden und wie es kam wie es kommen musste, als die Tulpenblase platzte. Seitdem haben mich Finanzkrisen nicht mehr losgelassen.

Das Finanzmagazin *Forbes* nannte Charles MacKays Werk das »wichtigste Buch, das je über Investments geschrieben worden ist«.[2] Lesen Sie die authentischen und äußerst unterhaltsamen Berichte über den Tulpenwahn in Holland von 1634 – 1637, John Laws großes Mississippi-Projekt von 1719 – 1720, das ganz Frankreich ruinierte und die englische Südseeblase von 1720, die

1) Charles Kindleberger (1910 – 2003) war der Vater aller modernen Crashforscher. Als Historiker, der bei der amerikanischen Notenbank, dem Finanz- und dem Außenministerium nach Kriegsende als Leiter für deutsche und österreichische Fragen gearbeitet hatte, kam der Finanzhistoriker 1948 zur wirtschaftswissenschaftlichen Fakultät des Massachusetts Institute of Technology. Erst nach seiner Emeritierung 1978 schrieb er Manien, Paniken, Crashs – die Geschichte der Finanzkrisen der Welt (Kulmbach, 2001), das zum Klassiker wurde. Kindleberger veröffentlichte eine Vielzahl von Abhandlungen zur Wirtschafts- und Finanzgeschichte und wurde alt genug, das Platzen der Technologieblase nach dem Jahr 2000 noch mitzuerleben. Siehe auch Max Otte Der Crash kommt (Berlin, 2006), S. 39 – 40.

2) Martin S. Fridson, Einleitung zu MacKay, Charles, Extraordinary Popular Delusions and the Madness of Crowds und Joseph de la Vega, *Confusión de Confusiones,* (New York, 1996), S. 2.

durchaus Ähnlichkeiten mit der Technologieblase von 1997 – 2000 und der Emission der Aktie der Deutschen Telekom aufweist.

Bereits 1992 wurde eine deutsche Teilübersetzung veröffentlicht.[3] Allerdings betonte die Ausgabe diejenigen Kapitel aus MacKays umfangreichem Werk, die sich mit Hexen- und Wunderglauben beschäftigten. Die Geschichte der Finanzblasen – knapp die Hälfte des Werks – wurde ausgeblendet. Spätestens nach dem Ausbruch der Finanzkrise im Jahr 2007 wurde es höchste Zeit, dieses Versäumnis zu korrigieren.

Zusammen mit Joseph de la Vegas *Confusión de Confusiones* – einem Buch über die Mechanismen des Handels an der Amsterdamer Börse im späten 17. Jahrhundert - liegen nun die beiden wichtigsten Klassiker zur Geschichte der Spekulation in der Neuzeit zum ersten Mal in einem Band in deutscher Sprache vor.[4] Ein Herausgeber der *Financial Times* wählte sie auf Platz eins und zwei der besten Investmentbücher, die je geschrieben wurden.[5]

Charles MacKay setzte es sich zum Ziel, die massenhaften Selbsttäuschungen und das Herdenverhalten zu entlarven und zu zeigen, wie gelegentlich bei Massenphänomenen die Rationalität aussetzt. (Der französische Arzt Gustave le Bon lieferte 1895 mit seiner *Psychologie der Massen* die erste wissenschaftliche Abhandlung hierzu nach[6]) Demgegenüber steht bei Joseph de la Vega das Tagesgeschäft und die Manipulationen an der Amsterdamer Börse im Vordergrund. Nach de la Vega kämpfen verschiedene Gruppen – Bullen und Bären, Aktienbesitzer, Kaufleute und Spekulanten – miteinander und versuchen, durch List und Verwirrung Vorteile zu erlangen. Wenn man de la Vega liest, kommt man zu der Einsicht, dass sich das Verhalten an den Börsen schon zur Frühzeit unserer weltumspannenden Zivilisation nicht besonders von heutigen Zeiten unterschieden hat.

Faszinierend ist der Klassiker von de la Vega schon deshalb, weil im Amsterdam der Jahre um 1688 – der führenden Börse jener Zeit – schon alle Aspekte der Spekulation vorhanden waren, die wir eigentlich erst in einem viel späte-

3) Charles MacKay, Zeichen und Wunder – aus den Annalen des Wahns (Frankfurt 1992).
4) Joseph de la Vega, Die Verwirrung der Verwirrungen. Vier Dialoge über die Börse in Amsterdam (Kulmbach 1994). (Kostolanys Bibliothek, 1).
5) Martin S. Fridson, Einleitung zu MacKay, Charles, Extraordinary Popular Delusions and the Madness of Crowds und Joseph de la Vega, Confusión de Confusiones, (New York, 1996), S. 1.
6) Gustave le Bon (1841 – 1931) Psychologie der Massen (Stuttgart, 2008).

ren Zeitalter vermuten, zum Beispiel Leerverkäufe, Optionskontrakte (Calls und Puts, vielleicht sogar Straddles, wie es an einigen Stellen bei de la Vega angedeutet wird), Ersatzpapiere in geringerer Stückelung, Haussiers, Baissiers und Manipulation durch Insider.[7] »Schon damals wurden Ausdrücke wie Marge, Prolongation, Liquidierung, Limit oder Courtage verwendet.«[8] So viel hat sich also anscheinend nicht geändert seit den Anfängen des modernen Kapitalismus. »Spekulanten spekulieren immer noch, und die Risikoaversen wenden Absicherungsstrategien an…

Das wirft eine interessante Frage auf. Sind unsere heutigen Märkte weniger komplex als wir glauben? Oder waren die früheren Märkte komplexer als man uns glauben gemacht hat?«[9] Lassen wir die Frage im Raum stehen.

Bis heute gibt es zur Funktionsweise der Börse drei sehr unterschiedliche Ansichten. Viele Ökonomen vertreten die erste Ansicht, dass nämlich Märkte prinzipiell effizient seien, und dass also Preise an den Märkten richtige und wichtige Signale darstellen. Zweitens vertritt eine Minderheit die Ansicht, dass Märkte oftmals ineffizient sind und dass gerade Finanzmärkte zu Übertreibungen und Manien neigen, wenn sie nicht reguliert werden. Dieser Minderheit unter den Ökonomen rechne ich mich zu. Drittens gibt es eine, insbesondere bei Laien weitverbreitete Auffassung, dass »bestimmte Kreise« die Finanzmärkte nach Gutdünken manipulieren und so hohe Gewinne abschöpfen.

Fundamental effiziente Märkte: Die Mehrheit der modernen Ökonomen geht davon aus, dass Märkte prinzipiell effizient sind und normalerweise die volkswirtschaftlich besten Ergebnisse erzielt werden, wenn man den Märkten freien Lauf lässt. Danach kann es eigentlich keine Manien, Paniken und Crashs geben, denn das was ist, ist effizient und gut. So versucht Peter Garber im Sinne des Theorems effizienter Märkte aufzuzeigen, dass es durchaus ökonomische Gründe für die exorbitanten Preisanstiege bei bestimmten holländischen Tulpenzwiebeln gab:[10] diese Zwiebeln waren nicht beliebig vermehrbar, also ein knappes Gut. Die sehr hohe und unelastische Nachfrage musste

7) Die erste Börse der Neuzeit wurde im Jahr 1611 in Amsterdam eröffnet, das Geburtsjahr des Aktienhandels läßt sich auf 1602 datieren, als – ebenfalls in Holland – die niederländische Ostindienkompanie gegründet wurde.
8) Vgl. Kellenbenz, S. 138.
9) Peter L. Bernstein, Vorwort zur englischen Ausgabe von 1996.
10) Peter Garber, Who put the Mania in the Tulipmania? In: Eugene N. White:, Crashes and Panics, (Homewood, Ill., 1988); S. 3-33.

also zu hohen Preisen führen. Dennoch kann man sich fragen, warum ganze Häuser und Landsitze für eine einzige Zwiebel ihren Besitzer wechselten und was an diesen Zwiebeln so wertvoll war.

Dieses »neoliberale Paradigma« hat die Diskussion seit den späten 70er Jahren geprägt, als in den USA und England mit Ronald Reagan und Margaret Thatcher eine weitreichende Deregulierungs- und Liberalisierungswelle einsetzte, die bis 2007 andauerte. Mit dieser Liberalisierung wurden bezeichnenderweise gerade viele der Regelungen außer Kraft gesetzt, die während der Weltwirtschaftskrise nach 1929 als Reaktion auf Marktversagen in den USA durch Roosevelts »New Deal« und in Deutschland durch Hjalmar Schacht und später durch die Begründer der Sozialen Marktwirtschaft eingeführt worden waren. Selbst nach dem Ausbruch der Finanzkrise dominiert das Paradigma effizienter Märkte unter Ökonomen. Alexander Rüstow, einer der Begründer der Sozialen Marktwirtschaft, sprach diesbezüglich von der »Religion der Marktwirtschaft«.[11] Deutlich wird dieser Glaube an effiziente Märkte auch in dem folgenden Witz, der über Ökonomen kursiert: Gehen zwei Ökonomen über die Straße. Sagt der eine: »Sie, da liegt eine 100-Euro-Note!« Sagt der andere: »Das kann gar nicht sein, denn wenn sie da läge, hätte sie schon längst jemand aufgehoben.«

Fundamental ineffiziente Märkte: Demgegenüber will MacKay zeigen, dass Finanzmärkte oftmals geradezu dem Wahnsinn verfallen und oft nichts mit Effizienz zu tun haben, eine Meinung, die ich teile. Durch seine plastischen Schilderungen illustriert MacKay, wie leicht es ist, dem Spekulationsfieber zu verfallen und wie schwer, einen kühlen und klaren Kopf zu behalten, wenn auf einmal das ganze Land spekuliert. In den letzten zwanzig Jahren hat die verhaltenwissenschaftliche Finanzforschung vielfach belegt, dass wir uns bei unseren Entscheidungen in Finanzdingen oft nicht von kühler Berechnung leiten lassen, sondern von Emotionen. Daniel Kahnemann bekam den Nobelpreis dafür, dass er mit Hilfe des Kernspintomographen zeigte, dass bei Finanzentscheidungen oftmals das Kleinhirn der aktivste Teil des Gehirns ist – und dieser Teil verbindet uns evolutionsgeschichtlich mit den Reptilien.[12] Oftmals nimmt unser Gehirn auch Abkürzungen und kommt so zu Fehlentscheidungen. So ist nun wissenschaftlich belegt, dass Finanzmärkte gelegentlich »durchdrehen« können. Verwunderlich ist nur, dass die Ergebnisse der

---

11) Alexander Rüstow, Die Religion der Marktwirtschaft, (Münster, 2003).
12) Max Otte: Der Crash kommt, (Berlin 2006), S. 41 – 42.

verhaltenwissenschaftlichen Finanzforschung die Religion der Marktwirtschaft noch nicht erschüttert haben.

Wenn Märkte, insbesondere Finanzmärkte, aber fundamental ineffizient sind, dann kann derjenige, der einen klaren Kopf bewahrt, die Schwankungen ausnutzen, um Geld zu verdienen. Was in der Theorie sehr einfach scheint, ist in der Praxis sehr schwer: Es erfordert eine extreme Unabhängigkeit des Urteils Aktien oder andere Vermögensgegenstände dann zu kaufen, wenn sie keiner will und dann zu meiden, wenn jeder sie haben will. Diese Investmentphilosophie, deren bekanntester Vertreter Warren Buffett ist und der ich ebenfalls anhänge, heißt »Value Investing«, wertorientiertes Investieren.[13]

Märkte als Spielball starker Akteure: In seinem mutigen und gut geschriebenen Buch *Crashkurs* spricht Börsenhändler Dirk Müller von einer »internationalen Finanz- und Machthydra«, die die Märkte manipuliert.[14] Steigen die Ölpreise, treiben Hedgefonds und Spekulanten ihr Spiel. Fallen die Aktienkurse, werden diese durch superreiche Familien im Kurs gedrückt, damit die Aktien nachher superbillig eingesammelt werden können. Bleibt der Goldpreis niedrig, wird er durch die Notenbanken gedrückt. Erklärungen, die zugrunde legen, dass die Börse von starken Akteuren manipuliert und bewegt wird, sind populär und eingängig. In diese dritte Kategorie lässt sich das Werk von de la Vega einordnen.

Irgendetwas ist ja auch dran: Käufe und Verkäufe werden schließlich von einzelnen Menschen oder Unternehmen getätigt, und diese Akteure verfügen über unterschiedlich viel Macht und Information. Bestimmte Gruppen oder Akteure verdienen immer wieder Geld, weil sie einen Markt manipulieren, über bessere Informationen oder über Marktmacht verfügen. Die Aufsichtsbehörden versuchen zwar, dem entgegenzuwirken, aber die Dunkelziffer ist hoch und manche dieser Transaktionen sind bis heute legal. Wir müssen also diese dritte Sichtweise nicht ganz ad acta legen, sie ergänzt die Auffassung von rationalen Märkten. Manchmal ist der Markt insgesamt ziemlich rational; dann kann wenig manipuliert werden. In einem irrationalen Markt oder einem Markt mit unvollkommener Information geht das leichter. Und manchmal verhält sich fast der ganze Markt irrational, dann wird ebenfalls

---

13) Max Otte / Jens Castner: Deutsche Superinvestoren aus Graham- und Doddsville, Erfolgsgeheimnisse der besten Value-Investoren.

14) Dirk Müller: Crashkurs – Weltwirtschaftskrise oder Jahrhundertchance? Wie Sie das Beste aus Ihrem Geld machen. München 2009.

wenig »manipuliert«, außer in dem Sinne, dass die ganze Herde in eine bedenkliche Richtung rennt.

Bereits de la Vega unterscheidet in seinem Werk zwischen (Groß)kapitalisten, Kaufleuten und Spekulanten als drei wichtige Gruppen mit unterschiedlichen Motiven. Die Aktieninhaber sind vermögende Adlige und Kaufleute, die ihre Orders selten und von Maklern ausführen lassen und vor allem auf Dividendeneinnahmen achten. Heute würden wir Langfristanleger oder »klassische institutionelle Investoren« sagen (leider haben da auch viele institutionelle Investoren das Zocken angefangen). *»Die Kapitalisten, die von den Zinsen auf ein fürstliches Vermögen leben, bewahren sich auch in diesem Geschäft die Würde von Fürsten.«* (3. Dialog). Die Kaufleute versuchen, Aktien aufgrund eines Informationsvorsprungs zu kaufen und zu verkaufen: Wie wird sich die politische Lage in Europa entwickeln? Die Gewinne der Ostindien-Kompanie? Andere Faktoren? Kaufleute agieren also aufgrund von Fundamentalanalysen und nüchterner Kalkulation, sind aber meistens keine Langfristanleger. Die Spekulanten schließlich, versuchen Stimmungen zu erahnen oder auch aktiv zu beeinflussen, indem sie zum Beispiel in Kaffeehäusern Gerüchte streuen. De la Vega: *»Auf die Börse macht die Erwartung eines Ereignisses einen sehr viel tieferen Eindruck als das Ereignis selbst.«* Auch der ständige Streit zwischen Bullen und Bären, zwischen Haussiers und Baissiers, die ein- und dasselbe Ereignis durchaus diametral unterschiedlich auslegen können, wird bei de la Vega ausführlich erläutert.

Die Einleitung des Kölner und Nürnberger Wirtschaftshistorikers Hermann Kellenbenz (1913 – 1990) bietet eine faszinierenden Überblick über die Börse und Wirtschaft in Amsterdam zu Zeiten de la Vegas, die zum Verständnis des Textes essentiell ist. Kellenbenz schrieb seine Einleitung für eine amerikanische Ausgabe von de la Vega für die Harvard Business School, nun haben wir sie in seine Muttersprache zurückübersetzt.

Oft wird nach Betrachtung der Finanzkrisen der Geschichte die Frage gestellt, warum wir anscheinend so wenig aus der Geschichte gelernt haben und warum sich Finanzdesaster oftmals als fast getreue Kopie ihrer Vorgänger wiederholen. In dieser Form ist die Frage zu einfach gestellt. Nach dem Crash von 1929 wurden die Konsequenzen aus dem Scheitern des Finanzkapitalismus gezogen – es wurden »Brandschutzmauern« installiert, wie Peer Steinbrück es ausdrücken würde. Eine der letzten und stärksten Mauern war das vom Internationalen Währungsfonds überwachte Regime fester Wechselkurse, das 1944 in Bretton Woods beschlossen wurde. Leider halten die Lehren der Geschichte meist nur eine oder zwei Generationen und geraten dann in Vergessenheit. John Kenneth Galbraith schrieb, dass die »Verrückten ihren Wahn nicht wahrnehmen können und sich nicht auf einmal dazu entschließen können, vernünftig zu sein.« Allerdings gebe es »einen gewissen Schutz, so lange es Menschen gibt, die wissen, dass die Geschichte sich wiederholt, wenn sie hören, dass nun Wirtschaftsgeschichte geschrieben werde oder dass eine neue Ära beginne. Dies helfe, die Verbreitung von Illusion zu stoppen[15].« In eben dieser Ausgabe von 1962 fährt Galbraith fort: »Der Sinn für Geschichte der Europäer schützt diese, wenn auch nicht perfekt, so doch besser vor spekulativen Exzessen (als Amerikaner, Anm. d. Verfasser).«[16] Heute (2009) bin ich mir da leider nicht mehr so sicher.

So sind mit der hemmungslosen Liberalisierung der internationalen Kapitalmärkte, beginnend mit der de-facto-Aufgabe des Systems fester Wechselkurse durch das Leitwährungsland USA unter Präsident Richard Nixon 1971, die Lehren der Geschichte leider zunehmend in Vergessenheit geraten. Hoffen wir darauf, dass eine neue Politikergeneration sie wiederentdeckt. Aber rechnen wir nicht damit! Nur Sie selbst können sich letztlich vor Exzessen an den Kapitalmärkten schützen. Das vorliegende Buch ist eine ebenso hilfreiche wie unterhaltsame Grundlage dafür.

Worms, im Januar 2010
Max Otte

---

15) John Kenneth Galbraith, The Great Crash 1929 (New York 1962), xxv.
16) Ebd.

Charles MacKay (1841)

Außerordentliche Verwirrungen und der Wahn der Massen

Extraordinary Popular Delusions and the Madness of Crowds

Der Autor hat es sich zur Aufgabe gemacht, zu zeigen, wie leicht sich die Massen in die Irre führen lassen und wie sehr die Menschen dazu neigen, stets in der Herde mitzulaufen.

Die Geschichte der massenhaften Selbsttäuschung ist derart lang und enthält derart viele Episoden, dass 50 Bände kaum genügen würden, um sie eingehend darzustellen.

Charles MacKay

Vorwort zur Erstausgabe 1841

von Charles MacKay

Der Autor hat es sich zur Aufgabe gemacht, die bemerkenswertesten Fälle jener Epidemie zu sammeln, die im Lauf der Geschichte aus unterschiedlichen Gründen immer wieder ausbricht, und zu zeigen, wie leicht sich die Massen in die Irre führen lassen und wie sehr die Menschen dazu neigen, andere selbst in Verblendung und Verbrechen nachzuahmen und stets in der Herde mitzulaufen.

Einige der beschriebenen Fälle sind dem Leser möglicherweise bekannt. Der Autor hofft, dass seine Darstellung dennoch ausreichend neue Erkenntnisse enthält, um Interesse daran zu wecken. Jedenfalls mussten diese Ereignisse berücksichtigt werden, um dem Untersuchungsgegenstand gerecht werden zu können. Der Südsee-Wahn und die Mississippi-Illusion werden hier vollständiger und eingehender geschildert als in anderen Abhandlungen, und dasselbe könnte man von der Geschichte des Hexenwahns sagen,[17] die eine Darstellung der schrecklichen Vorgänge in Deutschland enthält, die Sir Walter Scott in seinen »Letters on Demonology and Witchcraft«, der bisher wichtigsten Abhandlung über dieses gleichermaßen beängstigende und interessante Thema, nur am Rande behandelt.

17) Der Hinweis auf den Hexenwahn und die Erwähnung der Arbeit über die Alchemisten auf der folgenden Seite beziehen sich auf Kapitel in MacKays Buch, die nicht Teil der vorliegenden Sammlung sind. Diese enthält nur jene Kapitel, die sich direkt auf Spekulationsblasen und die Finanzmärkte beziehen.

Die Geschichte der massenhaften Selbsttäuschung ist derart lang und enthält derart viele Episoden, dass 50 Bände kaum genügen würden, um sie eingehend darzustellen. Die vorliegende Darstellung sollte daher eher als Auswahl von Truggebilden denn als Geschichte des Phänomens betrachtet werden, als ein Kapitel im großen und furchtbaren Buch des menschlichen Wahns, das erst noch geschrieben werden muss – Porson erklärte einst scherzhaft, er werde diese Illusionen in 500 Bänden sammeln. In die Darstellung eingestreut sind Skizzen eher heiterer Geschehnisse, die weniger als Beispiele für Wahnsinn und Selbsttäuschung dienen, sondern amüsante Impressionen vom kopflosen menschlichen Nachahmungstrieb liefern.

Der religiöse Wahn wurde absichtlich nicht berücksichtigt, da er die Grenzen dieser Arbeit sprengen würde: Eine bloße Auflistung der von religiösen Hirngespinsten ausgelösten Ereignisse würde bereits genügen, um ein Buch zu füllen.

Sollte die vorliegende Arbeit wohlwollend aufgenommen werden, so wird der Autor in einem weiteren Band versuchen, ein umfassendes Bild der Alchemie und der aus ihr entsprungenen philosophischen Trugbilder zu zeichnen. Diese Arbeit wird die Kreuzritter einer vergangenen Zeit und die Magnetiseure der Gegenwart beinhalten.

London, am 23. April 1841.

Der Tulpenwahn

> *Quis furor, o cives ...*
>
> LUCAN

Die Tulpe, die angeblich nach dem türkischen Wort für Turban benannt ist, kam Mitte des 16. Jahrhunderts nach Westeuropa. Conrad Gesner, der für sich in Anspruch nimmt, dieser Blume zum Durchbruch verholfen zu haben – und der sich nie hätte träumen lassen, welche Aufregung sie kurze Zeit später hervorrufen sollte –, erklärt, im Jahr 1559 in einem Garten in Augsburg erstmals eine Tulpe gesehen zu haben. Der Garten gehörte dem gelehrten Ratsherren Herwart, der für seine Sammlung seltener exotischer Pflanzen berühmt war. Herwart hatte von einem Freund in Konstantinopel, wo die Blume seit Langem sehr beliebt war, einige Tulpenzwiebeln geschenkt bekommen. Ein Jahrzehnt später war die Tulpe bei den wohlhabenden Leuten insbesondere in den Niederlanden und Deutschland sehr begehrt. Reiche Amsterdamer zahlten hohe Preise für Blumenzwiebeln, die sie sich direkt aus Konstantinopel schicken ließen.

Die ersten in England gepflanzten Tulpen wurden im Jahr 1600 aus Wien gebracht. Die Blume wurde immer beliebter, und im Jahr 1634 galt es als Zeichen schlechten Geschmacks, wenn ein wohlhabender Mann keine Tulpensammlung besaß. Viele gelehrte Männer, darunter Pompeius de Angelis und Justus Lipsius, der Autor des Werks *De Constantia*, waren leidenschaftliche Tulpenliebhaber. Bald breitete sich die Sucht nach der Blume auch im Mittelstand aus, und Kaufleute und Ladeninhaber mit bescheidenen Mitteln begannen, miteinander um besonders seltene Blumen zu wetteifern und sich der grotesken Preise zu brüsten, die sie dafür bezahlt hatten. Ein Händler in Haarlem opferte die Hälfte seines Vermögens für eine einzige Zwiebel, und zwar nicht, um sie mit Gewinn weiterzuverkaufen, sondern um sich die Bewunderung seiner Bekannten zu sichern.

Man sollte meinen, dass die Blume irgendwelche besonderen Vorzüge besaß, die sie in den Augen eines so besonnenen Volkes wie der Niederländer derart begehrenswert machte. Aber der Tulpe fehlen sowohl die Schönheit als auch der Duft der Rose, und sie ist nicht annähernd so anmutig wie die Edelwicke. Zudem blüht sie sehr viel kürzer als diese beiden Blumen. Dennoch preist Cowley sie in den höchsten Tönen:

»The tulip next appeared, all over gay,
But wanton, full of pride, and full of play;
The world can't show a dye but here has place;
Nay, by new mixtures, she can change her face;
Purple and gold are both beneath her care,
The richest needlework she loves to wear;
Her only study is to please the eye,
And to outshine the rest in finery.«[18]

Obwohl nicht allzu poetisch, stammt diese Beschreibung von einem Poeten. Johann Beckmann hat die Tulpe in seiner *Geschichte der Erfindungen* zutreffender und in einer Prosa beschrieben, die gefälliger ist als Cowleys Verse: »Nur wenige Pflanzen nehmen zufällig, durch Schwäche oder Krankheit so viele verschiedene Farben an wie die Tulpe. In ihrer Wildform ist sie fast einfarbig, hat große Blätter und einen außergewöhnlich langen Stil. Wird sie durch Züchtung geschwächt, so wird sie in den Augen des Floristen angenehmer. Die Blütenblätter werden blasser und kleiner und nehmen verschiedene Farbtöne an, und das Grün der Blätter wird milder. Je schöner dieses Meisterwerk der Blumenkultur wird, desto schwächer wird es auch, so dass die Tulpe auch mit größtem Geschick und behutsamer Pflege kaum verpflanzt oder auch nur am Leben erhalten werden kann.«[19]

Viele Menschen entwickeln eine schwer nachvollziehbare Bindung an das, was besonders große Anstrengung von ihnen verlangt, so wie eine Mutter, die ihr schwächliches und immerzu krankes Kind mehr liebt als ihre gesünderen Sprösslinge. Diesen Grundsatz müssen wir wohl anwenden, wenn wir das un-

---

18) Sinngemäß: »Und dann die fröhliche Tulpe, wollüstig, stolz und verspielt. Es gibt keine Farbe, die sie nicht zeigen könnte, und durch immer neue Kreuzungen verändert sie ihr Aussehen. Purpur und Gold bedeuten ihr nichts, doch in farbenprächtigem Gewand erfüllt sie ihren einzigen Zweck: dem Auge zu gefallen und jede andere Blume zu überstrahlen.« (Anm. d. Übers.)

19) Hier handelt es sich um eine Rückübersetzung aus dem Englischen, nicht um ein Zitat aus Beckmanns 1783 erschienenen Arbeit Beiträge zur Geschichte der Erfindungen.

verdiente Lob verstehen wollen, das über diese fragilen Blüten ausgegossen wird. Im Jahr 1634 waren die Niederländer derart versessen auf den Besitz von Tulpen, dass sie jedes Interesse für das gewöhnliche Gewerbe verloren. Selbst die untersten Bevölkerungsschichten stürzten sich in das Geschäft mit Tulpen. Der Tulpenwahn breitete sich aus, und die Preise stiegen rasant. Im Jahr darauf bezahlte ein Käufer für 40 Zwiebeln ein Vermögen von 100.000 Gulden. Nun wurde es notwendig, das Gewicht der Tulpenzwiebeln in Perits anzugeben, einer winzigen Gewichtseinheit von weniger als einem Gran[20]. Eine Tulpe der Sorte *Admiral Liefken* mit einem Gewicht von 400 Perits war 4400 Gulden wert, eine *Admiral Van der Eyck* von 446 Perits brachte 1260 Gulden, für eine *Childer* von 106 Perits bekam man 1615 Gulden, eine *Viceroy* von 400 Perits kostete 3000 Gulden. Und wer für eine *Semper Augustus* von 200 Perits nur 5500 Gulden bezahlt hatte, der hatte ein gutes Geschäft gemacht. Diese Sorte war sehr begehrt, und selbst für eine minderwertige Zwiebel musste man 2000 Gulden bezahlen. Es wird berichtet, dass zu einem bestimmten Zeitpunkt im Jahr 1636 im ganzen Land nur zwei solche Zwiebeln erhältlich waren, die obendrein nicht von besonders guter Qualität waren. Eine war im Besitz eines Händlers in Amsterdam, der andere Schatz wurde in Haarlem gehütet. Die Spekulanten waren derart versessen darauf, diese Pflanzen in ihren Besitz zu bringen, dass ein Interessent ein Baugrundstück von vier Morgen für die Tulpe aus Haarlem anbot. Die aus Amsterdam wechselte schließlich für 4600 Gulden, eine neue Kutsche, zwei Schimmel und ein komplettes Geschirr den Besitzer. Bei dem fleißigen Autor Muning, der ein tausendseitiges Werk über den Tulpenwahn geschrieben hat, findet man eine Liste der verschiedenen Artikel, die gegen eine einzige Tulpenzwiebel der seltenen Sorte *Viceroy* getauscht wurden:

	Wert in Gulden
2 Last Weizen	448
4 Last Roggen	558
4 Mastochsen	480
8 Mastschweine	240
12 Mastschafe	120
2 Fass Wein	70
4 Tonnen Bier	32
2 Tonnen Butter	192
100 Pfund Käse	120
1 Bett samt Bettzeug	100
1 Kleidergarnitur	80
1 silberner Trinkbecher	60
	2500

20) In Großbritannien entsprach 1 Gran zu jener Zeit 0,648 Gramm.

Personen, die nach einem längeren Auslandsaufenthalt zu dem Zeitpunkt in die Niederlande zurückkehrten, als die verrückte Tulpenspekulation ihren Höhepunkt erreichte, gerieten aufgrund ihrer Unkenntnis der neuen Verhältnisse oft in peinliche Zwangslagen. Ein amüsantes Beispiel für eine solche Situation schildert De Blainville in seinen Reisebeschreibungen: Ein reicher Kaufmann, der sehr stolz auf seine seltenen Tulpen war, erhielt einmal eine sehr wertvolle Ladung aus der Levante. Der Seemann, der die Nachricht von der Ankunft des Handelsschiffs überbrachte, stellte sich im Kontor des Kaufmanns vor, wo sich alle möglichen Waren türmten. Um den Mann für die Information zu belohnen, bot ihm der Kaufmann großherzig einen feinen Räucherhering zum Frühstück an. Der Seemann hegte allem Anschein nach eine Vorliebe für Zwiebeln, und als er auf dem Tresen dieses großzügigen Geschäftsmanns ein köstliches Exemplar liegen sah, das ihm unter all den Seiden- und Samtstoffen fehl am Platz erschien, ergriff er die Gelegenheit und ließ das Gemüse in seine Hosentasche wandern, um seinen Hering damit zu würzen. Er machte sich mit seiner Beute davon und schlenderte zum Kai hinunter, um sein Frühstück einzunehmen. Doch kaum hatte er das Kontor verlassen, da bemerkte der Kaufmann, dass seine kostbare *Semper Augustus* fort war, die etwa 3000 Gulden (etwa 280 Pfund Sterling) wert war. Das ganze Kontor war in Aufruhr, doch die hektische Suche nach der wertvollen Wurzel blieb erfolglos. Der verzweifelte Kaufmann befahl eine neue, ebenfalls vergebliche Suche. Dann kam jemand auf die Idee, der Matrose könne etwas mit dem Verschwinden der Tulpe zu tun haben.

Begleitet von seinem aufgeschreckten Haushalt, lief der unglückliche Kaufmann los, um den Mann zu suchen. Dem Seemann, der ein einfaches Gemüt war, war es nicht in den Sinn gekommen, sich zu verstecken. Sie fanden ihn auf einer Taurolle sitzend, wo er gerade zufrieden den letzten Bissen seiner »Zwiebel« verzehrte. Das Frühstück, das er gerade genossen hatte, war soviel wert gewesen wie die Jahresheuer einer ganzen Schiffsbesatzung, oder, wie es der beraubte Kaufmann ausdrückte, soviel wie »ein üppiges Festmahl für den Prinzen von Oranien und den gesamten Hof des Stadhouders«. Antonius ließ Perlen in Wein auflösen, um auf Kleopatras Wohl zu trinken, Sir Richard Whittington verstieg sich in dummer Prahlerei zu einer ähnlichen Geste gegenüber König Heinrich V., und Sir Thomas Gresham trank bei der Eröffnung der königlichen Börse einen in Wein aufgelösten Diamanten auf das Wohl von Königin Elisabeth – und nun hatte sich dieser niederländische Halunke ein ebenso glänzendes Frühstück genehmigt. Und obendrein hatte er seinen verschwenderischen Vorgängern etwas voraus: Ihre Edelsteine hatten ihren Wein weder schmackhafter noch zuträglicher gemacht, während die Tulpenzwiebel den Hering des Seemanns gut gewürzt hatte. Einen einzigen Nachteil hatte das Geschäft für ihn: Er verbrachte mehrere Monate im Gefängnis, da ihn der Kaufmann wegen schweren Diebstahls anzeigte.

Der Held einer weiteren, kaum weniger amüsanten Geschichte war ein englischer Reisender. Dieser Gentleman, ein Amateurpflanzenkundler, stieß bei einem Besuch im Gewächshaus eines wohlhabenden Niederländers auf eine herumliegende Tulpenzwiebel. Da er keine Ahnung hatte, was diese wert war, nahm er sein Taschenmesser und begann sie zum Zweck einer wissenschaftlichen Untersuchung zu häuten. Nachdem er sie auf die Hälfte ihrer ursprünglichen Größe reduziert hatte, zerlegte er sie in zwei gleich große Teile, wobei er zahlreiche gelehrte Anmerkungen zur ungewöhnlichen Form der unbekannten Zwiebel machte. Plötzlich stürzte der Besitzer herbei und fuhr ihn wütend an, ob er wisse, was er da tue. »Ich schäle eine ganz außergewöhnliche Zwiebel«, erwiderte der gelehrte Reisende. »Hunderttausend Teufel!«, schrie sein Gastgeber, »das ist eine *Admiral van der Eyck*!« »Vielen Dank«, antwortete der Engländer und nahm sein Notizbuch zur Hand, um diese Information festzuhalten. »Sind diese Admiräle in Ihrem Land verbreitet?« Darauf packte der Niederländer seinen verblüfften Besucher beim Kragen und rief: »Zum Teufel mit Euch! Kommt mit zum Syndikus, dann werdet Ihr es erfahren!« Gegen seinen Widerstand wurde der Reisende durch die Straßen geführt, wo er bald von einer Menschenmenge umringt war. Als er vor dem Magistrat stand, erfuhr er zu seinem Entsetzen, dass die Zwiebel, die er untersucht hatte, 4000 Gulden wert war, und ungeachtet seiner Unschuldsbeteuerungen wurde er ins Gefängnis geworfen, wo er blieb, bis er Sicherheiten für die Entschädigungssumme leisten konnte.

Im Jahr 1636 stieg die Nachfrage nach seltenen Tulpen derart an, dass an den Börsen in Amsterdam, Rotterdam, Haarlem, Leiden, Alkmaar, Hoorn und anderen Städten eigene Handelstische für diese kostbaren Pflanzen eingerichtet wurden. Nun waren erste Anzeichen für einen Spekulationsrausch zu erkennen. Die Börsenhändler, die stets auf der Suche nach geeigneten Spekulationsobjekten waren, stürzten sich auf den Tulpenhandel und begannen, all ihre Kunstgriffe anzuwenden, um große Preisschwankungen zu provozieren. Wie immer bei einem derartigen Spielrausch herrschte anfangs grenzenlose Zuversicht, und alle, die sich am Spiel beteiligten, verdienten viel Geld. Die Tulpenhändler spekulierten auf steigende und fallende Tulpenkurse und erzielten riesige Gewinne, indem sie bei fallenden Kursen kauften und bei steigenden Preisen verkauften. Viele Leute wurden über Nacht reich. Ein goldener Köder wurde auf den Markt geworfen, und die Anleger wurden von den Tulpenbörsen angelockt wie die Fliegen vom Honigtopf. Alle Welt glaubte, die Gier nach Tulpen werde nie gestillt werden und die Begüterten der Welt würden jeden Preis zahlen, um Tulpen aus den Niederlanden in ihren Besitz zu bringen. Die Reichtümer Europas würden an der Küste der Zuiderzee entladen, und die Armut würde aus dem vom Glück begünstigten Land verschwinden. Adlige, Bürger, Bauern, Handwerker, Seeleute, Dienstboten, ja sogar Schornsteinfeger und Altkleidersammlerinnen verwandelten sich in Tulpenmakler. Menschen aus allen Gesellschaftsschichten machten ihren Besitz zu Geld und investierten dieses in Blumen. Häuser und Grundstücke wurden zu ruinös niedrigen Preisen zum Verkauf angeboten, um Barmittel für den Blumenkauf zu beschaffen, oder bei Transaktionen an der Tulpenbörse in Zahlung gegeben. Auch Ausländer wurden von dem Wahn angesteckt, und aus allen Richtungen strömte Geld ins Land. Die Preise für lebensnotwendige Güter stiegen rasant, und dasselbe galt für Häuser und Grundstücke, Pferde, Kutschen und Luxusgüter aller Art. Einige Monate lang hatte es den Anschein, als hätten sich die Niederlande in Plutus' Vorzimmer verwandelt. Der Börsenhandel mit Tulpen nahm derartige Ausmaße an und wurde so komplex, dass man es für notwendig hielt, Vorschriften für die Geschäfte zu erlassen. Es wurden Notare und Schreiber ernannt, die sich ausschließlich mit der Beurkundung und Eintragung der Tulpentransaktionen befassten. Da die Funktion des öffentlichen Notars in einigen Städten kaum bekannt war, usurpierte der Tulpennotar dieses Amt. In kleineren Städten, in denen es keine Börse gab, versammelten sich Angehörige aller Gesellschaftsschichten in Tavernen, um mit Tulpen zu handeln und die Geschäftsabschlüsse mit üppigen Festmählern zu feiern, an denen oft 200 oder 300 Personen teilnahmen. Zur Erbauung der Gäste stellte man mit blühenden Tulpen gefüllte Vasen auf Tische und Anrichten und tauschte sie in regelmäßigen Abständen durch andere Blumen aus.

Doch irgendwann wurde den Vernünftigeren klar, dass dieser kollektive Wahnsinn nicht ewig anhalten konnte. Reiche Leute kauften die Blumen nicht länger, um sie in ihren Gärten zu pflanzen, sondern um sie mit Gewinn weiterzuverkaufen. Langsam zeigte sich, dass am Ende irgendwer einen furchtbaren Verlust erleiden musste. Als sich diese Überzeugung durchsetzte, begannen die Preise zu fallen – und sie sollten nie wieder steigen. Im Handumdrehen war das Vertrauen zerstört, der Markt wurde von Panik ergriffen. *A* hatte in einem Terminkontrakt eingewilligt, *B* zehn *Semper Augustin*-Zwiebeln zu einem Stückpreis von 4000 Gulden abzukaufen, die sechs Wochen nach Unterzeichnung des Kaufvertrags zu liefern und zu bezahlen waren. *B* fand sich zum vereinbarten Zeitpunkt mit den Zwiebeln an der Börse ein, aber der Preis war in der Zwischenzeit auf 400 Gulden gefallen, und nun weigerte sich *A*, die Differenz zu bezahlen, oder er verzichtete vollkommen auf die Tulpen. Überall in den Niederlanden wurden Zahlungsausfälle gemeldet. Hunderte, die vor Monaten begonnen hatten zu bezweifeln, dass es jemals wieder Armut geben könne, mussten plötzlich erkennen, dass sie selbst nun nichts mehr besaßen außer ein paar Blumenzwiebeln, die ihnen niemand abkaufen würde, selbst wenn sie sie für ein Viertel des ursprünglich bezahlten Betrags anboten. Überall erschallten Verzweiflungsschreie und gegenseitige Schuldzuweisungen. Die wenigen, denen es gelungen war, sich zu bereichern, versteckten ihr Vermögen vor den Augen ihrer Mitbürger und investierten es in englische oder andere Staatsanleihen. Viele, denen über Nacht ein spektakulärer gesellschaftlicher Aufstieg gelungen war, verschwanden nun ebenso schnell wieder in der Versenkung. Wohlhabende Kaufleute stürzten in tiefe Armut, und so mancher Angehörige einer adligen Familie musste erkennen, dass sich das Vermögen seines Hauses in Luft aufgelöst hatte.

Als der erste Schrecken nachließ, versammelten sich die Tulpenbesitzer in verschiedenen Städten, um darüber zu beraten, was getan werden konnte, um das Vertrauen der Öffentlichkeit wiederherzustellen. Man einigte sich darauf, Abgesandte nach Amsterdam zu schicken, um mit der Regierung Rettungsmaßnahmen zu vereinbaren. Die Regierung lehnte es ab, in den Markt einzugreifen, riet den Tulpenbesitzern jedoch dazu, untereinander nach einer Regelung zu suchen. Doch diese konnten sich in mehreren Versammlungen nicht auf irgendwelche Maßnahmen einigen, die geeignet gewesen wären, den Markt zu beruhigen oder den Schaden irgendwie zu begrenzen. In den stürmischen Versammlungen schwirrten Klagen und gegenseitige Vorwürfe durch die Luft. Doch nach heftigem Gezänk einigten sich die in Amsterdam versammelten Tulpendeputierten schließlich darauf, alle auf dem Höhepunkt des Massenwahns geschlossenen Kontrakte – das heißt jene, die bis November 1636 zustande gekommen waren – für null und nichtig zu erklären; wer nach diesem Zeitpunkt einen Kaufvertrag unterschrieben hatte, wurde von seinen Verpflichtungen befreit, sofern er dem Verkäufer zehn Prozent des vereinbarten Betrags zahlte. Doch diese Entscheidung sorgte nicht für Ruhe. Die Verkäufer, die auf ihren Tulpen sitzen geblieben waren, waren ebenso unzufrieden wie jene, die sich zum Kauf verpflichtet hatten und selbst die Zahlung eines Zehntels des vereinbarten Preises noch für unangemessen hoch hielten.

Tulpen, die 6000 Gulden wert gewesen waren, bekam man jetzt für 500, womit man selbst dann, wenn man nur ein Zehntel des früheren bezahlte, noch ein Fünftel über dem aktuellen Wert auf den Tisch legen musste. Im ganzen Land wurden Klagen wegen Vertragsbruchs eingereicht, aber die Gerichtshöfe lehnten es ab, sich mit Glücksspieltransaktionen zu befassen.

Schließlich wurde die Angelegenheit an das Parlament in Den Haag verwiesen. Man vertraute darauf, dass dieses geeignete Maßnahmen ergreifen werde, um das Vertrauen der Öffentlichkeit zurückzugewinnen. Alle Welt wartete gespannt auf die Entscheidung, aber sie blieb aus. Die Abgeordneten debattierten Woche für Woche über die Frage, und nachdem sie drei Monate beraten hatten, erklärten sie schließlich, für eine endgültige Entscheidung bräuchten sie zusätzliche Informationen. Das Parlament riet den Verkäufern jedoch dazu, den Käufern in der Zwischenzeit in Gegenwart von Zeugen die Tulpen *in natura* zum vereinbarten Preis anzubieten. Weigerte sich ein Käufer, die Ware zu übernehmen, so konnten die Tulpen öffentlich versteigert werden, wobei der ursprüngliche Käufer für die Differenz zwischen dem ursprünglich vereinbarten und dem bei der Auktion erzielten Preis geradestehen müsse. Genau denselben Plan hatten auch die Deputierten der Tulpenhändler empfohlen, doch es hatte sich bereits gezeigt, dass er völlig wirkungslos war: Es gab in den Niederlanden kein Gericht, das eine Zahlung erzwingen würde. Die Frage wurde einem Gericht in Amsterdam vorgelegt, aber die Richter beschlossen einstimmig, sich nicht einzumischen, mit der Begründung, beim Glücksspiel eingegangene Schulden seien nicht rechtsverbindlich.

Die Lage war ausweglos. Die Regierung sah keine Möglichkeit, Abhilfe zu schaffen. Wer das Pech gehabt hatte, zum Zeitpunkt des plötzlichen Einbruchs Tulpen auf Lager zu haben, musste sich mit seinem Ruin abfinden. Wer im richtigen Augenblick noch einen Gewinn erzielt hatte, durfte diesen behalten. Und die Wirtschaft des Landes erlitt einen schweren Schock, von dem sie sich erst nach vielen Jahren wieder erholte.

Die Engländer ahmten das Beispiel der Niederländer bis zu einem gewissen Grad nach. Im Jahr 1636 wurden auch an der Londoner Börse Tulpen gehandelt, und die Händler taten ihr Bestes, um den Wert der Blumen in ähnlich absurde Höhen zu treiben, wie sie in Amsterdam erreicht worden waren. Auch in Paris versuchten die Börsenhändler, einen Tulpenwahn heraufzubeschwören. In beiden Städten war ihr Erfolg begrenzt. Doch die Kraft des Beispiels verschaffte der Tulpe große Beliebtheit, und bei manchen Leuten genießt diese Blume seit damals höhere Wertschätzung als jede andere Blume. Die Niederländer sind noch heute berühmt für ihre Liebe zu den Tulpen und bezahlen immer noch höhere Preise dafür als jedes andere Volk. So wie der reiche Engländer voller Stolz seine edlen Rennpferde oder seine alten Gemälde herzeigt, brüstet sich der wohlhabende Niederländer mit seinen schönen Tulpen.

Und so sonderbar das scheinen mag: In England bringt eine Tulpe heutzutage mehr Geld ein als eine Eiche. Fände man ein auf Erden seltenes Exemplar »ganz wie ein schwarzer Schwan« aus Juvenals Feder, so bekäme man dafür so viel Geld wie für ein zwölf Morgen großes Kornfeld. In einem Supplement der dritten Ausgabe der *Encyclopedia Britannica* erfahren wir, dass in Schottland am Ende des 17. Jahrhunderts ein Höchstpreis von zehn Guineen für eine Tulpe bezahlt wurde. Von da an scheint ihr Wert bis zum Jahr 1769 stetig gesunken zu sein, als die wertvollsten englischen Sorten *Don Quevedo* und *Valentinier* noch zwei beziehungsweise zweieinhalb Guineen einbrachten. Doch damit waren offenbar die Tiefstpreise erreicht. Im Jahr 1800 wurden normalerweise 15 Guineen für eine Tulpenzwiebel bezahlt. Im Jahr 1835 wurde ein Exemplar der Sorte *Miss Fanny Kemble* in London für 75 Pfund versteigert. Noch bemerkenswerter war der Preis einer Tulpe, die sich im Besitz eines Gärtners in einem der noblen Häuser in der King's Road in Chelsea befand: In seinem Katalog wurde ihr Wert mit 200 Guineen angegeben.

Im Geldrausch: Das große Mississippi-Projekt

> *Some in clandestine companies combine;*
> *Erect new stocks to trade beyond the line;*
> *With air and empty names beguile the town,*
> *And raise new credits first, the cry'em down;*
> *Divide the empty nothing into shares,*
> *And set the crowd together by the ears.*[21]
>
> DANIEL DEFOE

Das gewaltige Projekt der Jahre 1719 und 1720 ist derart eng mit dem Charakter und der Laufbahn eines Mannes verknüpft, dass es keine passendere Einleitung zur Geschichte des verrückten Mississippi-Abenteuers geben kann als eine kurze Beschreibung des Lebens seines großen Erfinders John Law. Die Historiker streiten über die Frage, ob man ihn als Schurken oder als Wahnsinnigen bezeichnen soll. Zu Lebzeiten, als die unglücklichen Folgen seiner Projekte noch zu spüren waren, wurde er gnadenlos mit beiden Schimpfnamen bedacht. Doch die Nachwelt bezweifelt die Rechtmäßigkeit der Beschuldigungen und glaubt Gründe dafür zu sehen, dass John Law weder ein Schurke noch ein Wahnsinniger war. Vielmehr gesteht man ihm mittlerweile zu, dass er eher getäuscht wurde, als dass er andere getäuscht hätte, und dass man sich eher an ihm versündigte, als dass er sich an anderen versündigt hätte. Er war mit den Grundlagen des Kreditwesens vertraut. Er ver-

21) Manche tun sich in heimlichen Gesellschaften zusammen; handeln neue Aktien jenseits der (moralischen) Grenze; bezaubern die Stadt mit heißer Luft und leeren Namen, holen sich Kredit und verwerfen ihn dann; teilen das leere Nichts in Anteile, und verwirren die Menge durch Gerüchte.

stand sich besser auf monetäre Fragen als irgendeiner seiner Zeitgenossen, und dass sein System derart abrupt zusammenbrach, war weniger seine Schuld als die der Menschen, auf denen er es errichtet hatte. Er rechnete nicht mit der hysterischen Gier einer ganzen Nation, er begriff nicht, dass das Vertrauen ebenso wie das Misstrauen fast *ad infinitum* gesteigert werden kann und dass die Zuversicht ebenso maßlos werden kann wie die Furcht. Wie hätte er voraussehen sollen, dass das französische Volk in seiner rasenden Gier ähnlich dem Mann in der Fabel die Gans schlachten würde, die ihm gebracht worden war, um goldene Eier zu legen? Laws Schicksal hat Ähnlichkeit mit dem, das wohl den ersten Abenteurer ereilte, der im Boot von Erie nach Ontario ruderte. Breit und ruhig war der Fluss, auf dem seine Reise begann, rasch und mühelos kam der Abenteurer voran, und was sollte ihn am Fortkommen hindern? Doch es drohte ihm Unheil, denn er trieb auf die Stromschnellen zu! Zu spät begriff er, dass der Strom, auf dem sein Boot so zügig dahin glitt, eine zerstörerische Flut war. Und als er umzukehren versuchte, musste er feststellen, dass die Strömung zu stark war, um sich dagegen zu stemmen. Sie zog ihn rasch in den furchtbaren Wasserfall, und er stürzte mit dem Wasser über die steilen Felsen hinab. Er wurde mit seinem Boot in Stücke geschlagen, aber die schäumenden Fluten, die sich bei dem tiefen Sturz in Gischt aufgelöst hatten, tobten nur für kurze Zeit. Bald strömte das Wasser wieder so sanft dahin wie zuvor. Genauso verhielt es sich mit Law und dem französischen Volk: Er war der Schiffer, und das Volk war der Strom.

John Law wurde im Jahr 1671 in Edinburgh geboren. Sein Vater, der jüngere von zwei Söhnen einer alteingesessenen Familie aus Fife, betrieb das Geschäft eines Goldschmieds und Bankiers und häufte ein beträchtliches Vermögen an. Sein Wohlstand ermöglichte es ihm, sich den unter seinen Landsleuten sehr verbreiteten Wunsch zu erfüllen, seinem Namen eine territoriale Bezeichnung beizufügen. Zu diesem Zweck erwarb er die Güter Lauriston und Randleston, die an der Grenze zwischen dem West und Mid Lothian am Firth of Forth lagen, und nannte sich fortan Law of Lauriston. Da der Protagonist unserer Abhandlung der älteste Sohn dieses Mannes war, fand er im Alter von 14 Jahren Aufnahme in das väterliche Kontor, wo er drei Jahre lang die Grundlagen des schottischen Bankwesens studierte. John Law zeigte eine Neigung zum Studium der Zahlen und ein für seine Jugend außergewöhnliches mathematisches Verständnis. Im Alter von 17 Jahren war er groß, kräftig und gut gebaut, und in seinem angenehmen Gesicht stand ein intelligenter Ausdruck, obwohl seine Haut mit Pockennarben übersät war.

Zu jener Zeit begann der junge Mann, seine Arbeit zu vernachlässigen, und zeigte einen Hang zur Eitelkeit und zu extravaganter Kleidung. Er war sehr beliebt bei den Damen, die ihn als Beau Law bezeichneten, während ihm die Angehörigen seines eigenen Geschlechts, die nichts für seine Ziererei übrig hatten, den Spitznamen Jessamy John verliehen. Als sein Vater im Jahr 1688 starb, zog sich John Law vollkommen aus dem Kontor zurück, das ihn so sehr langweilte, und machte sich auf den Weg nach London, um gestützt auf die Einnahmen aus dem väterlichen Gut Lauriston die große Welt kennen zu lernen.

Der junge Mann war sehr eitel, sehr gut aussehend, einigermaßen reich und aus der väterlichen Aufsicht entlassen. Da verwundert es nicht, dass er in der Hauptstadt ein ausschweifendes Leben begann. Er war ein regelmäßiger Gast in den Spielsalons, wo er mit einem System, das auf einer schwer verständlichen Berechnung der Wahrscheinlichkeiten beruhte, beträchtliche Summen gewann. Vom Neid gepackt, begannen viele Spieler, seine Methode zu beobachten und ihr Geld genauso zu setzen wie er. Nicht weniger Glück hatte Law in Liebesdingen: Die Damen der Gesellschaft waren dem gut aussehenden Schotten, dem jungen, dem wohlhabenden, dem geistreichen, dem zuvorkommenden Schotten sehr zugetan. Aber jeder dieser Erfolge brachte ihn dem Abgrund einen Schritt näher. Als er neun Jahre den gefährlichen Verlockungen eines zügellosen Lebens ausgesetzt gewesen war, hatte er sich in einen unheilbaren Spieler verwandelt und wurde immer unbesonnener. Er erlitt hohe Verluste, die er nur durch noch höhere Einsätze wettmachen konnte, und schließlich kam der furchtbare Tag, an dem er so viel verlor, dass er das Gut seiner Familie beleihen musste, um seine Schulden begleichen zu können. Zur selben Zeit brachte ihn auch seine Galanterie in Schwierigkeiten. Eine Liebesaffäre oder ein oberflächliches Techtelmechtel mit einer Dame namens Villiers[22] trug ihm den Zorn eines Mannes namens Wilson ein, der ihn zum Duell forderte. Law nahm die Herausforderung an und hatte das Pech, seinen Widersacher auf der Stelle totzuschießen. Noch am selben Tag wurde er verhaftet und von den Verwandten Mr. Wilsons wegen Mordes vor Gericht gebracht. Man sprach ihn schuldig und verurteilte ihn zum Tod. Doch da es sich bei seinem Vergehen nur um Totschlag handelte, wurde das Urteil später in eine Geldbuße umgewandelt. Ein Bruder des getöteten Mannes legte Berufung ein, und Law wurde im Gefängnis von King's Bench festgesetzt, von wo ihm jedoch unter Umständen, die er nie aufklärte, die Flucht gelang. Gegen

22) Miss Elizabeth Villiers, die spätere Gräfin von Orkney.

die Sheriffs wurde ermittelt, man meldete seine Flucht in den Zeitungen und lobte ein Kopfgeld auf ihn aus. Er wurde beschrieben als »Captain John Law, ein Schotte von 26 Jahren, sehr groß, schwarzhaarig und schlank, kräftig gebaut, etwa sechs Fuß hoch, mit großen Pockennarben im Gesicht und großer Nase, der laut und in urwüchsigem Dialekt spricht«. Da dies eher eine Karikatur als eine Beschreibung war, wurde die Vermutung geäußert, dass der Steckbrief eigentlich dazu diente, Laws Flucht zu begünstigen. Tatsächlich gelang es ihm, den Kontinent zu erreichen, wo er drei Jahre lang umherzog und sich eingehend mit den monetären Angelegenheiten und dem Bankwesen der besuchten Länder befasste. Er hielt sich einige Monate in Amsterdam auf und ging Spekulationsgeschäften nach. Am Tag widmete er sich dem Studium der Finanzen und des Handels, und seine Nächte verbrachte er in den Spielsalons. Es wird angenommen, dass er im Jahr 1700 nach Edinburgh zurückkehrte. Sicher ist, dass er dort seine *Proposals and Reasons for constituting a Council of Trade* veröffentlichte, eine Schrift, die jedoch keine allzu große Beachtung fand.

Kurze Zeit später schlug er die Gründung einer »Land-Bank«[23] vor. Diese Bodenbank sollte Noten ausgeben, deren Gesamtwert nie den des gesamten Staatslandes bei normalen Erträgen übersteigen sollte, wobei die Grundstücke als Pfandwerte und die durch den Grundbesitz gedeckten Noten als Geld dienen sollten. Das Projekt löste eine heftige Debatte im schottischen Parlament aus, und eine neutrale Partei, die so genannte Squadrone, die Law für seine Sache gewonnen hatte, brachte einen Antrag auf Gründung einer solchen Bank ein. Schließlich verabschiedete das Parlament eine Resolution, der zufolge es der Nation nicht diene, Papier als Zahlungsmittel einzuführen.

Nach dem Scheitern dieses Projekts – sowie seiner Bemühungen um Begnadigung für den Mord an Mr. Wilson – setzte Law erneut auf den Kontinent über und kehrte an den Spieltisch zurück. In den folgenden 14 Jahren zog er in Flandern, den Niederlanden, Deutschland, Ungarn, Italien und Frankreich umher und machte sich mit der Wirtschaft und den Ressourcen dieser Länder vertraut. Seine Beobachtungen bestärkten ihn in der Überzeugung, dass kein Land ohne Papiergeld gedeihen könne. In dieser Zeit bestritt er seinen Unterhalt offenbar hauptsächlich mit dem Glücksspiel. Er war in jedem großen

23) Die Spaßvögel jener Zeit nannten sie eine Sandbank, an der das Schiff der Staatsfinanzen auf Grund laufen werde.

Spielsalon in Europa bekannt und genoss den Ruf, besser als jeder andere mit der Funktionsweise des Zufalls vertraut zu sein. In der *Biographie Universelle* ist zu lesen, dass die Stadtregierungen von Venedig und Genua einen Bann über Law verhängten, da sie in diesem Besucher eine Gefahr für die Jugend ihrer Städte sahen. Während seines Aufenthalts in Paris zog er sich den Unmut des Polizeichefs d'Argenson zu, der ihn zum Verlassen der Hauptstadt aufforderte. Doch Law hatte in den Spielsalons die Bekanntschaft des Herzogs von Vendôme, des Prinzen de Conti und des ausschweifenden Herzogs von Orléans gemacht, der später so großen Einfluss auf Laws Schicksal haben sollte. Der Herzog von Orléans war angetan von der Lebhaftigkeit und dem scharfen Verstand des schottischen Abenteurers, der seinerseits Gefallen an diesem geistreichen und freundlichen Prinzen fand, der sich ihm als Schutzherr anbot. Die beiden verbrachten viel Zeit miteinander, und Law nutzte die Gelegenheit, seine finanzielle Doktrin einem Mann nahe zu bringen, der aufgrund seiner Nähe zum Thron vermutlich in nicht allzu ferner Zukunft eine wichtige Rolle in der Regierung spielen würde.

Kurz vor dem Tod Ludwigs XIV. schlug Law dem Generalkontrolleur[24] der Finanzen, Jean-Baptiste François de Desmarets, ein Finanzsystem vor. Es wird berichtet, König Ludwig habe sich erkundigt, ob der Erfinder des Projekts Katholik sei. Als dies verneint wurde, wollte er nichts mit Law zu tun haben.[25]

Da man sein Vorhaben in Frankreich abgelehnt hatte, ging Law nach Italien. Er beschäftigte sich weiterhin mit Finanzsystemen und schlug Viktor Amadeus, dem Herzog von Savoyen, die Gründung einer Bodenbank vor. Der Herzog hielt ihm entgegen, sein Herrschaftsgebiet sei zu klein für die Durchführung eines derart großartigen Projekts – und er sei ein viel zu kleiner Potentat, als dass es sich lohnen würde, ihn zu ruinieren. Stattdessen riet er Law, es noch einmal beim König von Frankreich zu versuchen, denn wenn er den französischen Charakter richtig einschätze, werde das französische Volk

---

24) Der Generalkontrolleur führte den Vorsitz im Königlichen Finanzrat und war ein De-facto-Finanzminister (Anm. d. Übers.).

25) Der Wahrheitsgehalt dieser Anekdote, die Elisabeth-Charlotte, die Herzogin von Orléans und Mutter des späteren Regenten Philipp II. von Orléans, in einem Brief erzählte, wird von Lord John Russell in seinem Werk History of the principal States of Europe from the Peace of Utrecht angezweifelt, ohne dass er dieses Urteil begründet. Es steht außer Zweifel, dass Law sein Projekt Demarets vorlegte und dass sich Ludwig XIV. weigerte, sich damit zu beschäftigen. Der von der Herzogin genannte Grund für seine Ablehnung entspricht durchaus dem Charakter dieses bigotten und tyrannischen Monarchen.

gewiss begeistert von einem Plan sein, der derart modern und derart glaubhaft sei.

Im Jahr 1715 starb Ludwig XIV., und da der Thronfolger erst sieben Jahre alt war, übernahm der Herzog von Orleans bis zur Volljährigkeit des Prinzen als Regent die Regierung. Damit verbesserten sich Laws Aussichten schlagartig. Sein Schicksal wendete sich, und wenn er die Gelegenheit zu nutzen wusste, stand seinem Glück nichts mehr im Weg. Der Regent war sein Freund, kannte seine Theorie und seine Vorhaben und war obendrein bereit, ihm dabei zu helfen, den nach der langen Herrschaft des verschwenderischen Ludwigs XIV. daniederliegenden französischen Staatshaushalt zu sanieren.

Der Monarch war kaum zu Grabe getragen, da entlud sich der so lange unterdrückte Volkszorn. Nun wurde der Sonnenkönig, der zu Lebzeiten eine übermäßige und in der Geschichte beispiellose Verherrlichung genossen hatte, als bigotter Tyrann und Plünderer verflucht. Der wütende Mob verunstaltete seine Statuen und riss seine Bildnisse nieder, sein Name wurde zum Synonym für Selbstsucht und Unterdrückung. Die Triumphe seiner Armeen gerieten in Vergessenheit, und es blieb nichts in Erinnerung außer seinen Misserfolgen, seiner Zügellosigkeit und seiner Grausamkeit.

Die Staatsfinanzen waren in einem bedauernswerten Zustand. Ein verschwenderischer und korrupter Monarch, dessen Verschwendungssucht und Korruption von fast allen Beamten auf sämtlichen Ebenen der Verwaltung nachgeahmt worden waren, hatte Frankreich an den Rand des Ruins getrieben. Die Staatsschulden beliefen sich auf 3 Milliarden Livre, die Einnahmen auf 145 Millionen und die Staatsausgaben auf 142 Millionen im Jahr, womit nur drei Millionen übrig waren, um die Zinsen auf die 3 Milliarden zurückzuzahlen. Die vordringliche Sorge des Regenten war es, ein Heilmittel für diese alles verzehrende Krankheit zu finden, und man berief rasch einen Rat ein, der sich mit der Angelegenheit befassen sollte. Der Herzog von Saint-Simon war der Meinung, dass nur eine gleichermaßen kühne wie gefährliche Maßnahme das Land vor einer Revolution bewahren könne. Er riet dem Regenten, die Generalstände einzuberufen und den Staatsbankrott zu erklären. Der Herzog von Noailles, ein Mann von biegsamen Prinzipien und ein geschickter Höfling, der stets bemüht war, jegliche Schwierigkeiten oder Ärgernisse zu vermeiden, denen man sich mit ein wenig Raffinesse entziehen konnte, machte all seinen Einfluss geltend, um Saint-Simons Vorhaben zu verhindern. Er stellte das Vorhaben als unredlich und ruinös dar. Der Regent war derselben Meinung, und die verzweifelte Rettungsmaßnahme wurde fallen gelassen.

Die nahe liegenden Schritte, zu denen man sich entschloss, verschlimmerten das Übel nur. Die erste Maßnahme war nicht nur unehrlich, sondern nutzte dem Staat auch wenig: Man ordnete eine Umprägung der Münzen an, womit die Währung um ein Fünftel abgewertet wurde: Wer tausend Gold- oder Silberstücke in die Münze brachte, erhielt Münzen mit demselben Nennwert zurück, die jedoch ein Fünftel weniger wogen. Dieser Kunstgriff spülte 72 Millionen Livre in die Staatskasse und stürzte aber den Handel des Landes ins Chaos. Der Volkszorn wurde mit einer geringfügigen Steuersenkung beschwichtigt, und für einen kleinen Vorteil in der Gegenwart wurde gewaltiger Schaden in der Zukunft in Kauf genommen.

Als nächstes wurde eine Justizkammer eingerichtet, welche die Veruntreuung durch die Bankiers und Steuerpächter untersuchen sollte. Die Steuerpächter sind nie sehr beliebt, aber jene, die damals in Frankreich ihr Unwesen trieben, verdienten all den Hass, der über sie ausgeschüttet wurde. Als diese Generalsteuerpächter samt ihren zahlreichen Untergebenen, den sogenannten *maltôtiers*[26], Rechenschaft über ihre Übeltaten ablegen mussten, wurde die Nation von überschwänglicher Freude ergriffen. Die in erster Linie für diesen Zweck ins Leben gerufene Justizkammer wurde mit umfassenden Befugnissen ausgestattet. Sie setzte sich aus den Vorsitzenden und Räten des Parlaments, den Richtern der Appellationsgerichte und den Beamten des Rechnungshofs zusammen und wurde vom Finanzminister geleitet. Um den Eifer der Denunzianten anzufachen, versprach man ihnen für wichtige Hinweise ein Fünftel der Geldbußen und beschlagnahmten Vermögenswerte. Demjenigen, der zur Entdeckung des verborgenen Vermögens eines Übeltäters beitrug, versprach man ein Zehntel der gefundenen Reichtümer.

Das Edikt über die Einrichtung dieses Gerichts löste bei den Betroffenen gewaltige Bestürzung aus, was darauf hindeutete, dass auch ihre Unterschlagung gewaltig gewesen sein mussten. Man hatte kein Erbarmen mit ihnen. Die Verfahren bewiesen, dass ihre Furcht begründet gewesen war. Die Bastille wurde rasch zu klein für all die neuen Gefangenen, und im ganzen Land drängten sich Schuldige und Verdächtige in den Kerkern. Herbergswirte und Postmeister durften Flüchtigen keine Pferde geben, und jedem, der einem

26) Von maltôte, einer bedrückenden Sondersteuer.

Gesuchten Zuflucht gewährte oder seine Flucht begünstigte, wurde eine hohe Geldbuße angedroht. Einige Übeltäter wurden zum Pranger, andere zur Galeere verurteilt, und diejenigen, die eher geringfügige Vergehen begangen hatten, mussten Geldbußen zahlen oder ins Gefängnis gehen. Das einzige Todesurteil traf Samuel Bernard, einen reichen Bankier und Steuerpächter aus einer abgelegenen Provinz. Dieser Mann, der in seinem Bezirk als Tyrann und Unterdrücker gefürchtet war, hatte derart gewaltige illegale Gewinne angehäuft, dass er für eine Gelegenheit zur Flucht 6 Millionen Livre (250.000 Pfund Sterling) anbieten konnte.

Das Bestechungsgeld wurde abgelehnt, und Bernard endete auf dem Schafott. Andere, die möglicherweise größere Schuld auf sich geladen hatten als er, hatten mehr Glück. Die Beschlagnahme brachte oft weniger Geld ein als eine Geldbuße, da die Übeltäter ihre Schätze versteckt hatten. So ließ die Strenge der Behörden nach, und alle Straftäter wurden ohne Unterschied mit Geldbußen belegt, die man als Steuern bezeichnete. Doch die gesamte Verwaltung war derart korrupt, dass das Land kaum von den Einnahmen profitierte. Die Höflinge und die Ehefrauen und Mätressen der Höflinge sicherten sich den Großteil der Beute. Ein Bankier war seinem Reichtum und seiner Schuld entsprechend mit einer Steuer von 12 Millionen Livre belegt worden. Der Graf ***, ein Mann, der beträchtlichen Einfluss auf die Regierung hatte, trat mit dem Angebot an ihn heran, als Gegenleistung für die Zahlung von 100.000 Kronen für die Erstattung des Bußgelds zu sorgen. »Vous êtes trop tard, mon ami«, antwortete der Finanzier. »Ich habe das Geschäft bereits für 50.000 mit Eurer Frau abgeschlossen.«[27]

Insgesamt wurden 180 Millionen Livre eingetrieben, von denen 80 Millionen in die Rückzahlung der Staatsschuld flossen. Das restliche Geld verschwand in den Taschen der Höflinge. Madame de Maintenon schreibt dazu: »Wir hören täglich von irgendwelchen Zuwendungen des Regenten. Die Leute murren sehr über diese Verwendung des von den Betrügern eingetriebenen Geldes.« Hat sich die erste Wut des Volks einmal gelegt, so entdeckt es normalerweise sein Mitleid mit den Schwachen. Doch die Menschen waren empört darüber, dass derartige Strenge mit so geringem Erfolg eingesetzt worden war. Sie konn-

27) Diese Anekdote erzählt de la Motte (genannt de la Hode) in La vie de Philippe d'Orleans. Sie würde authentischer wirken, hätte er die Namen des unanständigen Bankiers und des noch unanständigeren Ministers genannt. Aber gegen de la Hodes Buch können dieselben Einwände erhoben werden wie gegen die meisten französischen Berichte über diese und spätere Zeitabschnitte. Den meisten dieser Autoren genügt es, wenn eine Anekdote gut erfunden ist, wenn sie schon nicht wahr ist.

ten nicht verstehen, was gerecht daran sein sollte, einen Schurken zu schröpfen, um einen anderen reich zu machen. Innerhalb weniger Monate waren diejenigen, die größere Schuld auf sich geladen hatten, bestraft worden, weshalb sich die Justizkammer auf die Suche nach Opfern auf den unteren Ebenen der Gesellschaft machte. Da den Informanten hohe Belohnungen winkten, nahmen die Anzeigen überhand, und anständige Geschäftsleute wurden als Betrüger oder Erpresser denunziert. Um ihre Unschuld zu beweisen, mussten sie ihre Angelegenheiten vor dem Gerichtshof offenlegen. Da die Klagen über ungerechte Verfolgung immer zahlreicher wurden, hielt es die Regierung nach einem Jahr für ratsam, keine weiteren Verfahren mehr anzustrengen. Die Justizkammer wurde aufgelöst, und all jene, gegen die bis dahin noch keine Vorwürfe erhoben worden waren, kamen in den Genuss einer Generalamnestie.

Inmitten dieser finanziellen Verwirrung trat Law auf dem Plan. Niemand sah den erbärmlichen Zustand des Landes deutlicher als der Regent, aber es gab auch niemanden, der größere Abneigung dagegen gehegt hätte, das Ruder an sich zu reißen und entschlossen zu handeln. Der Regent hatte wenig für die Staatsgeschäfte übrig. Er unterzeichnete offizielle Dokumente ohne sorgfältige Prüfung und vertraute anderen an, was er selbst hätte tun müssen. Die Pflichten, die mit seinem hohen Amt einher gingen, waren ihm eine Last. Er begriff, dass etwas getan werden musste, aber es mangelte ihm sowohl an Energie als auch an Charakterfestigkeit, um sein Wohlleben und seine Vergnügungen für einen Rettungsversuch zu opfern. Es ist kein Wunder, dass ein Mann mit einem solchen Charakter ein offenes Ohr für die großartigen und leicht ausführbaren Vorhaben des schlauen Abenteurers hatte, den er von früher kannte und dessen Begabung er schätzte.

Man bereitete Law am Hof einen herzlichen Empfang. Er legte dem Regenten zwei Denkschriften vor, in denen er die Übel beschrieb, unter denen Frankreich litt, weil seine mehrfach abgewertete Währung ihre Aufgabe nicht mehr erfüllen konnte. Er vertrat die Auffassung, dass eine auf Metallgeld beruhende Währung ohne Papiergeld den Bedürfnissen eines vom Handel abhängigen Landes keineswegs genügte, und verdeutlichte anhand der Beispiele Großbritanniens und der Niederlande die Vorteile des Papiergeldes. Er brachte viele einleuchtende Argumente zu Fragen des Kreditwesens und schlug vor, die zu jenem Zeitpunkt verlorene Kreditwürdigkeit Frankreichs wiederherzustellen, indem man eine Bank gründete, welche die königlichen Einkünfte verwalten und Banknoten begeben sollte, die mit diesen Einkünften sowie mit Grundbesitz zu besichern wären. Des Weiteren regte er an, diese Bank solle im Namen des Königs verwaltet, jedoch der Kontrolle von Kommissaren unterstellt werden, die von den Generalständen zu ernennen seien.

Während seine Denkschriften geprüft wurden, übersetzte Law seine Abhandlung über Geld und Handel ins Französische und setzte alle verfügbaren Mittel ein, um seinen Ruf als Finanzexperte zu festigen. Bald war er in aller Munde. Die Vertrauten des Regenten priesen sein Können. Man erwartete Großes von Monsieur Lass.[28]

Am 5. Mai 1716 wurde Law durch ein königliches Edikt ermächtigt, gemeinsam mit seinem Bruder die Banque Générale zu gründen, deren Noten zur Bezahlung der Steuern verwendet werden konnten. Das Kapital der Bank betrug 6 Millionen Livre, das in 12.000 Aktien mit einem Nennwert von jeweils 500 Livre unterteilt wurde, wobei ein Viertel in bar und der Rest in Staatsscheinen (*billets d'état*) zu erwerben war. Man hielt es nicht für ratsam, ihm sämtliche in seinen Denkschriften geforderten Privilegien zuzugestehen, solange sich sein System nicht als unbedenklich und vorteilhaft erwiesen hatte.

Nun schien Laws Aufstieg nichts mehr im Weg zu stehen. Bei der Führung seiner Bank stützte er sich auf das, was er in den vergangenen drei Jahrzehnten gelernt hatte. Er legte fest, dass seine Banknoten bei Vorlage zahlbar waren und dauerhaft gegen die in der zum Zeitpunkt der Ausgabe geltende Münzwährung eingetauscht werden konnten. Dies war ein genialer Schachzug, der seinen Banknoten augenblicklich einen höheren Wert als den Edelmetallen verlieh, die infolge der unklugen Eingriffe des Staates ständig von der Abwertung bedroht waren. Tausend Livre in Silber waren ihren Nennwert möglicherweise nur einen Tag lang wert, um am nächsten ein Sechstel ihres Werts zu verlieren. Eine von Laws Bank begebene Note hingegen bewahrte ihren ursprünglichen Wert. Law verkündete, dass ein Bankier, der Geld begebe, ohne über eine ausreichende Deckung zu verfügen, um auch sämtliche Forderungen erfüllen zu können, die Todesstrafe verdiene. Die Folge war, dass seine Noten rasch in der Wertschätzung der Öffentlichkeit stiegen und ein Prozent über dem Münzwert bewertet wurden. Es dauerte nicht lange, da begann die Wirtschaft des Landes die vorteilhaften Wirkun-

---

28) Die Franzosen sprachen seinen Namen auf diese Art aus, um den wenig gallischen Klang des aw zu vermeiden. Nach dem Scheitern seines Projekts brachten die Spaßvögel das Bonmot in Umlauf, die Nation sei lasse de lui (seiner überdrüssig), und schlugen vor, ihn von nun an nur noch Monsieur Helas (leider, bedauerlicherweise) zu nennen.

gen dieser Geldpolitik zu spüren. Der daniederliegende Handel begann sich zu erholen und die Steuern wurden wieder regelmäßiger und bereitwilliger gezahlt. Das wachsende Vertrauen versprach sich vorteilhaft auszuwirken, sofern es nicht erneut erschüttert wurde. Innerhalb eines Jahres wurde für Laws Banknoten ein Aufpreis von 15 Prozent auf den Nominalwert gezahlt, während die *billets d'état,* die vom Staat zur Besicherung der vom maßlosen Ludwig XIV. begebenen Staatspapiere, mit einem Abschlag von nicht weniger als 78,5 Prozent gehandelt wurden. Der Vergleich fiel derart deutlich zu Gunsten Laws aus, dass das gesamte Königreich aufmerksam wurde und man ihm jeden Tag mehr Vertrauen entgegenbrachte. Rasch wurden Niederlassungen seiner Bank in Lyon, Rochelle, Tours, Amiens und Orleans eröffnet.

Der Regent war offenbar sehr erstaunt über Laws Erfolg und freundete sich langsam mit dem Gedanken an, dass das Papiergeld die Metallwährung nicht nur stützen, sondern vollkommen ersetzen konnte. Seine späteren Entscheidungen beruhten auf diesem grundlegenden Irrtum. In der Zwischenzeit nahm Law jenes berühmte Projekt in Angriff, mit dem die Nachwelt seinen Namen verbindet. Er schlug dem Regenten, der ihm nichts abschlagen konnte, die Gründung einer Gesellschaft vor, die ein Monopol auf den Handel mit der am Westufer des Mississippi gelegenen Provinz Louisiana erhalten sollte. Unter dem Boden des fruchtbaren Landes wurden reiche Edelmetallvorkommen vermutet, und die Gesellschaft, die sich auf die Gewinne aus dem exklusiven Handel mit der Kolonie stützen würde, würde die Steuern eintreiben und die Münzen prägen. Im August 1717 wurde die Gesellschaft gegründet. Das Gesellschaftskapital wurde in 200.000 Aktien mit einem Nennwert von jeweils 500 Livre aufgeteilt, die mit *billets d'état* zum Nominalwert bezahlt werden konnten, obwohl diese auf dem Markt nur noch 160 Livre wert waren.

Nun wurde die Nation vom Spekulationsfieber ergriffen. Laws Bank hatte so viel Gutes bewirkt, dass man ihm jedes Versprechen bereitwillig glaubte. Der Regent gestand dem glücklichen Pläneschmied täglich neue Privilegien zu. Die Bank erhielt das Monopol für den Tabakhandel und das alleinige Recht zur Reinigung von Gold und Silber. Schließlich wurde sie zur Königlichen Bank von Frankreich erhoben. Von ihrem Erfolg berauscht, vergaßen sowohl Law als auch der Regent die Maxime, die der Bankier noch vor Kurzem so lautstark verkündet hatte: dass nämlich ein Bankier, der Papiergeld ohne ausreichende Deckung begab, den Tod verdient habe. Kaum hatte sich die Privatbank in eine öffentliche Einrichtung verwandelt, da ließ der Regent Noten mit einem Nennwert von einer Milliarde Livre drucken. Es wäre nicht gerecht, Law die Schuld an diesem Verstoß gegen die Grundsätze einer vernünftigen Finanzwirtschaft zu geben. Zwar war er für die Bankgeschäfte zuständig, aber er hatte nie mehr als sechs Millionen Livre an Noten ausgegeben. Es ist nicht bekannt, ob sich Law der unmäßigen Erhöhung der Geldmenge widersetzte, aber da sie in dem Moment erfolgte, als sich die Bank in eine königliche Einrichtung verwandelt hatte, darf man eher davon ausgehen, dass der Regent dafür verantwortlich war.

Law stellte fest, dass er im Dienst einer despotischen Regierung stand, aber es war ihm noch nicht bewusst, dass eine solche Regierung einen ausgesprochen schädlichen Einfluss auf ein so empfindliches Gebilde wie das Kreditwesen haben konnte. Später würde er dafür büßen müssen, aber bis dahin ließ er sich vom Regenten in eine Vorgehensweise treiben, die er persönlich kaum gutgeheißen haben kann. Doch er war zu schwach, um entschlossenen Widerstand zu leisten, und half dabei, das Land mit Papiergeld zu überschwemmen, dessen Wert früher oder später einbrechen musste, weil es nicht auf einem soliden Fundament ruhte. Der außergewöhnliche Erfolg trübte seinen Blick und hinderte ihn daran, das Übel kommen zu sehen, das über ihn hereinbrechen würde, wenn irgendwann aus dem einen oder anderen Grund die Alarmglocken geläutet würden. Im Parlament weckte der Einfluss dieses Ausländers von Anfang an Eifersucht, und die Abgeordneten zweifelten an der Solidität von Laws Projekten. Je mehr dessen Einfluss wuchs, desto feindseliger wurde das Parlament. Der Kanzler d'Aguesseau wurde vom Regenten ohne große Umstände geschasst, als er sich der gewaltigen Aufblähung der Geldmenge und der stetigen Abwertung der Gold- und Silbermünzen widersetzte. Diese Maßnahme vertiefte die Ablehnung des Parlaments, und als der Regent seinen Günstling d'Argenson zum Kanzler ernannte und gleichzeitig mit dem Amt des Finanzministers betraute, schlug die Ablehnung in offene Feindseligkeit um. Die erste Maßnahme des neuen Ministers hatte eine weitere Abwertung des Münzgeldes zur Folge: Um die *billets d'état* aus dem Verkehr zu ziehen, wurde angeordnet, dass jeder, der 4000 Livre in Münzen und 1000 Livre in *billets d'état* zur Münze brachte, im Gegenzug Münzen im Wert von 5000 Livre erhalten sollte. d'Argenson brüstete sich, auf diese Art aus 4000 alten und größeren Livre 5000 neue und kleinere Livre zu machen. Er hatte keine Ahnung von den Grundlagen des Handels und des Kreditwesens und begriff nicht, welch ungeheuren Schaden er beiden zufügte.

Das Parlament erkannte, dass diese Vorgehensweise unklug und gefährlich war, und wies den Regenten wiederholt darauf hin. Als sich dieser weigerte, auf die Petitionen zu reagieren, überschritt das Parlament auf ungewöhnliche Art seine Befugnisse und ordnete an, ab sofort dürfe kein Geld mehr außer dem alten als Zahlungsmittel akzeptiert werden. Daraufhin berief der Regent ein *lit de justice*[29] ein und annullierte das Parlamentsdekret. Das Parlament widersetzte sich und erließ ein weiteres Dekret. Der Regent machte erneut von seinem Vorrecht Gebrauch und setzte auch das zweite Dekret außer Kraft, worauf das Parlament, dessen Widerstandsgeist nun geweckt war, am 12. August 1718 ein weiteres erließ, mit dem es Laws Bank untersagte, direkt oder indirekt Einfluss auf die Verwaltung der Steuereinnahmen zu nehmen; zudem wurde allen Ausländern unter Androhung harter Strafen verboten, in eigenem oder fremdem Namen Einfluss auf die Staatsfinanzen zu nehmen. Das Parlament hielt Law für den Urheber allen Übels, und einige besonders feindselige Abgeordnete schlugen vor, ihn vor Gericht zu stellen und im Fall eines Schuldspruchs am Tor des Justizpalastes zu hängen.

Sehr besorgt, floh Law ins Palais Royal. Er stellte sich unter den Schutz des Regenten und bat diesen, rasch etwas zu tun, um das Parlament zum Gehorsam zu zwingen. Der Regent wünschte sich nichts mehr als das, und zwar nicht nur wegen dieses Konflikts, sondern auch wegen der Auseinandersetzung über die Legitimität des Herzogs von Maine und des Grafen von Toulouse, der Söhne des verstorbenen Königs. Schließlich genügte die Verhaftung des Parlamentspräsidenten und zweier Abgeordneter, die in weit entfernte Gefängnisse geschickt wurden, um die Kammer einzuschüchtern.

Die erste Wolke, die über Laws Vorhaben aufgezogen war, hatte sich also wieder verzogen. Befreit von der Sorge um die eigene Sicherheit, konnte er seine Aufmerksamkeit wieder auf sein großes Mississippi-Projekt richten. Der Widerstand des Parlaments konnte nicht verhindern, dass die Aktien der Mississippi-Kompanie rasch stiegen. Zu Beginn des Jahres 1719 wurde ein Edikt erlassen, das der Kompanie ein exklusives Handelsprivileg für Ostindien, China, die Südsee sowie die Besitztümer der von Colbert gegründeten französischen Ostindiengesellschaft einräumte. Aufgrund der erheblichen Ausweitung ihres Handelsmonopols nahm die Kompanie den passenderen Titel einer Indienkompanie an und begab 50.000 neue Gesellschaftsanteile. Nun träumte Law von einer strahlenden Zukunft. Er versprach seinen Anlegern eine jährliche Dividende von 200 Livre auf jede Aktie mit einem Nennwert von 500, was in Anbetracht der Tatsache, dass die Aktien in *billets d'état* zum

29) Eine außerordentliche Sitzung des Parlaments in Anwesenheit des Königs. (Anm. d. Übers.)

Nennwert bezahlt wurden, obwohl diese nur 100 Livre wert waren, einem Gewinn von etwa 120 Prozent entsprach.

Die Öffentlichkeit, deren Begeisterung seit Langem stetig wuchs, war vollkommen hingerissen von dieser herrlichen Zukunftsvision. Mindestens 300.000 Anleger versuchten, die 50.000 neuen Anteile zu zeichnen, und Laws Haus in der Rue de Quincampoix wurde von morgens bis abends von erwartungsvollen Investoren belagert. Da sie unmöglich alle zufrieden gestellt werden konnten, dauerte es mehrere Wochen, bis eine Liste der glücklichen neuen Aktionäre veröffentlicht wurde. In der Zwischenzeit verwandelte sich die Ungeduld der Öffentlichkeit in allgemeine Hysterie. Tausende Menschen drängten sich in der Rue de Quincampoix. Herzöge, Markgrafen und Grafen warteten mit ihren Herzoginnen, Markgräfinnen und Gräfinnen jeden Tag stundenlang vor Mr. Laws Haus, um in Erfahrung zu bringen, ob ihnen Aktien zugeteilt worden waren. Um sich dem Tumult zu entziehen, nahmen sich die reichen Leute schließlich Wohnungen in den Nachbarhäusern, um dem Tempel, in dem der neue Plutus die Reichtümer verteilte, jederzeit nahe zu sein. Der Wert der alten Aktien stieg jeden Tag, und angetrieben von den goldenen Träumen der ganzen Nation wurden so viele neue Anteile gezeichnet, dass es ratsam schien, nicht weniger als 300.000 neue Aktien mit einem Nennwert von 5000 Livre zu begeben, um dem Regenten Gelegenheit zu geben, die Begeisterung des Volkes zur Rückzahlung der Staatsschulden zu nutzen. Dafür wurde ein Betrag von anderthalb Milliarden Livre benötigt. Doch die Gier der Nation war derart groß, dass der dreifache Betrag gezeichnet worden wäre, hätte die Regierung es erlaubt.

Law segelte auf einer Welle des Erfolgs, und das Volk näherte sich rasch dem Höhepunkt der Verblendung. Reiche wie Arme träumten von grenzenlosem Reichtum. Mit Ausnahme des Herzogs von Saint-Simon und des Marschalls Villars beteiligte sich der gesamte Hochadel am Kauf und Verkauf von Aktien. Menschen jeden Alters und Geschlechts, Angehörige aller Gesellschaftsschichten spekulierten auf Anstieg und Fall der Mississippi-Anleihen. Die Rue de Quincampoix wurde zum Zentrum des Aktienhandels, und da diese Straße sehr eng war, kam es im Getümmel immer wieder zu Unfällen. Die Häuser in der Nachbarschaft, die normalerweise für etwa tausend Livre im Jahr zu mieten waren, brachten ihren Besitzern jetzt 12.000 bis 16.000 ein. Ein Flickschuster verdiente sich etwa 200 Livre am Tag, indem er seinen Laden in der Straße an die Aktienmakler vermietete und diese sowie ihre Klienten mit Schreibmaterial versorgte. Es wird erzählt, dass sogar ein Buckliger, der in der Rue de Quincampoix bettelte, große Summen verdiente, indem er eiligen Spekulanten seinen Buckel als Schreibpult anbot! Der gewaltige Zulauf von Personen, die sich dort versammelten, um Geschäfte abzuschließen, lockte eine noch größere Zahl von Schaulustigen an, die ihrerseits sämtliche Diebe und Gauner der Stadt anzogen. Es kam ständig zu Aufruhr und Tumulten. An so manchem Tag musste bei Einbruch der Dunkelheit ein Trupp Soldaten losgeschickt werden, um die Straße zu räumen.

Da er in seinem Haus nicht mehr zur Ruhe kam, zog John Law zur Place Vendôme um. Doch auch dorthin folgte ihm die Menge der *agioteurs*. Bald drängten sich die Menschen auf dem weitläufigen Platz wie zuvor in der Rue de Quincampoix: Tag und Nacht sah es dort aus wie auf einer Kirmes. Für die Abwicklung der Geschäfte und den Verkauf von Erfrischungen wurden Stände und Zelte errichtet, und in der Mitte des Platzes stellten Spieler ihre Roulettetische auf und fuhren eine goldene oder besser papierene Ernte ein. Die Boulevards und öffentlichen Gärten waren menschenleer, denn die Spaziergänger zogen die Place Vendôme vor, die zur beliebten Flaniermeile für die Müßiggänger und zum Treffpunkt für die Vielbeschäftigten wurde. Der Lärm war derart groß, dass sich der Kanzler, der seit kurzem seinen Amtssitz an der Place Vendôme hatte, beim Regenten und der Stadtverwaltung darüber beklagte, dass er die Vorträge der Advokaten nicht hören könne. Man trug die Beschwerde an Law heran, und dieser erklärte sich bereit, etwas dagegen zu unternehmen. Er nahm mit dem Prinzen von Carignan Verhandlungen über das Hôtel de Soissons auf, zu dem ein Garten von mehreren Morgen gehörte. Der Prinz verkaufte das Hotel zu einem enorm hohen Preis an Law, behielt sich jedoch die herrlichen Gärten, in denen einige schöne Statuen und mehrere Brunnen standen, als Einnahmequelle. Sobald Law seine neue Residenz bezogen hatte, wurde mittels Erlass untersagt, an einem anderen Ort als in den Gärten des Hôtel de Soissons mit Aktien zu handeln. Rasch schossen zwischen den Bäumen etwa 500 Zelte und Pavillons aus dem Boden, in denen die Aktienhändler ihren Geschäften nachgehen konnten. Die Vielfalt der Farben, die fröhlich an den Masten flatternden Bänder und Fähnchen, das rastlose Treiben der in den Zelten ein- und ausgehenden Anleger, das unablässige Stimmengewirr, der Lärm, die Musik und die sonderbare Mischung von Geschäftigkeit und Vergnügen in den Mienen der Leute – all das verlieh dem Ort einen Zauber, der die Pariser in seinen Bann schlug. Der Prinz von Carignan verdiente ein Vermögen, solange die Illusion währte. Die Zelte wurden für 500 Livre im Monat vermietet, und da mindestens 500 davon im Garten standen, dürfte der Prinz allein mit den Zelten etwa 250.000 Livre im Monat verdient haben, das heißt etwa 10.000 Pfund Sterling.

Marschall Villars, der aufrechte alte Soldat, war derart verärgert über die allgemeine Raserei, dass er jedes Mal, wenn die Sprache auf dieses Thema kam, die Fassung verlor. Als er einmal in seiner Kutsche über die Place Vendôme fuhr, geriet der cholerische Herr angesichts der verblendeten Menge derart in Rage, dass er dem Kutscher zu halten befahl, den Kopf aus dem Fenster reckte und die Umstehenden eine halbe Stunde lang für ihre »abstoßende Habsucht« geißelte. Das war nicht sehr klug von ihm. Aus allen Richtungen schallten ihm Pfiffe und Gespött entgegen, und er wurde zum Ziel zahlloser Scherze. Als schließlich auch Greifbares durch die Luft flog, befahl der Marschall dem Kutscher, die Pferde anzutreiben. Ein zweites Mal ließ er sich nicht auf dieses Experiment ein.

Zwei besonnene und gelassene Gelehrte, de la Motte und der Abbé Terrason, beglückwünschten einander dafür, dass wenigstens sie von diesem sonderbaren Massenwahn verschont geblieben waren. Als der ehrwürdige Abbé eines Tages das Hôtel de Soissons verließ, wo er gerade Aktien der Mississippi-Kompanie gekauft hatte, begegnete er seinem Freund de la Motte, der das Haus gerade mit derselben Absicht betrat. »Ha!«, rief der Abbé lächelnd, »*Sie* hier?!« »Ja«, antwortete de la Motte und drängte sich eilig an ihm vorbei, »aber ist es möglich, dass auch *Sie* hier sind?« Bei ihrer nächsten Begegnung sprachen die beiden Gelehrten über Philosophie, Wissenschaft und Religion, aber keiner von beiden brachte den Mut auf, auch nur eine Silbe über den schönen Mississippi zu verlieren. Als das Wort schließlich doch fiel, einigten sie sich darauf, dass wohl auch ein kluger Mann zu jeder Zügellosigkeit imstande sei.

John Law, der neue Plutus, hatte sich mit einem Mal in den wichtigsten Mann im Staat verwandelt. Die Vorzimmer des Regenten waren verlassen, die Höflinge waren ausgeflogen. Adlige, Richter und Bischöfe strömten zum Hôtel de Soissons; Offiziere des Heeres und der Marine, adlige Damen und Damen der Gesellschaft und all jene, denen ihre Geburt oder ein öffentliches Amt Anspruch auf eine Vorzugsbehandlung gab, warteten nun in Laws Vorzimmern, um ihn anzuflehen, ihnen einen Anteil an seiner Kompanie zu überlassen. Aufgrund des gewaltigen Ansturms konnte Law nicht einmal ein Zehntel der Bittsteller empfangen. Die Leute bedienten sich jeder erdenklichen Schliche, um zu ihm vorzudringen. Angehörige des Hochadels, die zutiefst gekränkt gewesen wären, hätte der Regent sie eine halbe Stunde warten lassen, waren gern bereit, sechs Stunden auf eine Chance zu warten, von Monsieur Law empfangen zu werden. Seine Diener strichen allein dafür, dass sie den Namen eines Bittstellers überbrachten, gewaltige Summen ein. Angesehene

Damen setzten all ihren Charme ein, um dasselbe Ziel zu erreichen, aber viele von ihnen mussten zwei Wochen lang Tag für Tag vorstellig werden, bis ihnen endlich Audienz gewährt wurde. Wenn Law eine Einladung annahm, war er manchmal derart von Damen umschwärmt, die ihre Namen in den Aktionärslisten sehen wollten, dass er sich trotz seiner allgemein bekannten Galanterie gezwungen sah, sich gewaltsam loszureißen. Um zu ihm vorzudringen, wurden die groteskesten Pläne ausgeheckt. Eine Dame, die sich mehrere Tage lang vergeblich um eine Audienz bemüht hatte, gab die Versuche auf, ihn in seinem Haus aufzusuchen, sondern befahl stattdessen ihrem Kutscher, nach Law Ausschau zu halten, wann immer sie in ihrer Kutsche unterwegs war: Sobald er den Bankier sah, sollte er die Karosse gegen einen Pfosten lenken, damit sie umstürzte. Drei Tage lang ließ sich die Dame in der Hoffnung auf einen Unfall kreuz und quer durch die Stadt kutschieren. Endlich erblickte sie Laws Kutsche, zog an der Klingelschnur und rief ihrem Kutscher zu: »Kipp uns um, um Gottes willen, kipp uns um!« der Kutscher lenkte das Gefährt gegen einen Pfosten, die Lady schrie auf, die Kutsche kippte um, und Law, der Zeuge des Unfalls wurde, eilte herbei, um Hilfe zu leisten. Die schlaue Dame wurde ins Hôtel de Soissons gebracht, wo sie rasch zu der Überzeugung gelangte, es sei an der Zeit, sich von ihrem Schrecken zu erholen. Sie gestand dem Hausherrn ihre List, und der amüsierte Law war bereit, ihr zu verzeihen und sie als Käuferin eines Aktienpakets einzutragen.

Die Heldin einer weiteren derartigen Episode war eine gewisse Madame de Boucha. Als sie erfuhr, wo Law zum Abendessen geladen war, näherte sie sich diesem Haus und schrie: »Es brennt! Es brennt!« Tatsächlich sprangen die erschrockenen Gäste auf, um sich auf die Straße zu retten. Law lief wie die anderen Gäste zur Tür, aber als er sah, dass eine Dame in das Haus stürmte und auf ihn zulief, während alle anderen nach draußen flüchteten, begriff er, dass es sich um einen Trick handelte, machte kehrt und brachte sich vor ihr in Sicherheit.

Es sind zahlreiche weitere Anekdoten überliefert, die ein wenig übertrieben sein dürften, aber durchaus einiges darüber verraten, welcher Geist in jener sonderbaren Zeit herrschte.[30] Eines Tages erwähnte der Regent in Gegenwart

30) Der neugierige Leser findet in den Briefen von Elisabeth-Charlotte, der Herzogin von Orleans, eine Anekdote, deren Thema die Sehnsucht der französischen Damen nach Laws Gesellschaft ist. Diese Anekdote wird den Leser entweder erröten oder lächeln lassen, je nachdem, ob er sehr sittsam oder das Gegenteil ist. (Letters of Madame Charlotte Elizabeth de Bavière, Duchess of Orleans, Bd. II, S. 274.)

d'Argensons, des Abbé Dubois und einiger anderer Personen, dass er seine Tochter nach Modena schicken wolle und eine Begleiterin suche, die zumindest eine Herzogin sein solle. »Aber ich weiß nicht genau, wo ich eine finden kann«, fügte er hinzu. »Wirklich nicht?«, antwortete einer der Anwesenden mit gespielter Überraschung. »Ich kann Ihnen sagen, wo sämtliche französischen Herzoginnen zu finden sind: Sie sitzen alle im Vorzimmer von Monsieur Law.«

Der gefeierte Arzt de Chirac hatte zu einem ungünstigen Zeitpunkt Aktien gekauft und wollte sie unbedingt wieder abstoßen. Doch zu seiner großen Sorge fiel der Kurs weitere zwei oder drei Tage. Er konnte an nichts anderes mehr denken, als er zu einer Dame gerufen wurde, die sich einbildete, unpässlich zu sein. Er fuhr zu ihrem Haus, wurde die Treppen hinauf geführt und fühlte der Dame den Puls. »Er fällt! Er fällt! Guter Gott! Er fällt immer weiter!«, sagte er nachdenklich, während die Dame ängstlich seine Diagnose erwartete. »Oh, Monsieur de Chirac«, sagte sie, richtete sich auf und zog an der Klingelschnur, um Hilfe herbeizurufen. »Ich sterbe! Ich sterbe! Er fällt! Er fällt!« Der Arzt sah sie verwundert an. »Was fällt?«, fragte er. »Na, mein Puls, mein Puls!«, rief die Dame. »Ich sterbe!« »Beruhigen Sie sich, meine Dame«, sagte de Chirac. »Ich meinte den Aktienkurs. Die Wahrheit ist, dass ich sehr viel verloren habe, und mein Bewusstsein ist derart getrübt, dass ich kaum weiß, was ich sage.«

Der Kurs der Aktie stieg manchmal innerhalb weniger Stunden um 10 oder 20 Prozent, und viele Menschen aus bescheideneren Verhältnissen standen am Morgen arm auf, um sich am Abend als wohlhabende Leute ins Bett zu legen. Ein bettlägeriger Besitzer eines großen Aktienpakets schickte seinen Diener los, um 250 Aktien zum Stückpreis von 8000 Livre zu verkaufen. Dies war der zu diesem Zeitpunkt geltende Kurs. Als der Diener im Jardin de Soissons eintraf, stellte er fest, dass der Kurs in der Zwischenzeit auf 10.000 Livre gestiegen war. Die Differenz von 2000 Livre machte bei 250 Aktien einen Betrag von 500.000 Livre oder 20.000 Pfund Sterling aus. Diesen Differenzbetrag ließ der Diener ohne Umstände in die eigene Tasche wandern, und nachdem er den übrigen Ertrag seinem Herrn übergeben hatte, machte er sich noch am selben Abend aus dem Staub, um in einem anderen Land ein neues Leben zu beginnen. John Laws Kutscher verdiente in kurzer Zeit genug Geld, um sich eine eigene Kutsche zuzulegen, worauf er um die Erlaubnis bat, aus dem Dienst ausscheiden zu dürfen. Law bedauerte den Verlust und bat den Mann, vor seinem Abschied noch einen guten Ersatz zu finden. Der Kutscher willigte ein und stellte seinem Herrn am Abend zwei Kameraden vor, wobei er Law bat, einen der beiden auszuwählen, damit er selbst den anderen in seine Dienste nehmen könne.

Hin und wieder war das Glück auch einer Küchenmagd oder einem Lakaien hold, und dann begingen diese Menschen im ungehemmten Stolz auf ihren leicht erworbenen Reichtum die lächerlichsten Fehler. Indem sie die Derbheit ihres alten mit dem Prunk ihres neuen Standes vermengten, ernteten sie Bedauern seitens der Mitfühlenden, Verachtung seitens der Hochmütigen und Gelächter von aller Welt. Aber besonders widerwärtig waren die Kopflosigkeit und Würdelosigkeit der höheren Gesellschaftsschichten. Ein vom Herzog von Saint-Simon beschriebener Vorfall genügt zur Beschreibung der erbärmlichen Habgier, die sich der gesamten Gesellschaft bemächtigt hatte. Ein Mann namens André, der weder Charakter noch Bildung besaß, hatte zum richtigen Zeitpunkt mit Mississippi-Anleihen spekuliert und in kürzester Zeit ein gewaltiges Vermögen angehäuft. Er hatte »Berge von Gold angehäuft«, wie es Saint-Simon ausdrückt. Mit wachsendem Reichtum begann er sich seiner niederen Geburt zu schämen und machte es zu seinem wichtigsten Ziel, Verbindungen zur Aristokratie herzustellen. Er hatte eine Tochter, die allerdings erst drei Jahre alt war. Nun schlug er der verarmten Adelsfamilie d'Oyse vor, ihr finanziell unter die Arme zu greifen, wenn ein Mitglied des Hauses seine Tochter heiratete. Der Marquis d'Oyse willigte zu seiner Schande in den Handel ein und versprach, das Mädchen selbst zu heiraten, sobald sie das zwölfte Lebensjahr erreicht hätte. Als Gegenleistung sollte ihm der Vater einen Betrag von 100.000 Kronen sowie 20.000 Livre pro Jahr bis zum Zeitpunkt der Vermählung zahlen. Der Marquis selbst war 33 Jahre alt. Das skandalöse Geschäft wurde ordentlich unterzeichnet und besiegelt, und der Spekulant erklärte sich obendrein bereit, seiner Tochter ein Vermögen von mehreren Millionen mit in die Ehe zu geben. Der Herzog von Brancas, das Familienoberhaupt, nahm an den Verhandlungen teil und war am Gewinn beteiligt. Saint-Simon, der die Angelegenheit mit einer Ungezwungenheit behandelt, die dem ganzen einen scherzhaften Charakter verleihen soll, fügt hinzu, dass »die Leute ihre Ablehnung dieser schönen Hochzeit nicht verbargen«, und informiert uns darüber, »dass das Projekt einige Monate später aufgegeben wurde, da Law zu Fall gebracht worden und der ehrgeizige Monsieur André ruiniert war«. Allem Anschein nach war die noble Familie jedoch nicht anständig genug, die 100.000 Kronen zurückzugeben.

Die meisten dieser Geschichten können, so sehr sich ihre Protagonisten auch erniedrigen mochten, als grotesk bezeichnet werden. Doch es geschahen auch schlimmere Dinge. Da viele Leute Papier im Wert von immensen Beträgen mit sich herumtrugen, waren Raubüberfälle auf offener Straße an der Tagesordnung. Und es geschahen zahlreiche Morde. Besonders ein Fall schlug die Öffentlichkeit in seinen Bann, und zwar nicht nur aufgrund der besonderen Schwere des Vergehens, sondern auch wegen des hohen Rangs und der ausgezeichneten Beziehungen des Verbrechers.

Der Comte d'Horn, ein jüngerer Bruder des Prinzen von Horn, der mit den edlen Familien d'Aremberg, DeLigne und De Montmorency verwandt war, war ein junger Mann von leichtsinnigem Wesen, der einigermaßen ausschweifend und ebenso prinzipienlos war. Gemeinsam mit zwei weiteren jungen Männern, die ebenso niederträchtig waren wie er selbst – der eine war ein piemontesischer Offizier namens Mille, der andere ein Flame namens Destampes oder Lestang – entwarf er einen Plan, um einen sehr reichen Aktienhändler zu berauben, der zu seinem Unglück dafür bekannt war, dass er stets große Geldbeträge bei sich trug. Der Graf gab vor, dem Makler einige Aktien der Indien-Kompanie abkaufen zu wollen, und verabredete sich mit ihm in einem *Cabaret*, einem volkstümlichen Nachtlokal in der Nähe der Place Vendôme. Der arglose Händler traf pünktlich zu der Verabredung ein, und dasselbe galt für den Comte d'Horn und seine zwei Spießgesellen, die der Graf als zwei enge Freunde vorstellte. Nach einem kurzen Gespräch fiel Horn plötzlich über sein Opfer her und stach dem Mann dreimal mit einem Dolch in die Brust. Der Makler ging zu Boden, und während d'Horn seine Taschen durchwühlte und ihn um Mississippi- und Indien-Aktien im Wert von 100.000 Kronen erleichterte, stach sein Spießgeselle Mille immer wieder auf den Unglücklichen ein, um diesen sicher ins Jenseits zu befördern. Aber der Makler starb nicht kampflos, und seine Schreie lockten die Gäste des *Cabarets* herbei, die ihm zur Hilfe eilten. Lestang, der dritte im Mordbund, der im Treppenhaus Wache gestanden hatte, entkam durch ein Fenster, aber Mille und der Comte d'Horn wurden auf frischer Tat ertappt.

Alle Welt war fassungslos angesichts dieses Verbrechens, das am hellichten Tag an einem öffentlichen Ort begangen worden war. Der Prozess gegen die Mörder begann am folgenden Tag, und da die Beweislage vollkommen klar war, wurden beide Täter schuldig gesprochen und dazu verurteilt, bei lebendigem Leib auf dem Rad in Stücke gerissen zu werden. Die adligen Verwandten des Comte d'Horn stürmten daraufhin die Vorzimmer des Regenten und flehten mit dem Hinweis auf eine angebliche Geisteskrankheit des irregeleiteten jungen Mannes um Gnade für den Verurteilten. Der Regent ging ihnen aus dem Weg, denn in Anbetracht der besonderen Schwere des Verbrechens wollte er der Gerechtigkeit ihren Lauf lassen. Aber diesen ebenso aufdringlichen wie einflussreichen Bittstellern konnte er sich nicht entziehen, und schließlich gelang es ihnen, zu ihm vorzudringen und ihn anzuflehen, ihrem Haus die Schande einer öffentlichen Hinrichtung zu ersparen. Sie wiesen ihn auf die Verbindung zwischen dem Haus Horn und der illustren Familie von Orleans hin und merkten an, dass es auch für den Regenten eine Schande wäre, wenn einer seiner Verwandten durch die Hand eines gewöhnlichen Henkers sterbe. Es muss dem Regenten zugute gehalten werden, dass er all ihre Forderungen zurückwies und ihr letztes Argument mit den Worten Corneilles beantwortete: »Le crime fait la honte, et non pas l'échafaud.«[31] Er fügte hinzu, dass er die Schande gerne mit seinen Verwandten teilen werde. Diese unternahmen einen Anlauf nach dem anderen, erhielten jedoch immer dieselbe Antwort. Schließlich versuchten sie, den Herzog von Saint-Simon für ihre Sache zu gewinnen, denn sie wussten, dass der Regent ihn sehr schätzte. Der Herzog, der durch und durch Aristokrat war, war ebenso schockiert wie sie von der Aussicht, dass ein adliger Mörder denselben Tod erleiden sollte wie ein plebejischer Verbrecher, und brachte beim Regenten vor, dass es unklug sei, sich eine so zahlreiche, reiche und mächtige Familie zu Feinden zu machen. Und er wies darauf hin, dass in Deutschland, wo das Haus Aremberg große Besitztümer hatte, eine ganze Generation lang kein Verwandter einer auf das Rad geflochtenen Person irgendein öffentliches Amt bekleiden durfte. Aus diesem Grund schlug er vor, die Strafe in eine Enthauptung umzuwandeln, die überall in Europa als sehr viel weniger schändlich galt. Dieses Argument verfehlte seine Wirkung nicht, und der Regent war bereit, den Vorschlag anzunehmen. Doch Law, der vom Schicksal des Ermordeten besonders betroffen war, bestärkte den Regenten in seinem ursprünglichen Entschluss, der Gerechtigkeit ihren Lauf zu lassen.

Nun sahen die Verwandten d'Horns nur noch einen Ausweg. Dem Prinzen von Robec Montmorency gelang es, sich in den Kerker einzuschleichen, wo er dem Mörder einen Giftbecher anbot und ihn anflehte, der Familie eine schändliche Hinrichtung zu ersparen. Doch der Comte d'Horn weigerte sich, das Gift zu schlucken. Montmorency bedrängte ihn erneut, doch da er den Verbrecher nicht überzeugen konnte, verlor er die Geduld und überließ d'Horn mit folgenden Worten seinem Schicksal: »Dann stirb, übler Schuft! Du taugst nur dazu, unter der Hand des Henkers zu verenden.«

---

31) Das Verbrechen bringt Schande, nicht das Schafott.

D'Horn selbst bat den Regenten in einer Petition um eine Enthauptung, aber Law, der größeren Einfluss auf den Regenten hatte als jeder andere Mensch (mit Ausnahme seines Lehrers, des berüchtigten Abbé Dubois), beharrte darauf, dass die Gerechtigkeit nicht den Interessen des Hauses Horn geopfert werden dürfe. Der Regent war stets derselben Meinung gewesen, und so wurden d'Horn und Mille sechs Tage nach ihrem Verbrechen auf der Place de Grève auf das Rad geflochten. Ihr Komplize Lestang wurde nie gefasst.

Das Pariser Volk begrüßte die prompte und strenge Strafe. Sogar dem Monsieur de Quincampoix, wie Law im Volksmund hieß, wurde zugute gehalten, dass er dem Regenten davon abgeraten hatte, einem Patrizier eine Vorzugsbehandlung zu gewähren. Aber die Zahl der Raubüberfälle und Morde sank deshalb nicht. Und reiche Aktienhändler, die ausgeplündert wurden, durften nicht auf Mitleid hoffen. Die Zersetzung der schon zuvor auffallend lockeren öffentlichen Moral wurde offenkundig, als auch die Mittelschicht, die sich bis dahin relativ immun gegen die offene Lasterhaftigkeit der Oberschicht und die versteckte Gesetzlosigkeit der Unterschicht gezeigt hatte, vom sittlichen Verfall ergriffen wurde. Nun ergriff die verderbliche Spielsucht von der ganzen Gesellschaft Besitz und untergrub jegliche öffentliche und fast alle private Tugend.

Solange Zuversicht herrschte, blühte die Wirtschaft, was dem Land zugute kam. Vor allem in Paris war der Aufschwung zu spüren. Aus allen Teilen der Welt strömten Fremde in die Stadt, die nicht nur reich werden, sondern auch Geld ausgeben wollten. Die Herzogin von Orleans, die Mutter des Regenten, bezifferte das Bevölkerungswachstum in dieser Zeit auf 305.000 Seelen. Die Hausbesitzer sahen sich gezwungen, in Dachkammern, Küchen und sogar Ställen Betten aufzustellen, um die Zuwanderer unterzubringen, und die Stadt füllte sich mit Kutschen und Fuhrwerken aller Art, die auch auf den breiten Straßen nur im Schritttempo fahren konnten, wenn sie Unfälle im dichten Verkehr vermeiden wollten. Die Webereien arbeiteten im Stakkato, um das Land mit Spitzen-, Seiden-, Samt- und Wollstoffen zu versorgen, deren Preise rasch um das Vierfache stiegen, da sie mit reichlich vorhandenem Papiergeld bezahlt wurden. Auch die Versorgung mit Nahrungsmitteln profitierte vom allgemeinen Aufschwung: Mit Brot, Fleisch und Gemüse konnte man bis dahin ungekannte Preise erzielen, und auch die Löhne stiegen deutlich. Der Handwerker, der zuvor 15 Sous am Tag verdient hatte, ging nun mit 60 nach Hause. Überall wurden neue Häuser gebaut. Ein trügerischer Wohlstand breitete sich aus und trübte den Blick der Nation, so dass niemand die dunklen Wolken sah, die am Horizont aufzogen und einen näher rückenden Sturm ankündigten.

Auch Law selbst, der Zauberer, der diesen erstaunlichen Wandel mit einem Schwung seines Stabs heraufbeschworen hatte, profitierte natürlich vom allgemeinen Aufschwung. Seine Frau und seine Tochter wurden vom Hochadel hofiert, und die Erben von Herzogs- und Fürstentiteln suchten die Nähe seiner Familie. Law erwarb zwei herrliche Landgüter und nahm Verhandlungen mit der Familie des Herzogs von Sully auf, um die Markgrafschaft Rosny zu erwerben. Da seine Konfessionszugehörigkeit seinen Aufstieg behinderte, versprach ihm der Regent für den Fall, dass er sich öffentlich zum katholischen Glauben bekannte, das Amt des Generalkontrolleurs der Finanzen. Da Law nicht religiöser war als jeder andere bekennende Spieler, war er gern dazu bereit und ließ sich vom Abbé de Tencin vor einer großen Zuschauermenge in der Kathedrale von Melun bekehren.[32] Am folgenden Tag wurde er zum ehrenamtlichen Kirchenältesten der Pfarrgemeinde von St. Roch gewählt und spendete aus gegebenem Anlass einen Betrag von 500.000 Livre. Nicht immer trug er seine stets großzügige Wohltätigkeit derart zur Schau. Er spendete auch stillschweigend große Beträge und wies keinen Bittsteller ab, der in wirklicher Not war.

John Law war nun der bei weitem einflussreichste Mann im Staat. Der Herzog von Orleans vertraute vollkommen auf seine Weisheit und den Erfolg seiner Vorhaben und zog ihn in allen Fragen zu Rate. Der Erfolg war Law keineswegs zu Kopf gestiegen, sondern er blieb derselbe einfache, freundliche, besonnene Mann, der er auch unter widrigen Umständen gewesen war. Seine Galanterie, die all jene Damen, die zu ihrem Ziel wurden, in Entzücken versetzte, war so nett, so schicklich und so respektvoll, dass sie nicht einmal einen Liebhaber kränken konnte. Wenn er einmal irgendwelche Symptome von Hochmut zeigte, so nur gegenüber jenen kriecherischen Aristokraten, die ihn solange mit Schmeicheleien überhäuften, bis er es nicht mehr ertrug. Er ließ sie ewig im Ungewissen und beobachtete mit Vergnügen, wie sie sich anbiederten, um eine Gefälligkeit von ihm zu ergattern. Hingegen behandelte er Landsleute, die zufällig in Paris zu Besuch waren und ihn um ein Gespräch ersuchten, stets höflich und aufmerksam. Als Archibald Campbell, der Graf von Islay und spätere

32) Zu diesem Anlass machte der folgende Spottvers die Runde: »Foin de ton zèle séraphique, / Malheureux Abbé de Tencin, / Depuis que Law est Catholique, / Tout le royaume est Capucin«. Übersetzt sinngemäß: »Verflucht sei der Bekehrungseifer des unseligen Abbé de Tencin. Nun ist Law ein Katholik und das Königreich ein Bettelorden.« (Anm. d. Übers.)

Herzog von Argyle, in Laws Haus an der Place Vendôme vorstellig wurde, musste er ein Vorzimmer durchqueren, in dem sich Personen aus den höchsten Kreisen drängten, die unbedingt den großen Finanzier sprechen wollten und ihre Namen in eine Liste eintragen ließen. Law saß in seiner Bibliothek und schrieb in aller Seelenruhe einen Brief an den Gärtner des elterlichen Landguts Lauriston, um dem Mann Anweisungen zur Pflanzung von Kohlköpfen zu geben! Der Graf setzte sich zu ihm, spielte eine Partie Pikett mit ihm und verließ seinen Landsmann ganz eingenommen von dessen ungezwungener Art, seiner Verständigkeit und seiner Wohlerzogenheit.

Zu den Aristokraten, die dank der allgemeinen Leichtgläubigkeit mit der Spekulation ihren verlorenen Wohlstand wiedergewonnen hatten, zählten die Herzöge von Bourbon, Guiche, La Force[33], Chaulnes und Antin, der Marschall von Estrées, die Prinzen von Rohan, Poix und Léon. Der Herzog von Bourbon, der Sohn Ludwigs XIV. und der Madame de Montespan, hatte eine besonders glückliche Hand bei der Mississippi-Spekulation. Mit seinem gewaltigen Gewinn baute er die königliche Residenz von Chantilly in aller Pracht wieder auf. Der leidenschaftliche Pferdeliebhaber ließ weitläufige Stallungen errichten, von denen man überall in Europa sprach, und importierte 150 edle Rennpferde aus England, um die Zucht in Frankreich aufzubauen. Er kaufte große Ländereien in der Picardie und brachte fast alle wertvollen Ländereien zwischen der Oise und der Somme in seinen Besitz.

Da John Law manch einem zu einem gewaltigen Vermögen verhalf, kann es kaum verwundern, dass er vom launenhaften französischen Volk beinahe angebetet wurde. Kein Monarch war je so umschmeichelt worden wie er. Die mittelmäßigen Verseschmiede und Dichterlinge priesen seinen Namen in den höchsten Tönen. Sie bezeichneten ihn als Retter der Nation, als Schutzgott Frankreichs. Jedes Wort aus seinem Mund war geistreich, jeder Blick seiner Augen war gütig, jede seiner Handlungen weise. Wenn er ausfuhr, folgte seiner Kutsche stets eine derart große Volksmenge, dass ihm der Regent eine berittene Eskorte schickte, die ihn ständig begleitete und die Straßen für ihn räumte.

---

33) Der Herzog von La Force verdiente beträchtliche Summen, indem er nicht nur Aktien handelte, sondern auch Porzellan, Gewürze usw. verkaufte. Die Frage, ob er mit seiner Tätigkeit als Gewürzhändler nicht den Anspruch auf seinen Adelstitel verloren habe, wurde lange Zeit im Pariser Parlament debattiert. Die Frage wurde abschlägig entschieden. Eine Karikatur zeigte ihn als Straßenhändler, der einen großen Ballen Gewürze auf dem Rücken trug. Der Text lautete: »Admirez la Force.«

Nie zuvor hatte man in Paris derart viele elegante Luxusobjekte gesehen. Statuen, Gemälde und Teppiche wurden in großer Zahl importiert und den Händlern aus den Händen gerissen. All jene hübschen kleinen Einrichtungsgegenstände und Zierstücke, auf deren Erzeugung sich die Franzosen so gut verstehen, waren nicht länger der Aristokratie vorbehalten, sondern verschönerten nun auch die Häuser von Kaufleuten und anderen Angehörigen des Bürgertums. Paris wurde zum wichtigsten Markt für kostbare Juwelen, unter denen auch der berühmte nach dem Regenten benannte Diamant war, der lange Zeit die französische Krone schmückte. Der Regent erwarb ihn für zwei Millionen Livre, und die Umstände des Kaufs zeigten, dass der Regent nicht so hohe Einkünfte erzielte wie einige seiner Untertanen. Als ihm der Diamant erstmals angeboten wurde, lehnte er ab, obwohl er sich nichts mehr wünschte als diesen Edelstein. Er begründete seine Ablehnung damit, dass es ihm seine Pflicht gegenüber dem Land verbiete, derart viel Geld aus der Staatskasse für ein Juwel auszugeben. Diese durchaus angebrachte und ehrbare Entschuldigung versetzte alle Damen bei Hof in helle Aufregung, und mehrere Tage wurde nur darüber gesprochen, wie bedauerlich es sei, dass ein derart seltener Edelstein nicht in Frankreich bleiben werde, da keine Privatperson reich genug sei, ihn zu kaufen. Der Regent wurde unentwegt bestürmt, seine Entscheidung zu überdenken, ließ sich jedoch nicht erweichen. Schließlich übernahm der Herzog von Saint-Simon, der bei all seinen Fähigkeiten auch ein wenig geschwätzig war, die schwierige Aufgabe, den gutwilligen Regenten mit Laws Unterstützung umzustimmen. Am Ende willigte der Regent ein und überließ die Finanzierung des Kaufs seinem einfallsreichen Berater John Law. Der Besitzer des Diamanten erklärte sich bereit, bis zu einem bestimmten Zeitpunkt auf den Betrag von zwei Millionen Livre zu warten, und erhielt bis dahin Zinsen in Höhe von 5 Prozent des Kaufpreises; darüber hinaus durfte er die wertvollen Stücke behalten, die beim Schliff des Diamanten anfielen. Saint-Simon schildert in seinen *Memoirs* einigermaßen selbstgefällig seinen Beitrag zu der Transaktion. Nachdem er einen 140-karätigen, beinahe runden, vollkommen weißen und makellosen Diamanten von der Größe einer Reneklode beschrieben hat, teilt er der Welt schmunzelnd mit, er habe »einiges dazu beigetragen, den Regenten zum Kauf dieses außergewöhnlichen Edelsteins zu bewegen«. Mit anderen Worten: er war stolz darauf, den Herzog von Orleans dazu verleitet zu haben, seine Pflicht zu verletzen und sich mit öffentlichem Geld eine maßlos teure Spielerei zu gönnen.

Das System gedieh bis zum Jahresbeginn 1720. Immer neue Warnungen aus dem Parlament, dass eine übermäßige Vermehrung des Papiergelds früher oder später zum Staatsbankrott führen müsse, wurden in den Wind geschlagen. Der Regent, der nichts von den Finanzen verstand, war der Meinung, dass ein System, das die Lage Frankreichs derart verbessert hatte, unmöglich übertrieben werden könne. Wenn 500 Millionen in Papiergeld so eine so wunderbare Wirkung gehabt hatten, würden weitere 500 Millionen das Land noch reicher machen. Dies war der große Irrtum des Regenten, und Law erhob keine Einwände. Die außergewöhnliche Gier der gesamten Bevölkerung sorgte dafür, dass die Illusion aufrechterhalten wurde, und je höher der Kurs der Aktien der Indien- und Mississippi-Kompanie stieg, desto mehr *billets de banque* wurden ausgegeben, um mit der Entwicklung Schritt zu halten. Das auf diese Art errichtete Gebäude hatte Ähnlichkeit mit dem Palast, den der fürstliche Barbar Potemkin in Russland baute, um seiner kaiserlichen Herrin eine Freude zu machen: Riesige Eisblöcke wurden aufgetürmt, gekonnt gemeißelte ionische Säulen aus gefrorenem Wasser trugen einen herrlichen Torbogen, und eine Kuppel aus demselben Material schimmerte im Sonnenlicht, das gerade stark genug war, um den Dom mit einem goldenen Schimmer zu überziehen, ohne ihn zum Schmelzen zu bringen. Das zauberhafte Bauwerk glitzerte wie ein Palast aus Kristall und Diamanten. Doch dann erhob sich eine warme Brise aus dem Süden, und das prachtvolle Gebäude schmolz dahin. Bald waren nicht einmal mehr Trümmer übrig. Und genau so erging es Law und seinem Papiergeld. Kaum schwoll das Misstrauen des Volkes an, da stürzte sein Gebäude in sich zusammen – und niemand war in der Lage, es wieder aufzubauen.

Der erste Hinweis auf eine nahende Gefahr wurde Anfang des Jahres 1720 beobachtet. Der Fürst Conti, der beleidigt war, weil sich Law geweigert hatte, ihm neu begebene Aktien der Indien-Kompanie zum günstigeren Nennwert zu überlassen, verlangte von seiner Bank die Auszahlung eines derart großen Aktienpakets in Münzen, dass für die Beförderung drei Fuhrwerke benötigt wurden. Law beschwerte sich beim Regenten und wies diesen auf den Schaden hin, der entstehen würde, sollte dieses Beispiel viele Nachahmer finden. Der Regent verstand das nur zu gut. Er zitierte den Prinzen Conti zu sich und befahl ihm, der Bank zwei Drittel des abgehobenen Münzgelds zurückzuerstatten, wenn er sich nicht den Zorn der Krone zuziehen wolle. Der Prinz sah sich gezwungen, dem despotischen Befehl zu gehorchen. Zum Glück für Law war der boshafte und habgierige de Conti ein ausgesprochen unbeliebter Mann. Die Öffentlichkeit hielt sein Verhalten gegenüber Law für unfair. Dennoch ist es sonderbar, dass diese Rettung aus höchster Not Law und den Regenten nicht zur Mäßigung bewegte. Bald wurden auch andere misstrauisch und ahmten das Beispiel nach, das de Conti aus Rachsucht gegeben hatte. Jene Anleger, die ein wenig Weitblick besaßen, gelangten zu der Überzeugung, dass der Kurs nicht ewig steigen werde. Bourdon und La Richardière, die dafür bekannt waren, in großem Stil mit den Schuldverschreibungen zu handeln, tauschten ihre Banknoten nach und nach in aller Stille in Münzgeld um, das sie ins Ausland bringen ließen. Zudem kauften sie große Mengen Silber und teure Juwelen, die sie heimlich nach England oder in die Niederlande schickten. Der Spekulant Vermalet ahnte ebenfalls, dass ein Sturm nahte, und beschaffte sich Gold- und Silbermünzen im Wert von fast einer Million Livre, die er auf das Fuhrwerk eines Bauern laden und mit Heu und Kuhdung bedecken ließ. Dann schlüpfte er in einen schmutzigen Bauernkittel und führte die kostbare Ladung selbst nach Belgien, von wo aus sie nach Amsterdam gebracht wurde.

Bis zu diesem Zeitpunkt war es nicht schwierig gewesen, sich Hartgeld zu beschaffen. Doch man konnte nicht auf Dauer Papier für Münzen eintauschen, ohne dass diese knapp wurden. Bald wurden darüber Klagen laut, und eine Untersuchung führte rasch die Ursache des Mangels zutage. Der Staatsrat versuchte gegenzusteuern und bat Law um seinen Rat. Dieser schlug vor, das Münzgeld per Edikt um fünf Prozent gegenüber dem Papiergeld abzuwerten. Das Edikt wurde tatsächlich erlassen, verfehlte jedoch seine Wirkung, worauf die Abwertung mit einem weiteren Erlass auf zehn Prozent erhöht wurde. Gleichzeitig wurden für Auszahlungen der Bank in Münzen Höchstgrenzen von 100 Livre in Gold und 10 in Silber festgelegt. Doch all diese Maßnahmen waren nicht geeignet, das Vertrauen in das Papiergeld wiederherzustellen, obwohl eine derartige Beschränkung der Barauszahlungen die Reserven der Bank schützte.

Trotz aller Versuche, den Abfluss des Hartgelds aufzuhalten, wurden die Edelmetalle weiterhin nach England und in die Niederlande geschafft. Die wenigen Münzen, die im Land blieben, wurden eifersüchtig gehortet oder versteckt, sodass schließlich aufgrund der extremen Knappheit der Handel zum Erliegen kam. In dieser Notlage wagte Law das kühne Experiment, die Verwendung von Münzgeld vollkommen zu verbieten. Im Februar 1720 erging ein entsprechender Erlass, der jedoch nicht wie beabsichtigt das Vertrauen in das Papiergeld wiederherstellte, sondern es unwiderruflich zerstörte und das Land an den Rand einer Revolution trieb. Das berühmte Edikt untersagte es jedem Bürger Frankreichs unter Androhung hoher Geldbußen sowie einer Beschlagnahmung etwaiger gefundener Beträge, mehr als 500 Livre

(20 Pfund Sterling) in Münzen zu besitzen. Des Weiteren wurde verboten, Juwelen, Silber und Edelsteine zu kaufen. Mit dem Versprechen, man werde ihnen die Hälfte des entdeckten Betrags auszahlen, wurden Denunzianten ermutigt, Personen anzuzeigen, die gegen das Verbot verstießen. Diese beispiellose Tyrannei löste einen Aufschrei der Empörung aus. Tag für Tag spielten sich widerwärtige Verfolgungsszenen ab. Denunzianten und Spitzel drangen in die Privatsphäre von Familien ein. Redliche Menschen wurden öffentlich bloßgestellt, weil sie das Verbrechen begangen hatten, einen Louis d'or zu besitzen. Diener verrieten ihre Herren, Bürger bespitzelten ihre Nachbarn, und die Zahl der Verhaftungen und Beschlagnahmungen stieg derart an, dass die Gerichtshöfe den ungeheuren Arbeitsaufwand kaum noch bewältigen konnten. Für einen Durchsuchungsbefehl genügte es, dass ein Denunziant behauptete, eine Person verstecke Geld in ihrem Haus. Der englische Botschafter Lord Stair kommentierte ironisch, an der Aufrichtigkeit von Laws Übertritt zum Katholizismus könne nun kein Zweifel mehr bestehen: Nachdem er durch die Verwandlung von so viel Gold in Papier seinen Glauben an die *Transsubstantiation* bewiesen habe, habe er nun auch noch die *Inquisition* eingeführt.

Nun wurden der Regent und der unglückliche Law mit sämtlichen Schimpfnamen überhäuft, die die Phantasie des wütenden Volks hervorbringen konnte. Der Besitz von Münzen im Wert von mehr als 500 Livre war illegal. Dennoch nahm niemand Papiergeld an, wenn er es irgendwie vermeiden konnte, denn niemand wusste, was die Banknoten am nächsten Tag wert sein würden. Duclos schreibt in seinen *Geheimen Memoiren der Regierungen Ludwigs des Vierzehnten und Ludwigs des Fünfzehnten*: »Nie zuvor hatte man eine derart sprunghafte Regierung gesehen, nie zuvor hatte ein schwächerer Herrscher eine derart irrsinnige Tyrannei ausgeübt. Wer Zeuge dieser schrecklichen Zeit wurde und sich daran erinnert wie an einen Traum, dem ist es noch heute ein Rätsel, wie es möglich war, dass eine Revolution ausblieb – dass Law und der Regent keinen tragischen Tod fanden. Die Menschen lebten in Furcht vor ihnen, beschränkten sich jedoch auf Klagen; eine düstere und ängstliche Verzweiflung, eine stumpfe Hilflosigkeit hatte sich ihrer bemächtigt, und sie waren nicht einmal imstande, ein mutiges Verbrechen zu begehen.« Einmal wurde anscheinend doch eine Volksbewegung organisiert. Aufrührerische Pamphlete tauchten auf den Mauern auf, und Flugzettel wurden an herausragende Persönlichkeiten geschickt. Duclos zitiert eines dieser Pamphlete: »Monsieur und Madame, sollte sich die Lage nicht ändern, so wird am Samstag und Sonntag erneut eine Bartholomäusnacht stattfinden. Weder Sie noch Ihre Dienstboten sollten das Haus verlassen. Gott bewahre Sie vor den Flammen! Informieren Sie Ihre Nachbarn. Datiert am Samstag, dem 25. Mai 1720.« Da zahlreiche Spione durch die Straßen schlichen, misstrauten die Leute einander, und abgesehen von einigen geringfügigen Tumulten am Abend, die rasch unter Kontrolle gebracht wurden, blieb es ruhig in der Hauptstadt.

Der Wert der Aktien der Mississippi-Kompanie war rasch gefallen, und es gab kaum jemanden, der noch immer die Geschichten vom sagenhaften Reichtum Louisianas glaubte. Nun wurde ein letzter Versuch unternommen, um das Vertrauen der Öffentlichkeit in das Mississippi-Projekt wiederherzustellen. Zu diesem Zweck wurden auf Anordnung der Regierung alle armen Teufel in Paris zusammengetrieben. Mehr als 6000 Angehörige der ärmsten Bevölkerungsschicht wurden wie in Kriegszeiten zwangsrekrutiert, eingekleidet und mit Werkzeugen ausgestattet, um sie nach New Orleans einzuschiffen, von wo aus sie in die Goldminen geschickt werden sollten, die in Louisiana angeblich so zahlreich waren. Sie paradierten tagelang mit ihren Hacken und Schaufeln durch die Straßen der Hauptstadt und wurden anschließend in kleinen Gruppen zu den Häfen gebracht, um sie nach Amerika zu schicken. Doch zwei Drittel von ihnen erreichten ihren Bestimmungsort nicht, sondern rissen auf dem Marsch zur Küste aus, verkauften ihre Werkzeuge und nahmen ihr altes Leben wieder auf. Weniger als drei Wochen nach der Aushebung war die Hälfte von ihnen wieder in Paris. Dennoch bewirkte das Manöver einen geringfügigen Kursanstieg der Mississippi-Aktie. Einige besonders leichtgläubige Anleger hatten tatsächlich den Eindruck gewonnen, dass die Schatzsuche im neuen Golkonda nun ernsthaft in Angriff genommen werde und dass in Frankreich bald wieder Gold- und Silberbarren auftauchen würden.

In einer konstitutionellen Monarchie hätte man bessere Wege gefunden, um das Vertrauen der Allgemeinheit wiederherzustellen. Als in England zu einem späteren Zeitpunkt ein ähnliches Truggebilde eine vergleichbare Krise heraufbeschwor, wurden ganz andere Maßnahmen ergriffen, um den Schaden zu beheben. In Frankreich hingegen blieb die Bekämpfung des Übels denen überlassen, die es heraufbeschworen hatten. Die Willkürmaßnahmen, mit denen der Regent das Land aus der Notlage zu befreien versuchte, stürzten es nur noch tiefer ins Unglück. Die Regierung ordnete an, Zahlungen dürften nur noch mit Papiergeld erfolgen, und zwischen dem 1. Februar und Ende Mai wurden Banknoten im Ausmaß von mehr als einer Milliarde Livre oder

60 Millionen Pfund Sterling gedruckt. Doch nachdem die Alarmglocken einmal geläutet waren, konnten die Leute durch nichts mehr dazu bewegt werden, einem Papiergeld zu vertrauen, das nicht in Edelmetall gewechselt werden konnte. Lambert, der Präsident des Pariser Parlaments, sagte dem Regenten ins Gesicht, er würde 100.000 Livre in Gold oder Silber den Vorzug vor fünf Millionen in den Noten von Laws Bank geben. Da die Allgemeinheit so empfand, verschlimmerte die Ausgabe gewaltiger Mengen Papiergeld das Übel nur noch, indem sie das Missverhältnis zwischen dem in Umlauf befindlichen Münzgeld und dem Papiergeld weiter vergrößerte. Die Münzen, die der Regent eigentlich hatte abwerten wollen, gewannen mit jedem entsprechenden Versuch weiter an Wert. Im Februar gelangte man zu dem Schluss, es sei das Beste, die Königliche Bank mit der Indien-Kompanie zu verschmelzen. Ein entsprechendes Edikt wurde veröffentlicht und vom Parlament abgesegnet. Der Staat bürgte weiterhin für die von der Bank ausgegebenen Noten, und es sollte kein Papiergeld mehr ohne Beschluss des Staatsrats gedruckt werden. Sämtliche Gewinne, die die Bank erzielt hatte, seit sie Law entzogen und in eine nationale Einrichtung umgewandelt worden war, übertrug der Regent nun auf die Indien-Kompanie. Diese Maßnahme hatte zur Folge, dass der Wert der Mississippi-Aktien und der anderen Anteile der Kompanie für kurze Zeit stieg, aber es gelang nicht, das Vertrauen der Öffentlichkeit dauerhaft zu festigen.

Anfang Mai fand ein Staatsrat statt, an dem Law, d'Argenson (sein Kollege in der Verwaltung der Finanzen) und sämtliche Minister teilnahmen. Man stellte fest, dass Banknoten für 2,6 Milliarden Livre in Umlauf waren, während die Münzvorräte des Landes nicht einmal die Hälfte dieses Betrags deckten. Die Mehrheit des Staatsrats war der Überzeugung, dass unbedingt etwas getan werden müsse, um das Gleichgewicht wiederherzustellen. Einige Teilnehmer schlugen vor, den Nennwert der Banknoten auf den der Münzen zu verringern, während andere meinten, der Nennwert der Münzen solle soweit erhöht werden, dass er dem des Papiers entspräche. Law widersetzte sich offenbar beiden Vorhaben, doch da er keine andere Lösung vorschlagen konnte, einigte man sich darauf, die Papierwährung um die Hälfte abzuwerten. Am 21. Mai erging ein entsprechendes Edikt, in dem verfügt wurde, dass der Wert der Anteile der Indien-Kompanie und der Banknoten schrittweise gesenkt werden sollte, bis sie am Jahresende nur noch mit der Hälfte ihres Nominalwerts bewertet würden. Das Parlament lehnte es ab, das Edikt zu registrieren – die Empörung war derart groß und der Zustand des Landes derart besorgniserregend, dass sich der Staatsrat zu Wahrung der Ruhe gezwungen sah, seinen Beschluss zurückzunehmen und sieben Tage später ein weiteres Edikt zu erlassen, mit dem der ursprüngliche Wert der Banknoten wiederhergestellt wurde.

Am selben Tag, dem 27. Mai, stellte die Bank die Auszahlungen in Münzen ein. Law und d'Argenson wurden aus dem Ministerium entlassen. Der schwache, unentschlossene und ängstliche Regent schob die Schuld an allem Übel auf Law, dem sogar der Zutritt zum Palais Royal verwehrt wurde. Doch bei Einbruch der Nacht schickte der Regent nach ihm und ließ ihn durch eine Geheimtür in den Palast bringen,[34] um sich für die Strenge zu entschuldigen, mit der er Law in der Öffentlichkeit behandelt hatte. Unstet wie er war, lud er Law zwei Tage später in der Oper in die königliche Loge ein und behandelte ihn unter den Augen des Publikums sehr freundlich. Aber der Hass auf Law war derart groß, dass das Experiment für ihn beinahe tödlich geendet hätte. Als er nach der Oper bei seinem Haus vorfuhr, griff der Pöbel seine Kutsche mit Steinen an, und wäre es dem Kutscher nicht gelungen, die Karosse mit einem geschickten Manöver in den Hof zu steuern, wo die Hausdiener sofort das Tor zuwarfen, so wäre Law wohl aus der Kutsche gezerrt und in Stücke gerissen worden. Am folgenden Tag wurden seine Frau und seine Tochter angegriffen, als sie von der Rennbahn heimkehrten. Als der Regent von diesen Vorfällen erfuhr, schickte er Law einen großen Trupp Schweizergardisten, die sein Haus von nun an Tag und Nacht bewachten. Doch der Zorn der Öffentlichkeit wurde schließlich derart groß, dass sich Law auch unter dem Schutz der Wache in seinem Haus nicht mehr sicher fühlte und im Palais Royal in den Wohnräumen des Regenten Zuflucht suchte.

Der frühere Kanzler d'Aguesseau, der im Jahr 1718 wegen seines Widerstands gegen Laws Projekte entlassen worden war, wurde nun zurückgerufen, um bei dem Versuch zu helfen, das Vertrauen der Öffentlichkeit zurückzugewinnen. Der Regent begriff zu spät, dass er einen der fähigsten und den vielleicht einzigen anständigen Mann jener korrupten Zeit mit unentschuldbarer Härte behandelt hatte. Nachdem d'Aguesseau in Ungnade gefallen war, hatte er sich auf sein Landgut in Fresnes zurückgezogen, wo er über ebenso mühevollen wie erbaulichen philosophischen Studien die Intrigen an einem unwürdigen königlichen Hof vergessen hatte. Law selbst wurde in Begleitung eines Höflings, des Chevalier de Conflans, in einer Postkutsche entsandt, um den ehemaligen Kanzler nach Paris zurückzuholen. Obwohl ihm seine Freunde davon abrieten,

34) Duclos, Geheime Memoiren.

ein von Law überbrachtes Angebot anzunehmen, erklärte sich d'Aguesseau bereit, sein Bestes zu tun, um dem Land aus seiner Notlage zu helfen. Bei seiner Ankunft in Paris begannen Verhandlungen zwischen dem Parlament und dem Finanzrat, und am 1. Juni wurde eine Verordnung erlassen, mit der jenes Gesetz außer Kraft gesetzt wurde, das den Besitz von mehr als 500 Livre in Münzen untersagt hatte. Von nun an durfte jedermann wieder beliebig viele Münzen besitzen. Da beabsichtigt war, die Banknoten einzuziehen, wurden 25 Millionen neue Noten gedruckt, die mit den Einnahmen der Stadt Paris besichert wurden. Die eingezogenen Banknoten wurden vor dem Hôtel de Ville öffentlich verbrannt. Die neuen Noten hatten überwiegend einen Nennwert von zehn Livre, und am 10. Juni wurde die Bank wieder geöffnet. Sie verfügte nun über ausreichend Silbermünzen zur Deckung der Banknoten.

Diese Maßnahmen wirkten sehr gut. Die Bürger von Paris eilten zur Bank, um ihre kleinen Banknoten in Münzen umzutauschen, und als das Silber knapp wurde, zahlte man sie mit Kupfermünzen aus. Kaum jemand beklagte sich über das Gewicht der Münzen, obwohl man überall keuchende und schwitzende Männer sehen konnte, die große Säcke mit Wechselgeld für 50 Livre nach Hause schleppten. In dem ständigen Gedränge vor der Bank wurde fast jeden Tag jemand zu Tode getrampelt. Als sich am 9. Juli eine riesige Menschenmenge vor der Bank versammelt hatte, schlossen die am Eingang der Mazarin-Gärten postierten Wachen das Tor und gewährten niemandem mehr Einlass. Die Volksmenge geriet in Rage und begann, die Soldaten durch das Gitter mit Steinen zu bewerfen. Die Angegriffenen reagierten ihrerseits erbost und drohten, in die Menge zu schießen. Als einer der Soldaten von einem Stein getroffen wurde, eröffnete er das Feuer. Ein Mann brach tödlich getroffen zusammen, ein weiterer wurde schwer verwundet. Es drohte ein Sturm auf die Bank, doch als die Tore der Mazarin-Gärten wieder geöffnet wurden und die Menge einer Phalanx von Soldaten mit aufgepflanzten Bajonetten gegenüberstand, begnügte sich das Volk damit, seinem Zorn mit Schmährufen und Pfiffen Luft zu machen.

Acht Tage später war der Ansturm derart groß, dass vor der Bank 15 Menschen zu Tode getrampelt wurden. Eine aufgebrachte Volksmenge von 7000 bis 8000 Menschen trug drei der Leichen auf Bahren zu den Gärten des Palais Royal, um dem Regenten zu zeigen, welches Unglück er und Law über das Land gebracht hatten. In dieser Situation bewies Laws Kutscher, der mit angespannten Pferden im Palasthof wartete, mehr Diensteifer als Diskretion: Erbost darüber, dass der Pöbel seinen Herrn beschimpfte, sagte er so laut, dass ihn einige Leute hören konnten, dass dieses Gesindel den Galgen verdient habe. Der Mob fiel augenblicklich über ihn her und zerstörte die Kutsche, in der Law vermutet wurde. Nur mit viel Glück rettete der unbesonnene Kutscher sein Leben. Es entstand kein weiterer Schaden, denn als Soldaten auftauchten, zerstreute sich die Menge rasch, nachdem ihnen der Regent zugesichert hatte, dass die drei Leichen, die man ihm gebracht hatte, auf seine Kosten ein anständiges Begräbnis erhalten würden. Zum Zeitpunkt des Aufruhrs tagten gerade die Generalstände, und der Parlamentspräsident ging persönlich auf die Straße hinaus, um nachzusehen, was dort vor sich ging. Bei seiner Rückkehr teilte er den Abgeordneten mit, dass der Pöbel Laws Kutsche zerschlagen habe. Da sprangen die Anwesenden jubelnd auf, und ein Deputierter, dessen Hass offenbar besonders groß war, rief: »Und Law selbst, ist er auch in Stücke gerissen worden?«[35]

Nun hing sehr viel vom Vertrauen in die Indien-Kompanie ab, die für eine gewaltige Summe geradestehen musste. Im Staatsrat wurde daher vorgeschlagen, der Gesellschaft alle Privilegien einzuräumen, die es ihr erleichtern konnten, ihren Verpflichtungen nachzukommen. Mit diesem Ziel vor Augen wurde angeregt, der Indien-Kompanie ein Seehandelsmonopol zuzugestehen, und es erging ein entsprechendes Edikt. Leider hatte man nicht bedacht, dass man mit dieser Maßnahme sämtliche Kaufleute des Landes ruinieren würde. Die Nation lehnte ein derart umfassendes Privileg ab, und dem Parlament wurde eine Petition nach der anderen vorgelegt, damit es die Aufnahme des Dekrets in die Gesetzessammlung verweigerte. Genau das tat das Parlament, woraufhin es vom Regenten mit dem Argument, die Abgeordneten fachten lediglich die Flamme des Aufruhrs an, nach Blois verbannt wurde. Auf Betreiben d'Aguesseaus wurde der Ort des Exils nach Pontoise verlegt, wo sich die Abgeordneten mit dem festen Entschluss niederließen, dem Regenten die Stirn zu bieten und ihr zeitweiliges Exil möglichst annehmlich zu gestalten. Der Parlamentspräsident lud die lebenslustige und geistreiche Pariser Gesellschaft zu eleganten Banketten ein, und die Damen konnten sich jeden Abend bei Tanz und Musik vergnügen. Die üblicherweise würdevollen und feierlichen Richter und Abgeordneten versammelten sich zu Kartenspielen und

35) Die Herzogin von Orleans erzählt die Geschichte ein wenig anders, aber welche Version auch immer der Wahrheit entsprach, der Ausdruck derartiger Emotionen in einer gesetzgebenden Versammlung war nicht unbedingt vorbildlich. Die Herzogin schreibt, der Präsident sei derart außer sich vor Freude gewesen, dass er den Abgeordneten bei seiner Rückkehr in den Sitzungssaal in einer poetischen Anwandlung zugerufen habe: »Messieurs! Messieurs! Bonne nouvelle! / Le Carosse de Lass est reduit en cannelle!«

anderen Zerstreuungen und führten mehrere Wochen lang ein sehr lustiges Leben, um dem Regenten zu beweisen, dass sie keineswegs unter ihrer Verbannung litten. Wenn sie nur wollten, konnten sie Pontoise zu einem angenehmeren Parlamentssitz als Paris machen.

Die Franzosen sind unter den Völkern der Welt berühmt für die Kunst, aus ihren Klagen Lieder zu machen. Mit Recht heißt es, die Geschichte Frankreichs könne man in seinen Liedern verfolgen. Als Law durch das Scheitern seiner großartigen Pläne missliebig geworden war, verwandelte er sich natürlich in ein Objekt der Satire, und während überall Karikaturen seiner Figur auftauchten, konnte man auf den Straßen zahlreiche Lieder hören, in denen weder er noch der Regent verschont wurden. Viele dieser Lieder waren alles andere als dezent, und insbesondere ein Komponist stellte alle Noten in den Dienst der niederträchtigsten Botschaft, die man überhaupt zu Papier bringen konnte. Doch das beste und beliebteste Lied, das in den Briefen der Herzogin von Orleans erhalten geblieben ist, war monatelang an allen Straßenecken in Paris zu hören. Der Refrain ist durchaus fröhlich:

Aussitôt que Lass arriva
Dans notre bonne ville,
Monsieur le Régent publia
Que Lass serait utile
Pur rétablir la nation.
La faridondaine! La faridon don don!
Mais il nous a tous enrichi,
Biribi!
A la façon de Barbari,
Mon ami!

Ce parpaillot, pour attirer
Tout l'argent de la France,
Songea d'abord à s'assurer
De notre confiance.
Il fit son abjuration
La faridondaine! La faridon don don!
Mais le fourbe s'est converti,
Biribi!
A la façon de Barbari,
Mon ami!

Lass, le fils aîné de Satan
Nous met tous à l'aumône,
Il nous a pris tout notre argent
Et n'en rend à personne.
Mais le Régent, humain et bon,
La faridondaine! La faridon don don!
Nous rendra ce qu'on nous a pris,
Biribi!
A la façon de Barbari,
Mon ami![36]

Das folgende Epigramm stammt aus derselben Zeit:

Lundi, j'achetai des actions,
Mardi, je gagnai des millions,
Mercredi, j'arrangeai mon ménage,
Jeudi, je pris un équipage,
Vendredi, je m'en fus au bal,
Et Samedi, à l'hôpital.[37]

Unter den zahllosen Karikaturen, die ebenso deutlich wie die bedauerlicheren Entwicklungen zeigten, dass sich die Nation ihrer Torheit bewusst geworden war, war eine, die als Faksimile in den *Mémoires de la Régence* erhalten geblieben ist. Der Autor beschrieb sie folgendermaßen: »Die ›Göttin der Aktien‹ fährt in ihrem Triumphwagen, der von der Göttin der Torheit gelenkt wird. Gezogen wird der Wagen von Verkörperungen der Mississippi-Kompanie mit Holzbein, der Südsee-Kompanie, der Bank of England, der Westsenegal-Kompanie und verschiedener Assekuranzen. Damit der Wagen noch ein wenig schneller rollt, stemmen sich die Agenten dieser Gesellschaften, die an ihren langen Ketten und ihrem gerissenen Blick zu erkennen sind, gegen die Speichen der Räder, die mit den Namen der verschiedenen Aktien und deren

---

36) Sinngemäß: Kaum war Lass in unserer schönen Stadt eingetroffen, da verkündete der Regent, er sei sehr nützlich zur Wiederherstellung der Nation. [»La farindondaine ...« stammt aus einer Ballade von Eustache Deschamps.] Aber er bereicherte uns alle auf die Art von Barbari. Dieser Ketzer wollte nur Frankreichs ganzes Geld und erschlich sich unser Vertrauen, und täuschte vor, seinem falschen Glauben abzuschwören. Lass, der älteste Sohn des Satans, bringt uns alle an den Bettelstab. Er hat unser ganzes Geld genommen und gibt es nicht zurück. Aber der gute Regent wird es uns zurückgeben. (Anm. d. Übers.)

37) Etwa: Am Montag kaufte ich Aktien, am Dienstag war ich Millionär, am Mittwoch richtete ich mein Haus ein, am Donnerstag fuhr ich in der Kutsche aus, am Freitag ging ich zum Ball, und am Samstag ins Hospital. (Anm. d. Übers.)

Kurs gekennzeichnet sind, der abhängig von der Drehung des Rades einmal hoch und einmal niedrig ist. Der Triumphwagen der Torheit zermalmt auf dem Boden verstreute Waren, Kassabücher und Hauptbücher ehrbarer Kaufleute. Begleitet wird der Wagen von einer gewaltigen Menge von Menschen jeden Alters, Geschlechts und Standes, die Fortuna um ihren Beistand anflehen und miteinander um die Aktien kämpfen, die die Glücksgöttin so freigiebig in die Menge wirft. In den Wolken sitzt ein Dämon, der Seifenblasen macht, die ebenfalls die Bewunderung und Habgier der Menge wecken: Die Leute klettern einander auf die Schultern, um die Blasen zu fassen zu bekommen, bevor diese zerplatzen. Der Weg des Wagens wird von einem großen Gebäude mit drei Toren versperrt. Durch eines dieser Tore müssen sich das Fuhrwerk und die ganze Volksmenge zwängen. Über dem ersten Tor steht ›Irrenhaus‹, über dem zweiten ›Krankenhaus‹, über dem dritten ›Armenhaus‹. Eine andere Karikatur zeigt Law in einem großen Kessel, der umringt von einer tobenden Volksmenge über den Flammen der allgemeinen Raserei kocht. Die Leute werfen ihr Gold und Silber in den Kessel und nehmen im Tausch dafür mit Freuden das bedruckte Papier entgegen, das Law unter ihnen verteilt.

Solange die Volksseele kochte, achtete John Law darauf, sich nicht offen auf der Straße zu zeigen. In den Wohnräumen des Regenten war er vor Angriffen sicher, und wann immer er sich hinauswagte, war er entweder inkognito oder in Begleitung einer starken Eskorte in einer königlichen Karosse unterwegs. Eine amüsante Anekdote zeigt, wie groß die Abscheu des Volkes war und wie schlecht es ihm ergangen wäre, hätte ihn der Pöbel zu fassen bekommen: Ein gewisser Boursel fuhr in seiner Kutsche durch die Rue St. Antoine, wo ihm eine Mietdroschke den Weg versperrte. Boursels Kutscher rief seinem Kollegen ungeduldig zu, er solle den Weg frei machen. Als sich der andere weigerte, Platz zu machen, versetzte er ihm einen Schlag ins Gesicht. Die Rauferei lockte rasch Schaulustige an, und Monsieur Boursel stieg aus, um für Ordnung zu sorgen. Nun glaubte der Droschkenkutscher, von zwei Männern angegriffen zu werden. Um sich der beiden Gegner zu entledigen, schrie er: »Zur Hilfe! Zur Hilfe! Mörder! Mörder! Law und sein Diener wollen mich töten! Helft mir! Helft mir!« Und schon stürmten mit Knüppeln und anderen Gegenständen bewaffnete Leute aus den umliegenden Läden, während die Umstehenden Steine aufhoben, um sich an dem vorgeblichen Bankier zu rächen. Monsieur Boursel und sein Kutscher flüchteten sich in die nahe Jesuitenkirche, doch selbst vor dem Altar hätten ihre Verfolger sie nicht verschont, wären es ihnen nicht gelungen, in die Sakristei zu entkommen und die Tür hinter sich zu verschließen. Den herbeigeeilten Priestern gelang es, die wütende Menge zum Verlassen der Kirche zu bewegen. Der Pöbel begnügte sich damit, Monsieur Boursels Kutsche zu zertrümmern.

Die 25 Millionen Livre, die durch die Steuereinnahmen der Stadt Paris gedeckt waren und 2,5 Prozent über dem Nennwert gehandelt wurden, waren bei den Inhabern großer Aktienpakete der Mississippi-Kompanie nicht sehr beliebt. Der Umtausch der Wertpapiere wollte daher nicht recht in Schwung kommen. Viele Anleger zogen es vor, die Anteile an Laws Gesellschaft trotz des fallenden Kurses zu behalten, in der Hoffnung, das Blatt werde sich erneut wenden. Um den Umtausch zu beschleunigen, wurde am 15. August per Edikt verfügt, dass Banknoten mit einem Nennwert zwischen 1000 und 10.000 Livre nicht mehr ausgezahlt werden durften, sondern nur noch für den Erwerb von Leibrenten, für die Begleichung von Bankschulden sowie für die Ratenzahlungen auf Aktien der Kompanie verwendet werden konnten.

Im Oktober folgte ein weiteres Edikt, mit dem diese Banknoten nach Ablauf des Folgemonats für wertlos erklärt wurden. Der Indien-Kompanie wurden die Verwaltung der Münzen, die Eintreibung der Steuern und alle anderen Vergünstigungen und Privilegien wieder entzogen. Übrig blieb eine private Gesellschaft. Damit wurde dem System der Todesstoß versetzt. Nun hielten Laws Gegner wieder die Zügel in der Hand. Law hatte jeglichen Einfluss im Finanzrat verloren, und die Kompanie war ihrer Vorrechte und damit jeder Möglichkeit beraubt worden, ihre Vorhaben zu verwirklichen. All jene, die im Verdacht standen, in der Zeit des Massenwahns unzulässige Gewinne erzielt zu haben, wurden mit hohen Geldstrafen belegt. Man erstellte eine Liste der ursprünglichen Eigentümer der Gesellschaft, und jene, die ihre Anteile noch besaßen, mussten diese nun bei der Kompanie hinterlegen. Wer es unterlassen hatte, die gezeichneten Aktien auch einzuzahlen, musste sie nun von der Kompanie kaufen, und zwar zum Preis von 13.500 Livre pro Anteil von 500 Livre. Anstatt diesen gewaltigen Preis für eine Aktie zu bezahlen, die mittlerweile unter dem Nennwert gehandelt wurde, packten die Aktionäre ihre beweglichen Vermögenswerte zusammen und versuchten, ins Ausland zu entkommen. Die Hafen- und Grenzbehörden erhielten Anweisung, jeden Reisenden, der das Königreich verlassen wollte, solange festzuhalten, bis festgestellt war, ob er Silber oder Juwelen bei sich trug oder sich an der Aktienspekulation beteiligt hatte. Die wenigen, denen die Flucht gelang, wurden in Abwesenheit zum Tod verurteilt, während gegen jene, die zurückblieben, vollkommen willkürliche Strafverfahren eingeleitet wurden.

Auch John Law entschloss sich in einem Augenblick der Verzweiflung, das Land zu verlassen, da er sich seines Lebens nicht mehr sicher sein konnte. Zunächst bat er nur, sich auf einen seiner Landsitze zurückziehen zu dürfen, was ihm der Regent gerne erlaubte. Der Herzog von Orleans, der sehr unter der unglücklichen Wendung der Dinge litt, glaubte weiterhin an den Nutzen des von Law entwickelten Finanzsystems. Er erkannte, welche Irrtümer er selbst begangen hatte, und in seinen letzten Lebensjahren suchte er unablässig nach einer Gelegenheit, das System auf einer solideren Grundlage erneut zu errichten. Im letzten Gespräch mit Law soll er gesagt haben: »Ich gestehe, dass ich viele Fehler begangen habe. Ich beging sie, weil ich ein Mensch bin, und alle Menschen sind fehlerhaft. Aber ich versichere Euch feierlich, dass keiner meiner Fehler bösen oder unredlichen Beweggründen entsprang und dass nirgendwo in meinem Verhalten böse Absicht zu finden ist.«

Zwei oder drei Tage nach Laws Abreise schickte ihm der Regent einen sehr freundlichen Brief und gab ihm die Erlaubnis, das Königreich zu verlassen, wann immer es ihm beliebe. Der Regent hatte befohlen, Reisepässe für Laws Familie auszustellen, und bot dem Bankier an, ihm jeden Geldbetrag zu geben, den er benötige. Law lehnte das Geld respektvoll ab und brach begleitet von sechs berittenen Wachen in einer Postkutsche nach Brüssel auf (die Kutsche gehörte Madame de Prie, der Mätresse des Herzogs von Bourbon). Von dort aus reiste er nach Venedig weiter, wo er sich einige Monate aufhielt, stets verfolgt von neugierigen Blicken, da ihn die Venezianer für einen fabelhaft reichen Mann hielten. Doch weit gefehlt: Law war großmütiger gewesen, als man von einem Mann hätte erwarten dürfen, der den Großteil seines Lebens als Berufsspieler verbracht hatte, und hatte es abgelehnt, sich auf Kosten einer ruinierten Nation zu bereichern. Während des Mississippi-Rauschs hatte er keinen Augenblick daran gezweifelt, dass es gelingen würde, Frankreich zur reichsten und mächtigsten Nation Europas zu machen. Seine Gewinne hatte er in den Kauf von Grundstücken in Frankreich investiert, was ein deutlicher Beweis für sein Vertrauen in die Stabilität seines Finanzsystems war. Er hatte weder Silber noch Juwelen gehortet und anders als viele ehrlose Spekulanten auch kein Geld ins Ausland schaffen lassen. Wenn man von einem Diamanten absieht, der etwa 5000 oder 6000 Pfund Sterling wert war, hatte er sein ganzes Vermögen in Ländereien in Frankreich gesteckt. So hatte er das Land beinahe als Bettler verlassen. Diese Tatsache allein sollte genügen, ihn von dem so oft gegen ihn erhobenen Vorwurf der Gaunerei freizusprechen.

Sobald bekannt wurde, dass er das Land verlassen hatte, wurden augenblicklich alle seine Grundstücke sowie seine wertvolle Bibliothek beschlagnahmt. Unter anderem wurde eine für fünf Millionen Livre erworbene Leibrente von 200.000 Livre (8000 Pfund Sterling) für seine Frau und seine Kinder für verfallen erklärt, obwohl in seinen glorreichen Tagen eigens ein Edikt erlassen worden war, das eine Beschlagnahmung dieser Rente – aus welchem Grund auch immer – untersagte. Das Land war sehr verärgert darüber, dass man Law hatte entkommen lassen. Der Pöbel und das Parlament hätten sich gleichermaßen gefreut, ihn am Galgen zu sehen. Die wenigen, die nicht unter der Wirtschaftsrevolution gelitten hatten, jubelten über den Abschied des »Scharlatans«, aber all jene, deren Vermögen gelitten hatte (und dies war die große Mehrheit), bedauerten, dass man Law, der die schwierige Lage des Landes und die Ursachen der Krise sehr gut verstand, nicht zu Rate gezogen hatte, um einen Weg aus der Krise zu finden.

In einer Versammlung des Finanzrates und des Regentschaftsgeneralrats wurden Dokumente vorgelegt, aus denen hervorging, dass Banknoten im Wert von 2,7 Milliarden in Umlauf waren. Der Regent wurde aufgefordert zu erklären, wie es möglich war, dass zwischen den Zeitpunkten der Ausgabe dieser Noten und der Veröffentlichung der Edikte, mit denen die Emissionen bewilligt worden waren, eine Diskrepanz bestand. Der Regent hätte die ganze Schuld gefahrlos auf sich nehmen können, doch er zog es vor, die Verantwortung mit einem Abwesenden zu teilen, und erklärte, Law habe zu verschiedenen Zeitpunkten eigenmächtig 1,2 Milliarden in Banknoten ausgeben lassen. Vor vollendete Tatsachen gestellt, habe er Law gedeckt, indem er die Dekrete, mit denen der Staatsrat die Aufstockung der Geldmenge bewilligte, zurückdatiert habe. Es hätte eher für ihn gesprochen, hätte er die ganze Wahrheit gesagt und eingestanden, dass er selbst Law mit seiner Maßlosigkeit und Ungeduld dazu gedrängt hatte, die Grenzen der sicheren Spekulation zu überschreiten. Es wurde auch festgestellt, dass die Staatsschulden am 1. Januar 1721 umgerechnet 124 Millionen Pfund Sterling betrugen, auf die Zinsen von 3,196 Millionen Pfund aufliefen. Eine Kommission erhielt den Auftrag, die Wertpapiere der Staatsgläubiger zu untersuchen, die in fünf Klassen unterteilt werden sollten: den ersten vier Kategorien waren jene Personen zuzuordnen, die ihre Papiere tatsächlich bezahlt hatten, während jene Gläubiger, die nicht nachweisen konnten, dass sie in gutem Glauben tatsächliche Käufe getätigt hatten, der fünften Klasse zugeordnet werden sollten. Die Schuldverschreibungen dieser Gruppe sollten zerstört werden, während man die der anderen vier Klassen einer strengen Prüfung unterziehen wollte. Die

Kommission legte schließlich einen Bericht vor, in dem sie vorschlug, die auf diese Anleihen zu zahlenden Zinsen auf 56 Millionen Livre zu verringern. Begründet wurde diese Empfehlung damit, dass zahlreiche Fälle von Unterschlagung und Erpressung entdeckt worden seien. Es wurde ein entsprechendes Edikt aufgesetzt und vom Parlament registriert.

Anschließend wurde ein weiteres Tribunal mit der Bezeichnung *Chambre de l'Arsenal* eingerichtet, das alle Unterschlagungen, die in dieser unglückseligen Zeit in den Finanzabteilungen der Regierung stattgefunden hatte, zutage förderte. Ein Requetenmeister[38] namens Falhonet hatte gemeinsam mit dem Abbé Clement und zwei Schreibern insgesamt über eine Million Livre unterschlagen. Falhonet und Clement wurden zum Tod auf dem Schafott verurteilt, während die beiden anderen am Galgen sterben sollten. Die Urteile wurden später in lebenslange Haftstrafen in der Bastille umgewandelt. Zahlreiche andere Vergehen wurden mit Geldbußen und Kerker bestraft.

Auch d'Argenson musste darunter leiden, dass die Öffentlichkeit seinen Namen mit dem Mississippi-Wahn verband. Er musste seinen Posten als Kanzler an d'Aguesseau abtreten, behielt jedoch den Titel des Siegelbewahrers und durfte weiterhin an den Sitzungen des Staatsrats teilnehmen. Er hielt es jedoch für klüger, sich aus Paris zurückzuziehen und eine Weile in der Abgeschiedenheit seines Landsitzes zu verbringen. Da er jedoch nicht der richtige Mann für den Ruhestand war, wurde er launisch und missmutig, was eine Krankheit verschlimmerte, unter der er seit Langem litt. Nach nicht einmal zwölf Monaten war er tot. Der Hass des Volks von Paris verfolgte ihn bis ins Grab: Auf dem Weg zur Kirche von St. Nicholas du Chardonneret, wo sich die Familiengruft befand, wurde der Leichenzug von einer wütenden Volksmenge bedrängt, und seine beiden Söhne, die den Zug anführten, mussten ihren Kutscher anweisen, den Pferden die Peitsche zu geben, um dem Lynchmob durch eine Seitenstraße zu entkommen.

Was Law angeht, so hegte er noch eine Weile die Hoffnung, dass man ihn nach Frankreich zurückrufen würde, damit er helfen konnte, das Finanzsystem des Landes auf eine solidere Grundlage zu stellen. Doch der Tod des Regenten im Jahr 1723 machte diese Hoffnung endgültig zunichte. Der Regent starb unerwartet, während er in Gesellschaft seiner Mätresse, der Herzogin von Phalaris, vor dem Kamin saß. Nun blieb Law nichts anderes übrig, als an den Spieltisch

38) Maître des requêtes, ein hoher Beamter, der über Gesuche zu entscheiden hatte. (Anm. d. Übers.)

zurückzukehren. Er sah sich mehr als einmal gezwungen, seinen Diamanten zu verpfänden, doch dank seines Könnens als Spieler gelang es ihm normalerweise, das letzte Überbleibsel seines einstigen Reichtums wieder auszulösen. Er musste vor seinen Gläubigern aus Rom flüchten und zog nach Kopenhagen weiter, wo er blieb, bis ihm die englische Regierung die Erlaubnis erteilte, in sein Geburtsland zurückzukehren, nachdem er im Jahr 1719 im Mordfall Wilson begnadigt worden war. Admiral Norris nahm ihn auf seinem Flaggschiff mit nach England, ein Umstand, der eine kurze Debatte im House of Lords auslöste. Der Graf von Coningsby hielt es für unannehmbar, dass einem Mann, der sowohl seinem Land als auch seiner Religion den Rücken gekehrt habe, eine solche Ehre zuteil werde, und äußerte die Überzeugung, dass Laws Anwesenheit in England aufgrund der allgemeinen Empörung über die schändlichen Praktiken der Direktoren der englischen Südsee-Kompanie sehr gefährlich sei. Coningsby legte dem Oberhaus einen Antrag auf Ausweisung Laws vor, der jedoch nicht angenommen wurde, da kein anderes Mitglied der Kammer seine Sorgen teilte. Law blieb etwa vier Jahre in England und reiste dann wieder nach Venedig, wo er im Jahr 1729 starb. Seine letzten Jahre hatte er in ärmlichen Verhältnissen gelebt. Man widmete ihm folgenden Nachruf:

»Ci gît cet Ecossais célébre.
Ce calculateur sans égal,
Qui, par les régles de l'algébre,
A mis la France à l'hôpital.«[39]

Sein Bruder William Law, der sowohl in der Bank als auch in der Lousiana-Kompanie an seiner Seite gearbeitet hatte, wurde wegen angeblicher Unterschlagung in die Bastille geworfen, obwohl ihm kein Vergehen nachgewiesen wurde. Nach 15 Monaten ließ man ihn frei, und er gründete in Frankreich eine Familie, die noch heute unter dem Titel der Marquises de Lauriston in Frankreich lebt.

Im nächsten Abschnitt findet der Leser einen Bericht über den Wahn, der sich zur selben Zeit unter ganz ähnlichen Umständen der Engländer bemächtigte. Doch dank des besonnenen Eingreifens einer konstitutionellen Regierung konnten in England ähnlich verheerende Schäden wie in Frankreich abgewendet werden.

---

39) Sinngemäß: »Hier ruht der berühmte Schotte, dieser unvergleichliche Rechner, der nach den Regeln der Algebra Frankreich ruiniert hat.« (Anm. d. Übers.)

Die Südsee-Blase

At length corruption, like a general flood,
did deluge all; and avarice creeping on,
Spread, like a low-born mist, and hid the sun.
Statesmen and patriots plied alike the stocks,
Peeress and Butler shared alike the box;

And judges jobbed, and bishops bit the town,
And mighty dukes packed cards
for half-a-crown:
Britain was sunk in lucre's sordid charms.[40]

POPE, *EPISTLE TO ALLEN LORD BATHURST*

Die South-Sea Company wurde im Jahr 1711 vom berühmten Robert Harley, dem Grafen von Oxford, ins Leben gerufen, um die Staatsfinanzen zu sanieren, die unter der Entlassung der Whig-Regierung sowie darunter gelitten hatten, dass die Obligationen des Heeres und der Kriegsmarine sowie andere Staatsschulden beglichen werden mussten. Insgesamt beliefen sich die Verbindlichkeiten auf fast zehn Millionen Pfund Sterling. Ein zu jener Zeit noch namenloser Zusammenschluss von Kaufleuten übernahm diese Schulden. Im Gegenzug garantierte die Regierung der Gruppe für einen bestimmten Zeitraum Zinszahlungen von sechs Prozent. Um diese Zinsen, die sich auf 600.000 Pfund im Jahr beliefen, aufbringen zu können, wurden die Zölle auf Wein, Essig, Güter aus Indien, Seide, Tabak, Walrat und einige andere Waren dauerhaft festgeschrieben. Die Kaufleute gründeten die South-Sea Company, der das Parlament per Gesetz ein Monopol für den Handel mit den Südseeterritorien einräumte. Der Minister nahm für sich in Anspruch, wesentlichen

40) Sinngemäß: Wie eine Sturmflut überschwemmte die Korruption England. Die Habgier kroch wie ein Nebel über das Land und verbarg die Sonne. Staatsmänner und Patrioten, Lordschaften und Butler stürzten sich auf die Aktien. Richter und Bischöfe wurden zu Spekulanten, und mächtige Herzöge gaben sich der Spielsucht hin: Britannien war den verkommenen Verlockungen der Gewinnsucht erlegen. (Anm. d. Übers.)

Anteil an der Transaktion gehabt zu haben, und das neue Monopol wurde von seinen Apologeten als »Meisterwerk des Earl of Oxford« bezeichnet.

Von Anfang an malte man sich die phantastischen Reichtümer, die an den Küsten des südamerikanischen Kontinents auf die Kaufleute warteten, in den schönsten Farben aus. Jedermann hatte von den Gold- und Silberminen Perus und Mexikos gehört. Man hielt sie für unerschöpflich und glaubte, man müsse lediglich die Erzeugnisse Englands zu jenen Küsten schicken, um von den Einheimischen mit Gold- und Silberbarren vom vielfachen Wert belohnt zu werden. Die raffinierten Betreiber der Gesellschaft brachten einen Bericht in Umlauf, dem zufolge Spanien angeblich bereit war, den Engländern für den Handel vier Häfen an den Küsten Chiles und Perus zuzugestehen, dieser Bericht fachte die allgemeine Zuversicht weiter an, und einige Jahre lang riss sich alle Welt um die Aktien der Südsee-Kompanie.

Doch König Philipp V. von Spanien hatte nie die Absicht, die spanischen Häfen in Amerika für englische Handelsschiffe zu öffnen. Man nahm Verhandlungen auf, aber das einzige Ergebnis war der *Asiento de Negros*, das Privileg, die Kolonien 30 Jahre lang mit afrikanischen Sklaven zu beliefern und einmal im Jahr ein Schiff zu entsenden, dass eine Ladung mit einem bestimmten Gewicht und begrenztem Wert transportieren durfte, um mit Mexiko, Peru oder Chile Handel zu treiben. Diese Erlaubnis war allerdings an die strenge Bedingung geknüpft, dass ein Viertel des Gewinns an den König von Spanien abzutreten war; obendrein wurden sämtliche Waren mit einer Steuer von fünf Prozent belegt. Diese Vereinbarung war eine große Enttäuschung für den Earl of Oxford und seine Partei, die noch sehr viel öfter, als ihr lieb sein konnte, an den Grundsatz »Parturiunt montes, nascitur ridiculus mus«[41] erinnert werden sollte.

Doch dieser Rückschlag konnte das Vertrauen der Öffentlichkeit in die Südsee-Kompanie nicht schmälern. Der Graf von Oxford erklärte, Spanien werde erlauben, dass neben dem jährlichen Schiff im ersten Jahr zwei weitere Schiffe Waren nach Südamerika bringen würden, und man veröffentlichte eine Liste, in der vollmundig behauptet wurde, alle Häfen an diesen Küsten seien für den englischen Handel offen. Doch erst im Jahr 1717 lief erstmals ein Schiff zu der jährlichen Reise aus, und schon im Jahr darauf wurde der Handel aufgrund des Bruchs mit Spanien ausgesetzt.

---

41) Anm. d. Übers: Der Berg gebärt, aber zur Welt kommt nur eine lächerliche Maus. (Horaz)

In seiner Parlamentsrede bei der Eröffnung der Sitzungsperiode 1717 wies der König deutlich auf den schlechten Zustand der öffentlichen Finanzen hin und riet der Regierung, geeignete Maßnahmen zur Verringerung der Staatsschulden zu ergreifen. Die beiden großen monetären Einrichtungen, die South-Sea Company und die Bank of England, unterbreiteten dem Parlament am 20. Mai entsprechende Vorschläge. Die Südsee-Kompanie schlug vor, ihr Gesellschaftskapital durch die Emission neuer Aktien oder ähnliche Maßnahmen von zehn auf zwölf Millionen Pfund zu erhöhen, und bot an, sich mit einem Zins von fünf statt der bisherigen sechs Prozent auf den Gesamtbetrag zufrieden zu geben. Die Bank machte ebenso vorteilhafte Vorschläge. Das Parlament debattierte eine Weile und verabschiedete schließlich drei Gesetze, nämlich den South-Sea Act, den Bank Act und den General Fund Act. Mit dem ersten wurden die Vorschläge der Südsee-Kompanie akzeptiert, die sich bereit erklärte, 2 Millionen Pfund vorzuschießen, um den Betrag zu decken, den der Staat für die Lotterieanleihen aus dem neunten und zehnten Regierungsjahr von Königin Anne schuldete. Mit dem zweiten Gesetz wurden die Zinsen verringert, die der Staat für Schulden von knapp 1,8 Millionen Pfund an die Bank zu zahlen hatte. Die Bank willigte ein, Schatzwechsel im Wert von 2 Millionen Pfund abzugeben und sich mit einer Annuität von 100.000 Pfund zu einem Zins von 5 Prozent zufrieden zu geben, wobei der Gesamtbetrag nach entsprechender Aufforderung innerhalb eines Jahres ablösbar war. Darüber hinaus musste sie sich bereit halten, bei Bedarf einen vom Parlament ablösbaren Betrag von maximal 2,5 Millionen Pfund zum selben Zinssatz von 5 Prozent vorzuschießen. Der General Fund Act enthielt eine Aufstellung der verschiedenen Defizite, die mit den Mitteln aus den genannten Quellen ausgeglichen werden sollten.

Damit stand die Südsee-Kompanie von nun an ständig im öffentlichen Rampenlicht. Zwar erzielte sie kaum Einnahmen aus dem Handel mit den südamerikanischen Ländern, doch als Finanzeinrichtung blühte sie rasch auf. Ihre Aktien waren sehr beliebt, und die vom Erfolg beflügelten Direktoren begannen nach neuen Wegen zu suchen, um ihren Einfluss zu erhöhen. John Laws Mississippi-Projekt, das die Franzosen derart begeisterte, brachte sie auf die Idee, dasselbe Spiel auch in England zu spielen. Auch als sich das Scheitern von Laws Plänen ankündigte, nahmen sie nicht von diesem Vorhaben Abstand. Im trügerischen Vertrauen auf ihre eigene Weisheit glaubten sie, es werde ihnen gelingen, die Fehler der Franzosen zu vermeiden, ihre Tätigkeit ewig fortzusetzen und den Kredit immer weiter zu strecken, ohne dass die Halteleinen reißen würden.

Zu der Zeit, als sich Laws Kompanie ihrer größten Beliebtheit erfreute und die Leute in Scharen in die Rue Quincampoix strömten, um sich durch ihre frenetische Gier zu ruinieren, legten die Direktoren der englischen Südsee-Kompanie dem Parlament ihren berühmten Plan zur Begleichung der Staatsschulden vor. In beiden Ländern waren die Menschen geblendet von der Aussicht auf unermesslichen Reichtum. Die Engländer gaben sich dieser maßlosen Illusion etwas später hin als die Franzosen, aber sobald das Delirium von ihnen Besitz ergriffen hatte, wollten sie den Nachbarn auf dem Kontinent in nichts nachstehen. Am 22. Januar 1720 wurde ein Komitee beider Parlamentskammern gebildet, das sich mit jenem Teil der Eröffnungsrede des Königs beschäftigen wollte, der den Staatsschulden gewidmet war, und den Vorschlag der Südsee-Kompanie zur Begleichung dieser Schulden prüfen würde. Der Vorschlag enthielt eine detaillierte Aufstellung der Staatsschulden, die sich auf insgesamt 30.981.712 Pfund beliefen. Die Kompanie war gerne bereit, diese Schulden gegen jährliche Zinszahlungen von 5 Prozent zu übernehmen, die ihr bis Mittsommer 1727 garantiert werden sollten. Danach würde der Betrag nach Belieben des Parlaments tilgbar und der Zinssatz auf 4 Prozent gesenkt werden. Der Vorschlag wurde freundlich aufgenommen, aber auch die Bank of England hatte viele Freunde im Unterhaus, die ihr einen Anteil an den Erträgen sichern wollten. Diese Abgeordneten brachten im Namen der Bank vor, sie habe dem Staat in schweren Zeiten wertvolle Dienste geleistet und verdiene daher eher als eine Gesellschaft, die bis dahin nichts für die Nation getan habe, von einem derartigen Geschäft zu profitieren. Man verschob die weitere Behandlung der Angelegenheit um fünf Tage. In der Zwischenzeit entwarfen die Gouverneure der Bank ihren eigenen Plan. Aber auch die Südsee-Kompanie nahm aus Furcht, die Bank könne der Regierung noch günstigere Bedingungen anbieten als sie, einige Änderungen an ihrem Vorschlag vor, um ihn noch verlockender zu machen. Vor allem bot sie dem Staat nun die Möglichkeit an, statt nach sieben bereits nach vier Jahren mit der Tilgung der Schulden zu beginnen. Entschlossen, sich in dieser sonderbaren Auktion nicht überbieten zu lassen, zogen auch die Gouverneure der Bank ihren ersten Vorschlag zurück und legten einen besseren vor.

Nachdem beide Einrichtungen also zwei Vorschläge unterbreitet hatten, begann das Parlament mit den Erwägungen. Robert Walpole war der wichtigste Fürsprecher der Bank, während sich der Schatzkanzler Aislabie für die Südsee-Kompanie stark machte. Am 2. Februar stimmte das Unterhaus mehrheitlich für den Vorschlag der Kompanie und brachte eine entsprechende Gesetzesvorlage auf den Weg.

Die Entscheidung löste an der Londoner Börse an der Exchange Alley einen Begeisterungssturm aus. Die Aktie der Kompanie, die am Vortag bei 130 notiert hatte, stieg auf 300, und während die Gesetzesvorlage debattiert wurde, setzte sich ihr Höhenflug mit atemberaubender Geschwindigkeit fort. Walpole war fast der Einzige im Unterhaus, der das Vorhaben entschieden ablehnte. Er warnte seine Kollegen beredt und eindringlich vor dem drohenden Übel und erklärte, dieses Projekt begünstige die gefährliche Praxis der Aktienspekulation und werde »die Aufmerksamkeit der Nation von Handel und Gewerbe ablenken. Es wird die Ahnungslosen in den Ruin locken, indem es sie dazu verführen wird, die Erträge ihrer Arbeit für die Aussicht auf einen eingebildeten Reichtum zu opfern. Das großartige Ziel des Projekts ist ein Übel ersten Ranges, den es besteht darin, den Wert der Aktie künstlich in die Höhe zu treiben, indem es Begeisterung weckt, eine allgemeine Verblendung herbeiführt und Dividenden auf Kapital verspricht, das nie für den Zweck genügen wird.« Und geradezu prophetisch fügte er hinzu, dass sich die Direktoren der Kompanie, sollte der Plan Erfolg haben, in die Herren der Regierung verwandeln, eine neue und absolute Aristokratie im Königreich bilden und die Beschlüsse des Parlaments steuern würden. Wenn das Vorhaben jedoch scheitere – wovon er überzeugt war –, würden allgemeine Unzufriedenheit und der Ruin des Landes die Folge sein. Die Enttäuschung werde derart groß sein, dass das Volk am Tag des bösen Erwachens aus diesem Traum nicht begreifen werde, wie all das habe geschehen können. Doch all seine Beredsamkeit war umsonst. Man hielt Walpole für einen falschen Propheten und verglich ihn mit dem heiseren Raben, »der schlimmes Omen krächzt«. Seine Freunde hingegen verglichen ihn mit Kassandra, da man ihm seine Voraussagen erst glauben werde, wenn sie eintreten würden. Hatte das Parlament in der Vergangenheit jedes seiner Worte aufmerksam verfolgt, so leerten sich nun die Abgeordnetenbänke, wenn bekannt wurde, dass sich Walpole zur Frage der Südsee-Kompanie äußern würde.

Das Unterhaus beschäftigte sich zwei Monate lang mit der Gesetzesvorlage. In dieser Zeit taten die Direktoren und ihre Freunde, vor allem aber der Vorsitzende Sir John Blunt alles, um den Kurs der Aktie in die Höhe zu treiben. Man brachte die wildesten Gerüchte in Umlauf: Es war die Rede von Verträgen mit den Spaniern, die England den Freihandel mit all ihren Kolonien einräumen würden, und davon, dass das Silber dank der Ausbeutung der Minen von Potosi-la-Paz bald so reichlich vorhanden sein werde wie Eisen. Die Mexikaner würden ihre Goldminen leeren, um damit Baumwolle und Wolle aus England zu kaufen. Die Kompanie, die mit der Südsee handeln würde, würde die reichste in der Geschichte der Menschheit werden, und mit jeder Investition von hundert Pfund würden die Aktionäre Hunderte *im Jahr* verdienen. Diese Versprechen genügten, um den Kurs der Aktie schließlich auf fast 400 Pfund zu treiben, aber nach einigen Schwankungen stabilisierte er sich bei 330. Dieser Preis wurde dafür bezahlt, als die Gesetzesvorlage mit einer Mehrheit von 172 zu 55 Stimmen vom House of Commons beschlossen wurde.

Das Oberhaus fertigte die Vorlage mit beispielloser Geschwindigkeit ab. Am 4. April fand die erste Lesung statt, am Tag darauf die zweite, am 6. wurde die Vorlage an einen Ausschuss überwiesen, und am 7. wurde sie zum dritten Mal gelesen und verabschiedet.

Einige Peers sprachen sich gegen den Plan aus, aber ihre Warnungen stießen auf taube Ohren. Die meisten Lords waren ebenso vom spekulativen Rausch erfasst worden wie das gemeine Volk. Lord North and Grey erklärte, das Gesetz sei ungerecht und könne furchtbare Folgen haben, da es dazu diene, einige wenige reich und die große Mehrheit arm zu machen. Der Herzog von Wharton schloss sich dieser Einschätzung an, aber da er nur die von Walpole im Unterhaus so brillant vorgetragenen Argumente nacherzählte, schenkte man ihm noch geringere Aufmerksamkeit als Lord North and Grey. Graf Cowper verglich die Gesetzesvorlage mit dem trojanischen Pferd: Wie dieses werde die Kompanie ins Land eingeschleust und mit großem Prunk und Jubel begrüßt, obwohl sich in ihrem Inneren nur Verrat und Zerstörung verbargen. Der Graf von Sunderland übernahm die Aufgabe, sämtliche Einwände als haltlos darzustellen, und als es zur Abstimmung kam, stimmten nur 17 Lords gegen das Gesetz, während sich 83 dafür aussprachen. Noch am Tag der Verabschiedung durch das Oberhaus erhielt es auch die königliche Zustimmung und war damit rechtskräftig.

Mittlerweile hatte es den Anschein, als gäbe es in England keinen anderen Beruf mehr als den des Börsenspekulanten. In der Exchange Alley drängte sich jeden Tag eine Menschenmenge, und in Cornhill gab es kein Durchkommen mehr, weil die Straße ständig von Kutschen verstopft war. Alle Welt wollte Aktien kaufen. »Jeder Dummkopf wollte ein Schelm sein.« Auf den Straßen wurde eine Ballade gesungen:

Then stars and garters did appear
Among the meaner rabble;
To buy and sell, to see and hear
The Jews and Gentiles squabble.

The greatest ladies thither came,
And plied in chariots daily,
Or pawned ther Jewels for a sum
To venture in the Alley.[42]

Das Südsee-Projekt genügte nicht, um die maßlose Gier zu befriedigen, die sich sämtlicher Gesellschaftsschichten bemächtigt hatte. Immer neue verrückte Vorhaben wurden angekündigt. Fast alle Emissionen waren im Handumdrehen überzeichnet, und es entspann sich ein gewaltiger Aktienhandel. Und selbstverständlich wurde jedes Mittel eingesetzt, um den Marktwert der neuen Gesellschaften künstlich aufzublasen.

Doch wider Erwarten fiel die Aktie der Südsee-Kompanie genau in dem Moment, als das Gesetz die königliche Zustimmung erhielt. Am 7. April notierte die Aktie bei 310 Pfund, am Tag darauf fiel sie auf 290 Pfund. Die Direktoren hatten sich bereits mit den Gewinnen aus ihrem Projekt angefreundet und nahmen nicht widerstandslos hin, dass die Aktie auf ein angemessenes Niveau zurückfiel. Sie schickten unverzüglich ihre Emissäre los, die versuchten, sich mit Schilderungen der phantastischen Reichtümer Südamerikas Gehör zu verschaffen. In der Exchange Alley drängten sich aufmerksame Zuhörer, und ein im Brustton der Überzeugung vorgetragenes Gerücht genügte, um die Aktie rasch wieder in die Höhe zu treiben: Es wurde behauptet, die spanische Regierung habe Earl Stanhope angeboten, Gibraltar und Port Mahon gegen einige Häfen an der Küste Perus zu tauschen, was eine Ausweitung des Südseehandels ermöglichen würde. Die Kompanie würde sich nicht länger damit begnügen müssen, ein Schiff pro Jahr zu diesen Häfen zu entsenden und 25 Prozent des Gewinns an die spanische Krone abzutreten. Nun würde sie beliebig viele Schiffe bauen und chartern können und den Gewinn nicht mehr mit einem ausländischen Herrscher teilen müssen.

---

42) Sinngemäß: Große Männer und Ordensträger mischten sich unter das gemeine Volk, um zu handeln und zu verfolgen, wie die Juden und Heiden [die Spekulanten] miteinander feilschten. Die edelsten Damen fuhren in ihren Kutschen vor, um ihre Juwelen zu versetzen und an der Börse zu spekulieren. (Anm. d. Übers.)

»Visionen von Barren tanzten vor ihren Augen«, und die Aktie stieg rasch. Am 12. April, fünf Tage nach Inkrafttreten des Gesetzes, öffneten die Direktoren die Bücher für die Zeichnung von einer Million Aktien mit einem Nennwert von 100 Pfund, deren Ausgabekurs mit 300 Pfund je Aktie festgelegt wurde. Der Ansturm war derart groß, dass die Emission rasch um mehr als das Doppelte überzeichnet war. Zu bezahlen waren die Aktien in fünf Raten von jeweils 60 Pfund für jede 100 Pfund. Innerhalb weniger Tage stieg der Kurs auf 340 Pfund, und die gezeichneten Aktien wurden für das Doppelte des Subskriptionspreises gehandelt. Um den Preis weiter in die Höhe zu treiben, wurde am 21. April in einer Versammlung der Direktoren verkündet, dass im Sommer eine zehnprozentige Dividende ausgeschüttet werden würde und dass alle Aktien ausschüttungsberechtigt wären. Da sich das gewünschte Ergebnis einstellte, öffneten die Direktoren die Bücher für eine zweite Zeichnung von einer Million zu einem Ausgabekurs von 400 Prozent des Nennwerts, um die Anleger weiter zu verblenden. Menschen aus allen Gesellschaftsschichten hatten sich in eine derart hysterische Gier hineingesteigert, dass innerhalb weniger Stunden anderthalb Millionen Aktien zu diesem Ausgabekurs gezeichnet waren.

Zur gleichen Zeit schossen überall Aktiengesellschaften aus dem Boden, für die rasch die treffende Bezeichnung »Bubbles« geprägt wurde. Das gemeine Volk hat oft eine besonders glückliche Hand bei der Wahl von Spitznamen, und es hätte keinen treffenderen Vergleich anstellen können als den mit einer Seifenblase. Einige dieser Spekulationsblasen blähten sich ein oder zwei Wochen auf, bevor sie platzten und sich in Luft auflösten, doch anderen war nicht einmal ein derart kurzes Dasein beschieden. Jeden Abend tauchten neue Pläne und jeden Morgen neue Projekte auf. Menschen von edler Geburt jagten dem schnellen Geld ebenso blind nach wie die emsigen Aktienhändler. Der Prinz von Wales wurde Gouverneur einer Gesellschaft und verdiente mit seinen Spekulationen angeblich 40.000 Pfund.[43] Der Herzog von Bridgewater gründete eine Gesellschaft zur Verschönerung von London und Westminster, und der Herzog von Chandos tat es ihm gleich. Es gab fast hundert verschiedene Projekte, und eines war abwegiger als das andere. All diese Vorhaben wurden, um aus *Political State* zu zitieren, »von geschickten Schwindlern geplant und beworben und von Scharen begehrlicher Narren begeistert begrüßt, um schließlich dem Namen gerecht zu werden, den ihnen der Volksmund gegeben hatte, und sich als Spekulationsblasen und Betrügereien zu erweisen«.

43) Coxe, Walpole, Briefwechsel zwischen Minister Craggs und Earl Stanhope.

Es wird geschätzt, dass mit diesen unverantwortlichen Vorhaben rund anderthalb Millionen Pfund Sterling gewonnen und verloren wurden. Sie machten viele Dummköpfe arm und so manchen Schurken reich.

Einige dieser Vorhaben waren durchaus einleuchtend und hätten sogar nützlich sein können, wären sie in einer vernünftigeren Zeit in Angriff genommen worden. Doch ihr einziger Zweck bestand darin, Aktien auf den Markt zu werfen und den Kurs hochzutreiben. Die Betreiber nutzten die erste Gelegenheit, um bei steigenden Kursen ihre Aktien abzustoßen, und am folgenden Morgen war die Blase geplatzt. Maitland teilt uns in seiner *History of London* mit vorgetäuschtem Ernst mit, dass ein gefeiertes Projekt in der Gründung einer Gesellschaft bestand, die »Bretter aus Sägemehl herstellen sollte«. Das soll zweifellos ein Scherz sein, aber es gibt zahlreiche Belege dafür, dass Dutzende Vorhaben, die keinen Deut vernünftiger waren als dieses, tatsächlich auf den Weg gebracht wurden und hunderte Anleger ruinierten, als sie sich wieder in Luft auflösten. Beispielsweise wollte eine Gesellschaft mit einem Kapital von einer Million Pfund ein Perpetuum mobile bauen, nämlich ein Rad, das sich unablässig bewegen würde. Eine andere hatte vor, »die Pferdezucht in England anzukurbeln, das Pfarrland zu verbessern und Pfarrhäuser instand zu setzen«. Dass der Klerus, dem das zweite Vorhaben zugute kommen sollte, Interesse am ersten Ziel der Gesellschaft hätte haben sollen, kann nur damit erklärt werden, dass das Projekt möglicherweise von Pfarrern verfolgt wurde, die gerne auf die Fuchsjagd gingen – solche Geistliche gab es früher viele in England. Selbstverständlich waren die Aktien der Gesellschaft rasch platziert. Aber das widersinnigste Projekt von allen, das uns den allgemeinen Realitätsverlust deutlich vor Augen führt, hatte ein unbekannter Abenteurer in Angriff genommen: Er gründete *»eine Gesellschaft zur Durchführung einer sehr vorteilhaften Unternehmung, von der jedoch niemand wissen darf, worin sie besteht.«* Gäbe es nicht zahlreiche glaubwürdige Zeugen dafür, dass es diese Gesellschaft tatsächlich gab, so würde man es nicht für möglich halten, dass es tatsächlich Menschen gab, die auf ein solches Projekt hereinfielen. Der geniale Gauner, der diesen kühnen und erfolgreichen Angriff auf die Leichtgläubigkeit des Publikums vortrug, erklärte im Börsenprospekt lediglich, dass ein Gesellschaftskapital von einer halben Million Pfund benötigt würde, weshalb 5000 Aktien mit einem Nennwert von 100 Pfund begeben wurden, auf die eine Anzahlung von 2 Pfund pro Aktie zu leisten war. Jedem Aktienzeichner, der diese Anzahlung leistete, wurde eine jährliche Ausschüttung von 100 Pfund pro Aktie versprochen. Zu diesem Zeitpunkt war unser Genie noch nicht bereit, die Anleger darüber aufzuklären, wie dieser gewaltige Gewinn erzielt werden sollte. Der Mann versprach jedoch, nach einem Monat alle Einzelheiten bekanntzugeben und die Einzahlung der verbleibenden 98 Pfund auf die gezeichneten Aktien einzufordern. Am nächsten Morgen um neun Uhr eröffnete er ein Büro in Cornhill. Scharen von Menschen drängten sich vor der Tür, und als er um drei Uhr nachmittags seinen Arbeitstag beendete, waren nicht weniger als tausend Aktien gezeichnet worden. Die Anzahlungen hatten ihm also in fünf Stunden 2000 Pfund eingebracht. Er war klug genug, sich mit diesem Triumph zufrieden zu geben, und bestieg noch am selben Abend ein Schiff, um auf den Kontinent überzusetzen. Die Anleger sahen ihn nie wieder.

Swift hatte allen Grund, die Exchange Alley mit einem Meerbusen in der Südsee zu vergleichen:

Subscribers here by thousands float,
And jostle one another down,
Each paddling in his leaky boat,
And here they fish for gold and drown.

Now buried in the depths below,
Now mounted up to heaven again,
They reel and stagger to and fro
At their wits' end, like drunken men.

Meantime, secure on Garraway cliffs,
A savage race, by shipwrecks fed,
Lie waiting for the foundered skiffs,
And strip the bodies of the dead.[44]

Ein weiterer sehr erfolgreicher Schwindel war jener mit den so genannten »*Globe Permits*«. Bei diesen »Berechtigungsscheinen« handelte es sich einfach um Spielkarten, die ein Wachssiegel mit dem Zeichen der *Globe Tavern* trugen, eines Lokals unweit der Exchange Alley. Die Aufschrift lautete »Sail-Cloth Permits«. Diese Karten gaben ihren Inhabern das Recht, zu einem zukünftigen Zeitpunkt Aktien einer Manufaktur zu erwerben, die Segeltuch

44) Sinngemäß: In lecken Booten angeln die Zeichner nach Gold und kentern. Einmal gehen sie benommen unter, um dann wieder prustend an die Oberfläche zu kommen. Auf den Klippen von Garraway [ein Kaffeehaus in der Exchange Alley, in dem sich Spekulanten trafen] lauert ein wildes Volk auf Schiffbrüchige, um die Leichen zu plündern. (Anm. d. Übers.)

herstellen sollte. Das Projekt hatte sich ein Mann ausgedacht, dem ein ausgezeichneter geschäftlicher Spürsinn nachgesagt wurde. Später wurde er gemeinsam mit den Direktoren der Südsee-Kompanie wegen Unterschlagung belangt. Die Berechtigungsscheine wurden für 60 Guineen verkauft.

An diesen Spekulationsblasen beteiligten sich Personen beiderlei Geschlechts aus den höchsten Kreisen. Die Herren trafen ihre Börsenmakler in Tavernen und Kaffeehäusern, die Damen suchten zum selben Zweck die Läden von Hutmacherinnen und Kurzwarenhändlern auf. Doch diese Leute glaubten durchaus nicht alle an die Realisierbarkeit der Vorhaben, in die sie investierten: Gelang es den Börsenmaklern, den Kurs ihrer Aktien rasch in die Höhe zu treiben, so reichten sie die Papiere sofort an die wirklich Leichtgläubigen weiter. Im täglichen Tumult vor der Börse herrschte eine derartige Verwirrung, dass die Aktie einer Gesellschaft an einem Ende der Exchange Alley um zehn Prozent teurer sein konnte als am gegenüberliegenden Ende. Besonnene Männer betrachteten die allgemeine Verblendung mit Bedauern und Sorge. Einigen innerhalb und außerhalb des Parlaments war vollkommen klar, dass eine Katastrophe bevorstand. Walpole wurde nicht müde, seine düsteren Vorahnungen zu wiederholen. Die wenigen, die klaren Kopf behielten, teilten seine Befürchtungen, die auch auf die Regierung Eindruck machten. Am 11. Juni, dem Ende der Sitzungsperiode, wurden in einer königlichen Proklamation alle widerrechtlichen Projekte zu öffentlichen Ärgernissen erklärt, die entsprechend verfolgt werden sollten. Börsenhändlern wurde unter Androhung einer Geldbuße von 500 Pfund verboten, Aktien solcher Gesellschaft zu kaufen oder zu verkaufen. Trotzdem setzten spitzbübische Spekulanten den Handel fort, und die verblendete Öffentlichkeit finanzierte diese Spekulationsblasen weiter. Am 12. Juli erging eine Anordnung der im Geheimen Staatsrat versammelten Richter, mit der sämtliche Anträge auf Patente und Gründungsurkunden abgelehnt und alle Bubble-Gesellschaften aufgelöst wurden. Diese Anordnung, die eine Liste all dieser schändlichen Vorhaben enthielt, dürfte auch in unserer Zeit durchaus von Interesse sein, da hin und wieder eine übermäßige Neigung zu ähnlichen Praktiken zu beobachten ist:

»Im Geheimen Staatsrat, Whitehall, am 12. Tag im Juli 1720. Anwesend sind ihre Exzellenzen, die Lordrichter.«

Mit Blick auf die zahlreichen Unannehmlichkeiten, die der Allgemeinheit durch verschiedene Projekte entstanden sind, die eingeleitet wurden, um

Aktiengesellschaften für verschiedene Zwecke zu gründen, und in Anbetracht der Tatsache, dass eine große Zahl von Untertanen seiner Majestät mit der Zusage, die für die Durchführung solcher Projekte erforderlichen Patente und Gründungsurkunden würden gewährt, dazu verleitet wurden, ihr Geld in solche Gesellschaften zu investieren, haben ihre Exzellenzen, die Lordrichter am heutigen Tag befohlen, ihnen die besagten Anträge zusammen mit den Berichten der Handelskammer und des Kronanwalts vorzulegen. Nach sorgfältiger Überprüfung derselben haben die Lordrichter auf Empfehlung des geheimen Staatsrats beschlossen, die folgenden Gesuche abzulehnen:

1. Gesuch mehrerer Personen, die um Ausstellung eines Patents für eine Fischereigesellschaft unter dem Namen Grand Fishery of Great Britan bitten.

2. Gesuch der Company of the Royal Fishery of England, die um Ausstellung einer Urkunde über die Gewährung der für die besagte Fischerei erforderlichen Rechte bittet.

3. Gesuch von George James im eigenen Namen sowie im Namen verschiedener angesehener Personen, die mit der nationalen Fischerei beschäftigt sind und um Ausstellung eines Patents zur Durchführung derselben Aktivität bitten.

4. Gesuch verschiedener namentlich genannter Händler, Makler und anderer Personen, die um Ausstellung eines Patents für den Walfang in Grönland und anderswo bitten.

5. Gesuch von Sir John Lambert und anderen im eigenen Namen sowie im Namen einer großen Zahl von Händlern, die um Ausstellung eines Patents für den Walfang in Grönland und insbesondere in der Davisstraße bitten.

6. Eine weitere Petition einer Gesellschaft für ein Gewerbe in Grönland.

7. Gesuch mehrerer Händler, Gentlemen und Bürger, die um Eintragung einer Gesellschaft zum Zweck des Kaufs und Baus von Frachtschiffen bitten.

8. Gesuch Samuel Antrims und anderer, die um Ausstellung eines Patents für den Anbau von Hanf und Flachs bitten.

9. Gesuch mehrerer Händler, Kapitäne, Segelmacher und Erzeuger von Segeltuch, die um Ausstellung eines Patents für die besagte Manufaktur durch eine Aktiengesellschaft bitten.

10. Gesuch Thomas Boyds und mehrerer hundert Händler, Schiffseigner und Kapitäne, Segelmacher, Weber und sonstiger Gewerbetreibender, die um Ausstellung einer Gründungsurkunde ersuchen, die es ihnen ermöglichen soll, Geld für den Erwerb von Grundstücken für die Erzeugung von Segeltuch und Leinen zu leihen.

11. Gesuch im Namen mehrerer Personen, die an einem vom verstorbenen König Wilhelm und Königin Maria ausgestellten Patent für die Erzeugung von Leinen und Segeltuch interessiert sind, wobei sie darum bitten, niemandem ein Recht zur Erzeugung von Segeltuch einzuräumen, sondern das von ihnen genossene Privileg zu bestätigen und ihnen zusätzlich das Recht einzuräumen, Baumwolle und Seide zu erzeugen.

12. Gesuch mehrerer Personen, Händler und Makler in London sowie anderer Zeichner einer Aktie einer britischen Gesellschaft zur Versicherung gegen Feuer in allen Teilen Englands, die darum bitten, ihre Gesellschaft zur Durchführung besagter Tätigkeiten einzutragen.

13. Gesuch mehrerer treuer Untertanen seiner Majestät in der Stadt London und anderen Teilen Großbritanniens, die darum bitten, ihre Gesellschaft für die Versicherung gegen Brandschäden im Königreich England einzutragen.

14. Gesuch von Thomas Burges und anderen unterzeichneten Untertanen seiner Majestät im eigenen Namen und für andere Zeichner eines Fonds von 1,2 Millionen Pfund für den Handel mit den deutschen Ländern seiner Majestät, die um Eintragung unter dem Namen Harburg-Gesellschaft bitten.

15. Gesuch des Holzhändlers Edward Jones im eigenen und in fremdem Namen mit der Bitte um Eintragung einer Gesellschaft für die Einfuhr von Holz aus Deutschland.

16. Gesuch mehrerer Händler aus London, die um Eintragung einer Gesellschaft für den Betrieb eines Salzbergwerks bitten.

17. Gesuch des Händlers Captain Meacphedris aus London im eigenen Namen sowie im Namen mehrerer Kaufleute, Tuchhändler, Hutmacher, Färber und anderer Gewerbetreibender, die um Ausstellung einer Gründungsurkunde bitten, die es ihnen ermöglichen wird, einen ausreichenden Geldbetrag zu beschaffen, um Land für den Anbau des von Färbern verwendeten Färberkrapp erwerben zu können.

18. Gesuch von Joseph Galendo aus London, einem Erzeuger von Schnupftabak, um Ausstellung eines Patents für die von ihm erfundene Methode zum Anbau von Virginia-Tabak für Schnupftabak und für die Erzeugung desselben in allen Herrschaftsgebieten des Königs.

Liste der Spekulationsblasen

Die folgenden Bubble-Gesellschaften wurden mit derselben Anordnung für ungesetzlich erklärt und aufgelöst:

1. Kompanie für die Einfuhr von schwedischem Eisen.
2. Kompanie für die Versorgung Londons mit Seekohle. Kapital: 3 Millionen Pfund.
3. Kompanie für den Bau und Wiederaufbau von Häusern in ganz England. Kapital: 3 Millionen Pfund.
4. Kompanie für die Erzeugung von Musselin.
5. Kompanie für den Betrieb und die Verbesserung der britischen Alaunhütten.
6. Kompanie für die Besiedlung der Inseln Blanco and Sal Tartagus.
7. Kompanie für die Versorgung der Ortschaft Deal mit Trinkwasser.
8. Kompanie für die Einfuhr von flämischer Spitze.
9. Kompanie für die Bodenverbesserung in Großbritannien. Kapital: 4 Millionen Pfund.
10. Kompanie für die Förderung der Pferdezucht in England sowie zur Verbesserung von Pfarrland und zur Instandsetzung von Pfarrhäusern.
11. Kompanie für die Erzeugung von Eisen und Stahl in Großbritannien.
12. Kompanie für die Bodenverbesserung in der Grafschaft Flint. Kapital: 1 Million.
13. Kompanie für den Erwerb von Bauland. Kapital: 2 Millionen.
14. Kompanie für den Handel mit Haar.

15. Kompanie für die Errichtung von Salinen auf Holy Island. Kapital: 2 Millionen.
16. Kompanie für den Kauf und Verkauf von Grundstücken und für die Vergabe von Darlehen gegen Pfandrecht.
17. Kompanie für die Durchführung einer sehr vorteilhaften Unternehmung, von der jedoch niemand weiß, worin sie besteht.
18. Kompanie für die Pflasterung der Straßen Londons. Kapital: 2 Millionen.
19. Kompanie für die Durchführung von Beerdigungen in ganz Großbritannien.
20. Kompanie für den Kauf und Verkauf von Land und für die Gewährung von Darlehen gegen Zinsen. Kapital: 5 Millionen.
21. Kompanie für die königliche Fischerei Großbritanniens. Kapital: 10 Millionen.
22. Kompanie für die Versicherung der Seemannersheuern.
23. Kompanie für den Bau von Kreditinstituten für die Unterstützung und Ermutigung der Arbeitsamen. Kapital: 2 Millionen.
24. Kompanie für den Erwerb und die Verbesserung von Pachtland. Kapital: 4 Millionen.
25. Kompanie für die Einfuhr von Pech und Teer und anderen Erzeugnissen für den Schiffbau aus Nordbritannien[45] und Amerika.
26. Kompanie für die Erzeugung von Kleidung, Filz und Dachziegeln.
27. Kompanie für den Kauf und die Verbesserung eines Herrensitzes in Essex.
28. Kompanie für die Versicherung von Pferden. Kapital: 2 Millionen.
29. Kompanie für die Ausfuhr von Wollerzeugnissen und für die Einfuhr von Kupfer, Messing und Eisen. Kapital: 4 Millionen.
30. Kompanie für die Errichtung einer großen Arzneimittelausgabe. Kapital: 3 Millionen.
31. Kompanie für die Errichtung von Mühlen und den Kauf von Bleiminen. Kapital: 2 Millionen.
32. Kompanie für die Verbesserung der Seifenherstellung.
33. Kompanie für die Errichtung einer Siedlung auf der Insel Santa Cruz.
34. Kompanie für den Bau von Senkgruben und Bleierzschmelzen in Derbyshire.
35. Kompanie für die Erzeugung von Glasflaschen und anderem Glas.
36. Kompanie für die Entwicklung eines Rads, das sich unablässig dreht. Kapital: 1 Million.

---

45) Schottland (Anm. d. Übers.).

37. Kompanie für die Verbesserung von Gärten.
38. Kompanie für die Versicherung und Erhöhung des Erbes von Kindern.
39. Kompanie für die Abfertigung von Gütern im Zollhaus und für die Auftragsbeschaffung für Kaufleute.
40. Kompanie für die Wollmanufaktur in Nordengland.
41. Kompanie für die Einfuhr von Walnussbäumen aus Virginia. Kapital: 2 Millionen.
42. Kompanie für die Erzeugung von Samtmanchester aus Baumwolle.
43. Kompanie für die Erzeugung von Jaffa-Seife und kastilischer Seife.
44. Kompanie für die Verbesserung der Manufaktur von Gusseisen und Stahl in diesem Königreich. Kapital: 4 Millionen.
45. Kompanie für den Handel mit Spitze, Halbleinen, Batist, Linon etc. Kapital: 2 Millionen.
46. Kompanie für den Handel mit bestimmten Erzeugnissen dieses Königreichs und für die Verbesserung derselben etc. Kapital: 3 Millionen.
47. Kompanie für die Belieferung der Londoner Märkte mit Rindern.
48. Kompanie für die Manufaktur von Sehgläsern, Kutscherbrillen etc. Kapital: 2 Millionen.
49. Kompanie für den Betrieb der Zinn- und Bleiminen in Cornwall und Derbyshire.
50. Kompanie für die Erzeugung von Rapsöl.
51. Kompanie für die Einfuhr von Biberfellen. Kapital: 2 Millionen.
52. Kompanie für die Erzeugung von Karton und Packpapier.
53. Kompanie für die Einfuhr von Ölen und anderen Rohstoffen für die Wollmanufaktur.
54. Kompanie für die Verbesserung und Vergrößerung der Seidenmanufakturen.
55. Kompanie für den Geldverleih auf Aktien, Renten, Schuldscheine etc.
56. Kompanie für die Zahlung von Renten an Witwen und andere mit einem geringen Abschlag. Kapital: 2 Millionen.
57. Kompanie für die Verbesserung von Malzlikören. Kapital: 4 Millionen.
58. Kompanie für den Aufbau einer großen amerikanischen Fischerei.
59. Kompanie für Erwerb und Verbesserung des Sumpflands in Lincolnshire. Kapital: 2 Millionen.
60. Kompanie für die Verbesserung der Papiererzeugung in Großbritannien.
61. Die Bodmerei-Kompanie.
62. Kompanie für die Trocknung von Malz mit heißer Luft.
63. Kompanie für den Handel auf dem Orinoco.

64. Kompanie für die bessere Erzeugung von Billardtuch in Colchester und anderen Teilen Großbritanniens.
65. Kompanie für den Kauf von Seehandelsgütern, die Lieferung von Proviant und die Zahlung der Löhne von Arbeitern.
66. Kompanie für die Beschäftigung armer Handwerker und die Versorgung von Kaufleuten und anderen mit Uhren.
67. Kompanie für die Verbesserung der Bodenbestellung und der Rinderzucht.
68. Eine weitere Kompanie für die Verbesserung unserer Pferdezucht.
69. Eine weitere, die eine Pferdeversicherung anbieten will.
70. Kompanie für die Abwicklung des Getreidehandels in Großbritannien.
71. Kompanie für die Versicherung aller Herrschaften gegen die Verluste, die sie durch Dienstboten erleiden. Kapital: 3 Millionen.
72. Kompanie für die Errichtung von Heimen oder Hospitälern für die Aufnahme und Aufbewahrung illegitimer Kinder. Kapital: 2 Millionen.
73. Kompanie für das Bleichen von grobkörnigem Zucker ohne Einsatz von Feuer oder Substanzverlust.
74. Kompanie für den Bau von Mautstraßen und Kais in Großbritannien.
75. Kompanie für die Versicherung gegen Diebstahl und Raub.
76. Kompanie für die Gewinnung von Silber aus Blei.
77. Kompanie für die Manufaktur von Porzellan und Delfter Keramik. Kapital: 1 Million.
78. Kompanie für die Einfuhr von Tabak und für die Ausfuhr desselben nach Schweden und Nordeuropa. Kapital: 4 Millionen.
79. Kompanie für die Erzeugung von Eisen mit Steinkohle.
80. Kompanie für die Versorgung der Städte London und Westminster mit Heu und Stroh. Kapital: 3 Millionen.
81. Kompanie für die Erzeugung von Segeltuch und Packstoff in Irland.
82. Kompanie für die Schottergewinnung.
83. Kompanie für Kauf und Ausrüstung von Schiffen für die Bekämpfung von Piraten.
84. Kompanie für die Einfuhr von Holz aus Wales. Kapital: 2 Millionen.
85. Kompanie für die Gewinnung von Steinsalz.
86. Kompanie für die Umwandlung von Quecksilber in formbares Feinmetall.

Obwohl die Regierung einen Bann über diese Unternehmungen gesprochen hatte und der noch nicht verrückte Teil der Bevölkerung das Treiben verspottete, tauchten täglich neue Spekulationsblasen auf. Die Druckereien brachten reihenweise Karikaturen heraus, und in den Zeitungen wimmelte es von Gedichten und Satiren über den allgemeinen Wahnsinn. Ein einfallsreicher Erzeuger von Spielkarten brachte ein Spiel mit Südsee-Karten heraus, die heute begehrte Raritäten sind. Auf jeder dieser Karten fand man neben der üblichen Figur in einer Ecke eine Karikatur einer Bubble-Gesellschaft samt dazu passenden Versen. Eine der berühmtesten Schwindelgesellschaften war die *Puckle's Machine Company*, die das ehrgeizige Ziel verfolgte, rechteckige Kanonengeschosse und Gewehrkugeln zu erzeugen und damit das Kriegswesen zu revolutionieren. Auf der Pik-Acht wurde das Vorhaben dieser Gesellschaft folgendermaßen beschrieben:

»A rare invention to destroy the crowd
Of fools at home instead of fools abroad.
Fear not, my friends, this terrible machine,
They're only wounded who have shares therein.«[46]

Die Herz-Neun war eine Karikatur der *English Copper and Brass Company* mit dem folgenden Epigramm:

»The headlong fool that wants to be a swopper
Of gold and silver coin for English copper,
May, in Change Alley, prove himself an ass,
And give rich metal for adultrate brass.«[47]

Auf der Karo-Acht wurde die Gesellschaft gefeiert, die eine Kolonie in Akadien zu gründen beabsichtigte:

He that is rich and wants to fool away
A good round sum in North America,
Let him subscribe himself a headlong sharer,
And asses' ears shall honour him or bearer.[48]

---

46) Eine sonderbare Erfindung, die nicht die ausländischen, sondern die heimischen Dummköpfe vernichten soll. Aber ihr müsst diese schreckliche Waffe nicht fürchten, denn sie verletzt nur jene, die Aktien von ihr besitzen.

47) Der Hohlkopf, der Gold und Silbermünzen gegen englischen Kupfer tauschen möchte, kann an der Börse beweisen, was für ein Esel er ist, und für unreines Messing sein Edelmetall herschenken.

48) Der reiche Mann, der eine schöne Summe in Nordamerika verschleudern will, kann einen Anteil zeichnen, auf dass ihm Eselsohren wachsen.

Jede Karte im Spiel war einem betrügerischen Vorhaben gewidmet und machte sich über die Anleger lustig, die darauf hereingefallen waren. Schätzungen zufolge lag die Gesamtsumme des für derartige Projekte zu zeichnenden Kapitals bei mehr als 300 Millionen Pfund Sterling.

Doch kehren wir in die Südsee zurück, in der das Vermögen tausender Habgieriger und Leichtgläubiger versank. Am 29. Mai war die Aktie der Gesellschaft auf 500 Pfund gestiegen, und etwa zwei Drittel der Empfänger von Staatsrenten hatten diese Wertpapiere gegen jene der Südsee-Kompanie eingetauscht. Während des gesamten Monats stieg die Aktie unaufhörlich, um am 28. einen Kurs von 550 Pfund zu erreichen. In den folgenden vier Tagen sprang er auf 890 Pfund. An diesem Punkt machte sich die Überzeugung breit, der Kurs habe seinen Zenit erreicht, und viele Anleger nutzten die Gelegenheit, um ihre Aktien abzustoßen und den Gewinn einzustreichen. Viele Aristokraten und Höflinge, die den König nach Hannover begleiten würden, wollten sich ebenfalls unbedingt von ihren Aktien trennen. Am 3. Juni trafen in der Exchange Alley derart viele Verkäufer auf derart wenige Käufer, dass die Aktie im Lauf des Tages von 890 auf 640 Pfund abstürzte. Die erschrockenen Direktoren der Südsee-Kompanie wiesen ihre Agenten an, zu kaufen – mit Erfolg: Am Abend war das Vertrauen wiederhergestellt, und die Aktie sprang erneut auf 750 Pfund. Abgesehen von einigen geringen Schwankungen blieb dieser Preis stabil, bis die Gesellschaft am 22. Juni die Bücher schloss.

Es wäre nutzlos und uninteressant, die verschiedenen Kunstgriffe, mit denen die Direktoren den Aktienkurs hochhielten, im Einzelnen zu beschreiben. Es genügt zu sagen, dass der Kurs schließlich um tausend Prozent über den Nennwert stieg. Dieser Punkt wurde Anfang August erreicht. Zu diesem Zeitpunkt begann die prall gefüllte Spekulationsblase zu beben und zu zittern. Alles deutete darauf hin, dass sie bald platzen würde.

Viele Empfänger staatlicher Renten warfen den Direktoren vor, sie seien bei der Erstellung der Listen für die Verteilung der Anteile bei den einzelnen Emissionen parteiisch vorgegangen. Der Unmut wuchs weiter, als bekannt wurde, dass der Vorsitzende Sir John Blunt und einige andere Mitglieder des Direktoriums ihre Aktien abgestoßen hatten. Im Monat August fiel die Aktie stetig, und am 2. September war sie nur noch 700 Pfund wert.

Nun wurde die Lage besorgniserregend. Um zu verhindern, dass die Öffentlichkeit endgültig das Vertrauen in die Kompanie verlor, beriefen die Direktoren für den 8. September eine Hauptversammlung in der Merchant Tailors' Hall ein. Um neun Uhr morgens war der Saal zum Bersten gefüllt. Draußen drängte sich eine Menschenmenge, die keinen Einlass mehr gefunden hatte. Die Spannung war schier unerträglich. Die Direktoren hatten sich mit zahlreichen Gefolgsleuten umgeben. Den Vorsitz führte der stellvertretende Präsident Sir John Fellowes, der den Grund für die Versammlung erläuterte und die verschiedenen Beschlüsse und Maßnahmen des Direktoriums, die Einnahmen aus tilgbaren und nicht tilgbaren Obligationen und die Subskriptionen darstellte. Anschließend hielt der Minister Craggs[49] eine kurze Rede, in der er die Vorgehensweise der Direktoren lobte und die Aktionäre zur Geschlossenheit aufforderte, um den Erfolg dieses Vorhabens zu gewährleisten. Abschließend stellte er den Antrag, den Direktoren für ihre besonnene und kenntnisreiche Führung zu danken und sie zu ermächtigen, weiterhin so vorzugehen, wie sie es im Interesse der Gesellschaft für vorteilhaft hielten. Anschließend hielt Mr. Hungerford, der im Unterhaus durch seinen leidenschaftlichen Einsatz für die Südsee-Kompanie beträchtliches Misstrauen geweckt hatte und mit Recht verdächtigt wurde, sich mit dem Verkauf seiner Aktien zum richtigen Zeitpunkt bereichert zu haben, eine wortgewaltige Ansprache. Er verkündete, den Aufstieg und Fall, den Niedergang und die Wiederauferstehung vieler derartiger Gesellschaften gesehen zu haben, doch nie zuvor habe eine Unternehmung in derart kurzer Zeit derart wunderbare Dinge wie die Südsee-Kompanie vollbracht. Sie habe mehr getan, als die Krone, die Kirche oder die Richterschaft vermöchten. Die Kompanie habe alle Parteien im Gemeininteresse geeint, sie habe bewirkt, dass die Nation alle Streitigkeiten und Animositäten zurückgestellt, wenn nicht sogar endgültig begraben habe. Begüterte Männer hätten durch den Wertzuwachs ihrer Aktien ihr Vermögen beträchtlich vergrößert, Grundbesitzer hätten erlebt, wie sich der Wert ihres Grundes verdoppelt und verdreifacht habe. Gleichzeitig habe die Kompanie der Kirche Gutes getan, denn nicht wenige Geistliche hätten mit dem Projekt große Summen verdient. Hungerford fürchtete nur, dass die selbstlosen Direktoren möglicherweise ihr eigenes Wohl aus den Augen verloren hatten. Als er dies sagte, wurde im Saal ein wenig gezischt, denn die maßlos übertriebene Lobhudelei klang fast wie eine Satire, aber die Direktoren, ihre Gefolgsleute und alle anderen glücklichen Spekulanten im Raum

49) James Craggs der Jüngere war von 1718-1721 Secretary of State of the Southern Department und in dieser Funktion zuständig für die Beziehungen zu den übrigen britischen Ländern, zu den amerikanischen Kolonien sowie zu den katholischen Staaten Europas und der moslemischen Welt. James Craggs war wie sein Vater James Craggs der Ältere, der an anderer Stelle in dieser Abhandlung auftaucht, in die Südsee-Spekulation verwickelt. (Anm. d. Übers.)

klatschten begeistert Beifall. Nach Hungerford ergriff der Herzog von Portland das Wort und schlug in die gleiche Kerbe. Er konnte sich nicht vorstellen, dass irgendjemand unzufrieden sein sollte. Selbstverständlich hatte er selbst mit seinen Spekulationen viel Geld verdient und befand sich in einer ähnlichen Lage wie der fette Ratsherr in *Joe Miller's Jests*, der nach jedem guten Essen die Hände über seinem Wanst verschränkte und die Behauptung, es gäbe Hungernde in dieser Welt, für abwegig erklärte.

Die Versammlung verabschiedete einige Beschlüsse, die die Öffentlichkeit jedoch wenig beeindruckten. Noch am selben Tag fiel die Aktie auf 640 Pfund, und am folgenden Tag sackte sie auf 540 Pfund ab. Der Kursverfall setzte sich täglich fort, bis das Niveau von 400 Pfund erreicht war. In einem in *Coxe's Walpole* abgedruckten Brief vom 13. September schrieb das Parlamentsmitglied Broderick an Lordkanzler Middleton: »Dass die Seifenblase der Südsee-Direktoren so rasch geplatzt ist, hat verschiedene Gründe. Ich bin davon überzeugt, dass die Direktoren das zugelassen haben, weil es für sie vorteilhaft ist. Sie haben den Kredit derart aufgebläht, dass das Münzgeld nicht mehr genügt, um ihn zu stützen. Die wichtigsten Direktoren sind ausgestiegen und haben sich selbst auf Kosten der verblendeten, gedankenlosen Masse in Sicherheit gebracht. Die Unternehmung beruhte auf der Habsucht und auf der Illusion, man könne Maulwurfhügel in Berge verwandeln. Tausende Familien werden in die Armut gestürzt. Es herrschen Fassungslosigkeit und unbeschreibliche Wut. Die Lage ist so verzweifelt, dass ich keine Möglichkeit sehe, den Zusammenbruch zu vermeiden. Ich weiß nicht, was als Nächstes geschehen soll.« Zehn Tage später, die Aktie fiel immer noch, schrieb er: »Die Kompanie kann sich nicht entschließen, etwas zu tun. Sie weiß weder ein noch aus. Von mehreren Gentlemen, die in letzter Zeit in die Stadt gekommen sind, habe ich erfahren, dass die Südsee-Kompanie im Ausland nur noch Abscheu weckt. Zahlreiche Goldschmiede sind bereits ruiniert, und jeden Tag folgen ihnen mehr. Ich bezweifle, ob auch nur ein Drittel, nein, ein Viertel von ihnen widerstehen wird. Mein Urteil über die ganze Sache beruhte von Anfang an auf der unanfechtbaren Maxime, dass zehn Millionen (mehr Geld, als in Umlauf ist) nicht 200 Millionen hervorbringen können, auf die sich mittlerweile unser Kreditaufkommen beläuft. Und dass daher, wenn aus irgendeinem Grund Zweifel auftauchen, unsere wunderbare Staatsmaschine zwangsläufig zusammenbrechen muss.«

Am 12. September fanden auf Drängen des Ministers Craggs mehrere Zusammenkünfte zwischen den Direktoren der Südsee-Kompanie und jenen der

Bank of England statt. Das Gerücht, die Bank habe eingewilligt, Obligationen der Kompanie im Wert von sechs Millionen Pfund in Umlauf zu bringen, trieb den Kurs der Aktie auf 670 Pfund, aber als am Nachmittag bekannt wurde, dass diese Hoffnung unbegründet war, stürzte der Kurs wieder auf 580 Pfund ab. Im Lauf der folgenden Tage sank er Schritt für Schritt auf 400 Pfund.[50]

Die Regierung war sehr besorgt über den Gang der Dinge. Die Direktoren konnten sich nicht auf der Straße blicken lassen, ohne beschimpft zu werden, und man befürchtete, dass jeden Augenblick Unruhen ausbrechen würden. Man schickte Depeschen an den König, der sich in Hannover aufhielt, und bat ihn inständig, unverzüglich nach England zurückzukehren. Robert Walpole wurde von seinem Landsitz nach London zurückgerufen, damit er seinen Einfluss auf die Direktoren der Bank of England nutzte, um sie dazu zu bewegen, den Vorschlag der Südsee-Kompanie anzunehmen und ihre Obligationen in Umlauf zu bringen.

Aber die Bank wollte keineswegs in die Angelegenheiten der Kompanie hineingezogen werden. Sie sah keinen Ausweg aus der Krise und fürchtete, ebenfalls in eine Notlage zu geraten. Aber die Öffentlichkeit verlangte von ihr, der bedrängten Südsee-Kompanie zur Hilfe zu eilen. Alles, was in der Wirtschaftspolitik Rang und Namen hatte, wurde als Berater beigezogen. Schließlich wurde ein von Walpole entworfener Vertrag als Grundlage für die weiteren Verhandlungen beschlossen, und die allgemeine Aufregung legte sich ein wenig.

Einen Tag nach der Unterzeichnung des Vertrags, am 20. September, fand in der Merchant Tailors' Hall eine weitere Vollversammlung der Südsee-Kompanie statt, in der die Direktoren ermächtigt wurden, mit der Bank of England oder anderen Einrichtungen die Emission von Anleihen der Kompanie zu vereinbaren oder andere von der Bank für sinnvoll gehaltene Maßnahmen zu ergreifen. Einer der Redner, ein gewisser Pulteney, zeigte sich sehr über-

---

50) Der Poet Gay bekam in jenem furchtbaren Jahr von Craggs einige Aktien der Südsee-Kompanie geschenkt, die zwischenzeitlich einen Wert von 20.000 Pfund erreichten. Gays Freunde wollten ihn dazu überreden, die Aktien zu verkaufen, aber er träumte von einer glanzvollen Zukunft, auf die er nicht mehr verzichten wollte. Man drängte ihn dazu, wenigstens so viele Aktien zu verkaufen, dass ihm ein ruhiges Leben oder, wie Fenton es ausdrückt, »jeden Tag ein sauberes Hemd und eine Hammelschulter« sicher wäre. Gay schlug den Rat aus, verlor den Gewinn und auch den Grundbetrag und geriet in eine derartige Notlage, dass er vom Hungertod bedroht war. (Nach Samuel Johnson, Johnson's Lives of the Poets.)

rascht von der gewaltigen Panik, welche die Öffentlichkeit ergriffen hatte. Verängstigte Menschen liefen kopflos umher, vollkommen besessen von der Gewissheit eines gewaltigen Unglücks, dessen Gestalt und Ausmaße niemand begreife:

»Black it stood as night –
Fierce as ten furies – terrible as hell.«[51]

Zwei Tage später informierte der Gouverneur der Bank of England die Generalversammlung über die Gespräche mit der Südsee-Kompanie und erklärte, die Direktoren seien bezüglich des weiteren Vorgehens noch zu keiner Entscheidung gelangt. Man beschloss einstimmig, die Direktoren der Bank zu ermächtigen, nach ihrem Gutdünken mit der Leitung der Südsee-Kompanie zu vereinbaren, unter welchen Bedingungen, zu welchem Betrag und mit welcher Laufzeit deren Anleihe in Umlauf gebracht werden sollte.

Somit stand es den beiden Parteien frei, das zu tun, was sie im Interesse des Gemeinwohls für das Beste hielten. Bei der Bank wurden Subskriptionslisten aufgelegt, damit die Bürger zu den üblichen Bedingungen eine Anleihe über drei Millionen Pfund zeichnen konnten: Die Hinterlegung wurde mit 15 Prozent festgesetzt, das Aufgeld mit 3 Prozent und der Zinssatz mit 3 Prozent. Am frühen Morgen strömten derart viele Leute herbei, die unbedingt ihr Geld abliefern wollten, dass es den Anschein hatte, als würde noch am selben Tag die ganze Anleihe gezeichnet werden. Aber bis zum Mittag wendete sich das Blatt. Obwohl alles getan wurde, um es zu verhindern, fiel die Aktie der Südsee-Kompanie rasch. Ihre Anleihe war derart diskreditiert, dass ein Ansturm auf die bekanntesten Goldschmiede und Bankiers begann, die zum Teil hohe Beträge auf Südsee-Aktien verliehen hatten und nun gezwungen waren, ihre Kontore zu schließen und sich zu verstecken. Die Sword-Blade-Company, die bis dahin der wichtigste Kassierer der Südsee-Kompanie gewesen war, stellte die Zahlungen ein. Dies wurde allgemein als Signal für den unmittelbar bevorstehenden Zusammenbruch gedeutet und führte zu einem Ansturm auf die Bank, die sich nun gezwungen sah, das Geld sehr viel rascher auszuzahlen, als sie es bei der Subskription am Morgen eingenommen hatte. Ein Feiertag am folgenden Tag (dem 29. September) verschaffte der Bank eine

51) Ein Zitat aus Paradise Lost von John Milton (1667). Übersetzt: »Schwarz wie die Nacht erhob sie sich, wie zehn Furien grimmig, / und wie die Hölle furchtbar ...« (Frei nach Böttger, 1843; Anm. d. Übers.)

kleine Atempause. Sie hielt dem Sturm stand, aber ihre frühere Rivalin, die Südsee-Kompanie, trieb bereits kieloben im Meer: Ihre Aktie war auf 150 Pfund abgestürzt, und in den folgenden Tagen gab der Kurs weiter nach und sank auf 135 Pfund.

Die Bank musste feststellen, dass es unmöglich war, das Vertrauen der Nation in die Kompanie wiederherzustellen und deren Untergang zu verhindern. Es bestand sogar die Gefahr, vom sinkenden Schiff mit in die Tiefe gerissen zu werden. Also beschloss ihr Vorstand, die Vereinbarung mit der Kompanie wieder zu lösen. Tatsächlich hatte sich die Bank bisher zu nichts verpflichtet, denn im Rohentwurf der Vereinbarung fehlten noch einige wichtige Bestimmungen, und es waren keinerlei Vertragsstrafen für einen Ausstieg vorgesehen. Um es mit den Worten aus der *Parliamentary History* zu sagen: »Und so wurde man innerhalb von acht Monaten Zeuge der Entstehung, des Aufstiegs und des Falls des mächtigen Gebildes. Es erhob sich auf geheimnisvollen Fundamenten, nahm gewaltige Ausmaße an und weckte in ganz Europa große Erwartungen, doch da es nur auf Betrug, Illusionen, Leichtgläubigkeit und Verblendung beruhte, stürzte es in dem Augenblick in sich zusammen, als die kunstvolle Schliche seiner Direktoren entdeckt wurde.«

Auf dem Höhepunkt der Raserei, als sich die gefährliche Täuschung voll entfaltet hatte, waren die Sitten der Nation erheblich entartet. Die parlamentarische Untersuchung, die eingeleitet wurde, um die Schuldigen zu entlarven, förderte schändliche Geschehnisse zutage, gleichermaßen beschämend für die verwerflichen Übeltäter wie für die Dummköpfe, die ihren Aufstieg ermöglicht hatten. Eine Beschäftigung mit diesen Übeln ist sehr lehrreich. Eine Nation kann sich ebenso wenig wie der Einzelne ungestraft dem Glücksspiel widmen. Früher oder später wird sie dafür büßen müssen. Der Dichter Smollett ist im Irrtum, wenn er sagt, »dass eine Ära wie diese unergiebig für den Historiker ist, da sich kein vernünftiger und phantasievoller Leser für eine genaue Darstellung derartiger Geschäfte interessieren wird, die nicht mit Wärme und in leuchtenden Farben geschildert, die nicht künstlerisch ausgeschmückt werden können, sondern nur geeignet sind, ein lebloses Bild von geschmacklosem Laster und degenerierter Schlechtigkeit zu zeichnen.« Ganz im Gegenteil: Das Thema ist so faszinierend, dass es durchaus einen Romancier reizen kann – und das hätte Smollett möglicherweise entdeckt, wäre er unvoreingenommen gewesen. In der Verzweiflung ausgeplünderter Menschen steckt keine Wärme, im Leid hunderter verarmter und ruinierter Familien kein Leben? Es soll nicht möglich sein, die Schicksale reicher Männer, die zu Bettlern wurden, farbenfroh zu schildern? Was ist mit dem dramatischen Sturz mächtiger Menschen, die über Nacht zu Aussätzigen wurden? Wer wäre nicht berührt von den quälenden Selbstvorwürfen und Verwünschungen, die plötzlich überall laut wurden? Wenn das kein Stoff für ein großartiges Lehrstück ist: Ein ganzes Volk verliert plötzlich den Verstand, läuft blind einer goldenen Vision nach und weigert sich halsstarrig, die Wirklichkeit zu sehen, ähnlich einer Herde, die vom Trugbild einer saftigen Weide angelockt wird und schließlich in einem Sumpf versinkt. Die Geschichte wird oft in einem falschen Geist geschrieben: Die Intrigen unwürdiger Höflinge, die um die Gunst ebenso unwürdiger Könige buhlen, die mörderischen Schlachten und Belagerungen werden zum Gegenstand farbenfroher Schilderungen, während jene Vorgänge, die den größten Einfluss auf die Sittlichkeit und den Wohlstand der Völker haben, kaum Beachtung finden, da sie als spröde und langweilig gelten und scheinbar nicht fesselnd dargestellt werden können.

Während diese gigantische Blase anschwoll, bot England ein unvergleichliches Schauspiel. Das Bewusstsein der Öffentlichkeit befand sich in einem Zustand krankhafter Gärung. Man gab sich nicht mehr mit den langsam, aber stetig wachsenden Erträgen der beharrlichen Arbeit zufrieden. Die illusorische Aussicht auf grenzenlosen Reichtum in der Zukunft raubte den Menschen den Blick für das richtige Maß in der Gegenwart. Bis dahin ungekannter Luxus hielt Einzug und brachte eine entsprechende Lockerung der Sitten mit sich. Die anmaßende Unverschämtheit von Ignoranten, die in diesem Glücksspiel zu plötzlichem Reichtum gekommen waren, beschämte jeden Mann von edler Gesinnung, da es zeigte, dass Gold auch dem Unwürdigen den gesellschaftlichen Aufstieg ermöglichte. Als sich das Glück gegen sie wandte, erinnerte man sich an die Hochmütigkeit einiger dieser »wertlosen Bürger«, wie Sir Richard Steele sie nannte. In der parlamentarischen Untersuchung mussten viele der Direktoren weniger wegen ihrer dubiosen Machenschaften als wegen ihrer Anmaßung leiden. Einer von ihnen, der im hemmungslosen Stolz eines neureichen Ignoranten erklärt hatte, er werde sein Pferd mit Gold füttern, musste nun selbst fast von Brot und Wasser leben. Kein hochmütiger Blick und keine überhebliche Äußerung war den Übeltätern vergessen worden. Nun wurde ihnen jede Kränkung hundertfach mit Armut und Demütigungen vergolten.

Die Lage des Landes war derart beängstigend, dass Georg I. seinen Aufenthalt in Hannover vorzeitig abbrach und eilig nach England zurückkehrte. Am

11. November traf er in London ein, und für den 8. Dezember wurde das Parlament einberufen. In der Zwischenzeit fanden in allen größeren Städten öffentliche Versammlungen statt. In Petitionen wurde das Parlament aufgefordert, Rache an den Direktoren der Südsee-Kompanie zu nehmen, die das Land mit ihren betrügerischen Machenschaften an den Rand des Ruins gebracht hatten. Niemand schien auf den Gedanken zu kommen, dass die Nation ebenso schuldig war. Niemand warf dem Volk seine Leichtgläubigkeit, seine Habgier oder seine würdelose Gewinnsucht vor, die jede edlere Eigenschaft des Volkscharakters in den Hintergrund gedrängt hatten. Genauso wenig wurde die Verblendung kritisiert, die das Volk dazu getrieben hatte, kopflos in die von den betrügerischen Erfindern des Projekts gelegte Falle zu laufen. All das wurde nie erwähnt. Stattdessen hielt man an der Illusion fest, das Volk bestehe aus einfachen, anständigen, arbeitsamen Menschen, die von einer Bande von Räubern ausgeplündert worden waren, die nun erbarmungslos gehängt, gevierteilt oder zu Tode geschleift werden sollten.

Auch die beiden Kammern des Parlaments waren nicht vernünftiger. Obwohl die Schuld der Südsee-Direktoren noch nicht bewiesen war, forderte man lautstark, sie zu bestrafen. Der König äußerte in seiner Thronrede die Hoffnung, den Parlamentariern sei bewusst, dass all ihre Besonnenheit, Mäßigung und Entschlossenheit erforderlich sein würden, um einen Weg aus der Krise zu finden. In der Debatte über die Antwort auf seine Rede schwelgten mehrere Redner in wilden Schmähungen der Direktoren des Südsee-Projekts.

Durch besondere Vehemenz tat sich Lord Molesworth hervor: »Einige meinen, es gäbe kein Gesetz, um die Direktoren der Südsee-Kompanie zu bestrafen, die mit Recht als Urheber des gegenwärtigen Übels gelten. Ich bin der Meinung, dass wir in diesem Fall dem Beispiel der Römer folgen sollten. Im alten Rom gab es kein Gesetz zur Bestrafung des Vatermords, da der Gesetzgeber annahm, kein Sohn könne von so widernatürlicher Bosheit sein, dass er seine Hände mit dem Blut seines Vaters besudeln würde. Doch als dieses abscheuliche Verbrechen erstmals begangen worden war, machten sie sofort ein Gesetz, um es bestrafen zu können. Die Strafe bestand darin, dass der Vatermörder in einen Sack eingenäht und lebendig in den Tiber geworfen wurde. Ich halte jene, die den schurkischen Südsee-Schwindel erdacht und ausgeführt haben, für die Mörder ihres Vaterlands, und würde es begrüßen, würden sie ebenfalls in Säcke eingenäht und in die Themse geworfen.« Andere Parlamentarier bewiesen einen ähnlichen Mangel an Besonnenheit und Urteilsvermögen wie Lord Molesworth. Gemäßigter äußerte sich Walpole. Er empfahl, zunächst einmal das Vertrauen der Öffentlichkeit wiederherzustellen: »Stünde London in Flammen, so würden alle klugen Männer helfen, das Feuer zu löschen und den Brand an der Ausbreitung zu hindern, um sich erst nachher auf die Suche nach den Brandstiftern zu machen. Das Vertrauen der Öffentlichkeit hat einen schweren Schlag erlitten und liegt in seinem Blut. Wir sollten versuchen, die Wunde rasch zu verbinden. Nachher ist noch Zeit genug, den Attentäter zu bestrafen.« Am 9. Dezember einigte man sich auf eine Antwort auf die Rede des Königs. Man beschloss einstimmig, der Rede eine Erklärung hinzuzufügen, in der das Parlament seine Entschlossenheit bekundete, nicht nur eine Lösung für die nationale Krise zu suchen, sondern auch ihre Urheber zu bestrafen.

Die Untersuchung kam rasch voran. Den Direktoren wurde befohlen, vor dem Parlament umfassend über ihr Verhalten Rechenschaft abzulegen. Man verabschiedete Beschlüsse, in denen die Notlage in erster Linie den üblen Machenschaften der Spekulanten zugeschrieben und erklärt wurde, das Vertrauen in den Staat könne am besten wiederhergestellt werden, indem man die Aktienspekulation gesetzlich verbiete. Walpole meldete sich zu Wort und erklärte, er beschäftige sich seit geraumer Zeit mit einem Plan, um das Vertrauen der Öffentlichkeit zurückzugewinnen. Die Durchführung dieses Plans hänge jedoch davon ab, ob er auf eine tragfähige Grundlage gestellt werden könne. Die entscheidende Frage laute, ob an den Staatsanleihen und Hypotheken, der Geldsubskription und den anderen mit der Südsee-Kompanie getroffenen Vereinbarungen festgehalten werden solle. Die Frage löste eine lebhafte Debatte aus. Schließlich beschloss man mit einer Mehrheit von 259 gegen 117 Stimmen, sämtliche Verträge aufrechtzuerhalten, sofern sie nicht von einer Hauptversammlung der Südsee-Kompanie zur Entlastung der Inhaber geändert oder durch gerichtliche Verfügungen außer Kraft gesetzt würden. Am folgenden Tag stellte Walpole vor einem Ausschuss beider Kammern sein Vorhaben vor, das im Wesentlichen darin bestand, unter bestimmten Bedingungen jeweils 9 Millionen Pfund vom Kapital der Südsee-Kompanie auf die Bank of England und die Ostindien-Kompanie zu übertragen. Das Parlament begrüßte den Plan. Nachdem einige Einwände ausgeräumt worden waren, beschloss man, entsprechende Vorschläge der Bank und der Ostindien-Kompanie einzuholen. Diese hatten wenig Lust zu helfen, und in den eilig einberufenen Hauptversammlungen der beiden Einrichtungen stieß das Vorhaben auf heftigen Widerstand, der jedoch vergeblich war. Schließlich einigten sie sich auf die Bedingungen, zu denen sie die Anleihen der Südsee-Kompanie übernehmen würden, und der Parlamentsausschuss beschloss eine federführend von Walpole verfasste Gesetzesvorlage, die zügig von beiden Kammern verabschiedet wurde.

Gleichzeitig wurde eine Vorlage für ein Gesetz auf den Weg gebracht, mit dem den Direktoren, dem Präsidenten, seinem Stellvertreter, dem Schatzmeister, dem Kassierer und den Buchhaltern der Südsee-Kompanie für ein Jahr untersagt werden sollte, das Land zu verlassen; außerdem sollten sie gezwungen werden, ihr gesamtes Vermögen offenzulegen, um sie daran zu hindern, es ins Ausland zu verschieben oder zu veräußern. Alle einflussreichen Parlamentsmitglieder unterstützten die Vorlage. Der Abgeordnete Shippen entschloss sich zu einem Seitenhieb auf Minister Craggs, da er die üblen Gerüchte glaubte, die Craggs mit der Südsee-Kompanie in Verbindung brachten. Shippen erklärte, er sei glücklich darüber, dass das britische Unterhaus seinen früheren Einfluss und seinen Kampfgeist zurückgewinne und derart geschlossen für das Gemeinwohl eintrete und das Vermögen der Vertreter der Südsee-Kompanie sicherstelle. Dann sah er Craggs direkt an und erklärte, es gebe noch weitere hochrangige Männer, die ebenso schuldig seien wie die Direktoren der Kompanie und deren Namen er beizeiten unerschrocken nennen werde. Da sprang Craggs wutentbrannt auf und erwiderte, falls diese Anspielung auf ihn ziele, so sei er bereit, jedem, der ihn herausfordere, Genugtuung zu geben – sei es im Hohen Haus oder draußen auf der Straße. Sofort wurden die Streithähne von allen Seiten zur Mäßigung aufgefordert. Inmitten des Aufruhrs erhob sich Lord Molesworth und erklärte, er wundere sich sehr darüber, dass Craggs es wage, das Unterhaus derart herauszufordern. Er selbst werde, obwohl er nicht mehr der Jüngste sei (Molesworth war über 60 Jahre alt), dem Minister im Sitzungssaal Rede und Antwort stehen, und er sei davon überzeugt, dass es zahlreiche junge Abgeordnete gebe, die Mr. Craggs draußen vor der Tür entgegentreten würden. Erneut ertönten Ordnungsrufe, die Abgeordneten sprangen auf und schrien durcheinander. Der Vorsitzende rief das Hohe Haus vergeblich zur Ordnung. Lord Molesworth und Minister Craggs waren fast die einzigen Mitglieder, die während des folgenden Aufruhrs auf ihren Plätzen blieben. Schließlich wurde der Druck auf Craggs derart groß, dass er es für besser hielt, sich der Forderung des Hauses zu beugen und seine wenig parlamentarische Äußerung zu erklären: Als er angeboten habe, jedem Genugtuung zu geben, der an seiner Redlichkeit zweifle, habe er nicht sagen wollen, dass er sich duellieren wolle, sondern dass er bereit sei, sein Verhalten zu erklären. Damit war die Sache erledigt, und das Unterhaus wandte sich Fragen wie jenen zu, wie die Untersuchung der Südsee-Kompanie ablaufen sollte und ob man einen allgemeinen oder einen Sonderausschuss einrichten sollte. Schließlich entschied man sich für einen geheimen Ausschuss mit 13 Mitgliedern, der ermächtigt sein sollte, Zeugen vorzuladen und Dokumente anzufordern.

Das Oberhaus war ebenso eifrig wie das Unterhaus und hatte es nicht weniger eilig. Der Bischof von Rochester verglich das Südsee-Projekt mit einer Seuche. Der Herzog von Wharton meinte, das Parlament dürfe keine noch so hoch gestellte Person schonen, und er persönlich sei bereit, seinen engsten Freund zu opfern, sollte dieser zu dem Schwindel beigetragen haben. Die Nation sei auf schändliche und empörende Art und Weise ausgeplündert worden, und die Übeltäter müssten mit aller Härte bestraft werden. Lord Stanhope verlangte, zur Wiedergutmachung des Schadens das gesamte Eigentum der Verbrecher zu beschlagnahmen, ob diese nun Direktoren seien oder nicht.

Die Öffentlichkeit befand sich in hellem Aufruhr. Coxe schreibt in seiner Walpole-Biografie, jeder Südsee-Direktor sei automatisch als Betrüger und Schurke betrachtet worden. Grafschaften, Städte und Bezirke überhäuften die Regierung mit Petitionen, in denen Gerechtigkeit für die verwundete Nation und harte Strafen für diese üblen Verbrecher gefordert wurden. Wer sich um Mäßigung bemühte und bei der Bestrafung der Schuldigen nicht zu weit gehen wollte, wurde der Komplizenschaft bezichtigt, mit wüsten Beschimpfungen und Schmähschriften überhäuft und sowohl in anonymen Briefen als auch in Veröffentlichungen dem Volkszorn preisgegeben. Gegen Schatzkanzler Aislabie und Minister Craggs wurden so wilde Anschuldigungen erhoben, dass das House of Lords beschloss, rasch eine Untersuchung gegen sie einzuleiten. Am 21. Januar wurde angeordnet, dass alle Aktienhändler, die mit dem Südsee-Projekt zu tun gehabt hatten, gegenüber dem Parlament Rechenschaft über sämtliche Aktien oder Bezugsrechte ablegen sollten, die sie seit dem Michaelistag 1719 als Makler oder Treuhänder für Mitarbeiter des Schatzamts erworben oder verkauft hatten. Als diese Zahlen vorlagen, stellte sich heraus, dass Aislabie tatsächlich große Mengen an Aktien erworben hatte. Fünf Direktoren der Südsee-Kompanie, darunter Edward Gibbon (der Großvater des berühmten Historikers), wurden vom Usher of the Black Rod, dem Vertreter des Monarchen im Oberhaus, in Gewahrsam genommen. Auf Antrag von Earl Stanhope wurde einstimmig beschlossen, dass die Annahme oder Gewährung von Krediten für Aktien ohne entsprechende Zahlung oder ausreichende Besicherung oder der Kauf von Aktien durch Direktoren oder Beauftragte der Südsee-Kompanie, im Interesse eines Mitglieds der Regierung oder einer der Kammern des Parlaments während des Zeitraums, in dem die Verabschiedung des Südsee-Gesetzes ausstand, als Beweis der Bestechung zu betrachten sei. Wenige Tage später wurde beschlossen, dass sich mehrere Direktoren und Vertreter der Kompanie, die insgeheim ihre eigenen Aktien an der Gesellschaft verkauft hatten, eines offenkundigen Betrugs und Vertrauensbruchs schuldig gemacht und mit ihrem Verhalten entscheidend zur unglücklichen Wendung der Dinge und zu der schweren Vertrauenskrise beigetragen hätten. Aislabie trat als Schatzkanzler zurück und blieb dem Parlament fern, bis die offizielle Untersuchung seiner persönlichen Verantwortung durch das Hohe Haus abgeschlossen war.

In der Zwischenzeit packte Mr. Knight, der Schatzmeister der Kompanie, der alle gefährlichen Geheimnisse der betrügerischen Direktoren kannte, seine Bücher und Dokumente zusammen und machte sich davon. Er verkleidete sich, fuhr in einem kleinen Boot die Themse hinunter, bestieg ein eigens zu diesem Zweck gechartertes Schiff und setzte nach Calais über. Als der geheime Sonderausschuss das Parlament über Knights Flucht informierte, wurde ein Gesuch an den König gerichtet, damit dieser eine Belohung für die Verhaftung Knights auslobte und unverzüglich den Befehl erteilte, die Häfen zu schließen und die Küsten zu sichern, um Knight oder andere Vertreter der Südsee-Kompanie an der Flucht zu hindern. Die Tinte auf den entsprechenden Schriftstücken war kaum getrocknet, da überbrachte der vom Parlament entsandte Abgeordnete Methuen sie bereits dem König. Noch am selben Abend wurde in einer königlichen Proklamation ein Kopfgeld von 2000 Pfund auf Knight ausgesetzt. Die Abgeordneten im Unterhaus befahlen, die Türen des Parlamentsgebäudes zu verschließen und die Schlüssel auf einen Tisch zu legen. General Ross, ein Mitglied des geheimen Sonderausschusses, klärte seine Kollegen darüber auf, dass man die heimtückischste Verschwörung aufgedeckt habe, die je geplant worden sei, um eine Nation zu ruinieren. Das Parlament werde zu gegebenem Zeitpunkt über die Einzelheiten informiert. Bis dahin wollte der Ausschuss unbedingt einige Direktoren und leitende Angestellte der Südsee-Kompanie verhaften und ihre Papiere beschlagnahmen lassen. Ein entsprechender Antrag wurde einstimmig angenommen. Die Parlamentsmitglieder Sir Robert Chaplin, Sir Theodore Janssen, Mr. Sawbridge und F. Eyles, die auch Direktoren der Südsee-Kompanie waren, wurden aufgefordert, vor das Hohe Haus zu treten und Rechenschaft über ihre korrupten Praktiken abzulegen. Sir Theodore Janssen und Mr. Sawbridge stellten sich und versuchten, ihre Unschuld zu beweisen. Das Hohe Haus hörte sie geduldig an und befahl ihnen anschließend, sich zurückzuziehen. Dann wurde der Antrag eingebracht, sie einer offenkundigen Untreue schuldig zu sprechen und festzustellen, dass sie zahlreiche Untertanen seiner Majestät geschädigt und das Vertrauen in die Regierung untergraben hätten. Der Antrag wurde ohne eine einzige Gegenstimme angenommen. Die beiden wurden aus dem Parlament ausgeschlossen und vom Ordnungsbeamten des Unterhauses, dem Sergeant-at-arms, in Gewahrsam genommen. Sir Robert Chaplin und Mr. Eyles traten vier Tage später vor das Hohe Haus und verloren ebenfalls ihre Abgeordnetensitze. Gleichzeitig wurde der König ersucht, seinen Gesandten an ausländischen Höfen die Anweisung zu geben, die Auslieferung Knights an die englischen Behörden zu verlangen, sollte er in einem dieser Länder Zuflucht suchen. Der König willigte sofort ein, und noch in derselben Nacht wurden Boten in die europäischen Hauptstädte entsandt.

Unter den verhafteten Direktoren war auch Sir John Blunt, der allgemein als Urheber des Südsee-Schwindels gilt. Dieser Mann war, wie Pope in seiner Epistel an Allen Lord Bathurst schrieb, ein Nonkonformist von großer religiöser Strenge. Er predigte unentwegt gegen die Genusssucht und Verderbnis seiner Zeit, prangerte die Voreingenommenheit der Parlamente und das Elend des Parteienhaders an. Besonders lautstark verurteilte er die Habgier hochgestellter und adliger Persönlichkeiten. Er stieg vom Schreiber zum Direktor und umtriebigsten Manager der Südsee-Kompanie auf. Wir wissen nicht, ob ihn diese Tätigkeit dazu bewegte, die Habgier der Mächtigen anzuprangern. Zweifellos sah er genug davon, um das strengste Urteil zu rechtfertigen, aber der Prediger wäre glaubwürdiger gewesen, wäre er selbst frei von Sünde gewesen. Er wurde dem Oberhaus unter Bewachung vorgeführt und musste sich einer langwierigen Befragung unterziehen, wobei er Antworten auf einige wichtige Fragen schuldig blieb. Er erklärte, bereits von einem Ausschuss des Unterhauses befragt worden zu sein, und da er sich nicht an seine Antworten erinnern könne und sich möglicherweise widersprechen werde, weigere er sich, einem weiteren Tribunal Rede und Antwort zu stehen. Diese Erklärung, die an sich ein indirektes Schuldeingeständnis war, sorgte im Hohen Haus für einige Aufregung. Blunt wurde erneut nachdrücklich gefragt, ob er je Aktien an irgendein Mitglied der Regierung oder des Parlaments verkauft habe, um die Verabschiedung des South-Sea Act zu erleichtern. Erneut verweigerte er die Antwort. Er erklärte, er wolle nicht respektlos gegenüber dem Oberhaus sein, werde sich jedoch nicht zwingen lassen, sich selbst zu belasten. Nach mehreren vergeblichen Versuchen, sein Gedächtnis aufzufrischen, wurde er entlassen. Es folgte eine heftige Debatte zwischen den Anhängern und Gegnern der Regierung. Einige Abgeordnete erklärten, die Schweigsamkeit von Sir John Blunt komme der Regierung durchaus zupass. Der Herzog von

Wharton brachte Graf Stanhope mit einer Anspielung derart in Rage, dass diesem zu viel Blut in den Kopf stieg, weshalb er unpässlich wurde und den Plenarsaal verlassen musste. Er wurde rasch zur Ader gelassen, doch auch nach einer Wiederholung der Prozedur am nächsten Morgen verbesserte sich sein Zustand kaum. Dennoch rechnete niemand mit dem Schlimmsten. Gegen Abend wurde er schläfrig, legte sich nieder und starb. Der plötzliche Tod des Staatsmanns stürzte die Nation in tiefe Trauer. König Georg war untröstlich und schloss sich für mehrere Stunden in seinem Zimmer ein.

Der flüchtige Schatzmeister der Südsee-Kompanie wurde von einem der Sekretäre von Mr. Leathes, dem britischen Gesandten in Brüssel, in der Nähe von Lüttich gestellt und in die Festung von Antwerpen gebracht. Doch mehrere Auslieferungsanträge an den österreichischen Hof blieben unbeantwortet. Knight stellte sich unter den Schutz der Brabanter Stände und verlangte, in diesem Land vor Gericht gestellt zu werden. In der *Joyeuse Entrée* war den Ständen das Privileg zugestanden worden, jeden auf ihrem Hoheitsgebiet verhafteten Verbrecher auch selbst aburteilen zu können. Die Stände beharrten auf diesem Vorrecht und weigerten sich, Knight an die Briten auszuliefern. Während sich die britischen Behörden um die Auslieferung bemühten, gelang es Knight, aus der Festung zu entkommen.

Am 16. Februar legte der geheime Sonderausschuss dem Parlament seinen ersten Bericht vor, aus dem hervorging, dass die Ermittler auf zahlreiche Hindernisse gestoßen waren: Sämtliche befragten Personen hatten mit allen Mitteln versucht, die Untersuchung zu behindern. In einigen der Bücher, die man dem Ausschuss vorgelegt hatte, waren falsche und erfundene Einträge vorgenommen worden, in anderen standen neben den Beträgen der Aktieneinzahlungen keine Käufernamen. An vielen Stellen waren Einträge gelöscht und verändert worden, aus einigen Büchern hatte man Blätter herausgerissen. Zudem waren einige sehr wichtige Bücher vollkommen zerstört, während andere fortgeschafft oder versteckt worden waren. Schon zu Beginn der Nachforschungen hatte der Ausschuss erkennen müssen, dass der Untersuchungsgegenstand ungemein umfangreich und vielschichtig war. Viele Personen waren zur Umsetzung des Gesetzes mit verschiedensten Aufgaben betraut worden und hatten beim Umgang mit dem Eigentum tausender Anleger unverantwortlich gehandelt. Der Ausschuss hatte entdeckt, dass vor der Verabschiedung des South-Sea Act in den Büchern der Kompanie Aktien mit einem Nennwert von 1.259.325 Pfund eingetragen worden waren, die angeblich für den Betrag von 574.500 Pfund verkauft worden waren. Diese Aktien waren ein Phantasiegebilde und hatten dazu gedient, der Verabschiedung des Gesetzes nachzuhelfen. Sie waren an mehreren Tagen und zu unterschiedlichen Preisen, die zwischen 150 und 325 Prozent des Nennwerts lagen, verkauft worden. Überrascht von der Entdeckung, dass die Kompanie zu einem Zeitpunkt, da sie überhaupt noch nicht zu einer Kapitalerhöhung berechtigt gewesen war, derart viele Aktien veräußert hatte, beschloss der Ausschuss, die Vorgänge genauer zu untersuchen. Er lud den Präsidenten der Kompanie, seinen Stellvertreter und mehrere Direktoren vor und unterzog sie einem strengen Verhör. Wie sich herausstellte, hatte die Kompanie zu der Zeit, als diese Einträge vorgenommen worden waren, nicht über eine derart große Menge von Aktien verfügt, sondern lediglich ein kleines Paket mit einem Nennwert von höchstens 30.000 Pfund zur Verfügung gehabt. Im weiteren Verlauf der Untersuchung stellte sich heraus, dass diese Aktien von der Kompanie zum Nutzen der angeblichen Käufer hereingenommen oder gehalten worden waren, obwohl es keine Vereinbarung über ihre Bereitstellung oder Entgegennahme zu einem bestimmten Zeitpunkt gegeben hatte. Von den angeblichen Käufern waren weder Anzahlungen geleistet noch Sicherheiten hinterlegt worden, weshalb sie bei einem sinkenden Aktienkurs, mit dem bei einem Scheitern der Gesetzesvorlage zu rechnen gewesen wäre, keinerlei Verlust erlitten hätten. Da der Kurs der Aktie aufgrund der Verabschiedung des Gesetzes jedoch wie erwartet stieg, strichen sie den Gewinn ein. Nach der Verabschiedung des Gesetzes passte Knight die Abrechnung der Aktien entsprechend an, und den angeblichen Käufern wurde die Differenz aus der Kasse der Kompanie ausgezahlt. Mit diesen fiktiven Aktien, die in erster Linie Blunt, Gibbon und Knight zur Verfügung standen, wurden nun verschiedene Mitglieder der Regierung und ihre Gefolgsleute bestochen, um die Verabschiedung des Gesetzes zu erleichtern. Dem Grafen von Sunderland wurden Aktien im Wert von 50.000 Pfund zugeteilt, die Herzogin von Kendal, die Gräfin von Platen und ihre beiden Nichten erhielten jeweils 10.000 Pfund, an Minister Craggs gingen 50.000 Pfund. Offenbar hatte auch Stanhope über die Firma Turner, Caswall and Co. die gewaltige Summe von 250.000 Pfund erhalten, aber sein Name war teilweise aus den Büchern gelöscht und in »Stangape« geändert worden. Schatzkanzler Aislabie hatte einen noch skandalöseren Gewinn erzielt. Ihm schrieb dieselbe Firma, deren Leiter nebenbei auch zu den Direktoren der Südsee-Kompanie zählten, einen Betrag von 794.451 Pfund gut. Aislabie riet der Gesellschaft dazu, bei der zweiten Zeichnung statt einer Million ohne entsprechende Erlaubnis eigenmächtig ein Kapital von anderthalb Millionen aufzulegen. Die Vorgehensweise bei der dritten Zeichnung war ebenso unanständig gewesen. Schatzkanzler Aislabie hatte 70.000 Pfund, Minister Craggs 659.000 Pfund, Graf Sunderland 160.000

Pfund und Stanhope 47.000 Pfund erhalten. Es folgten noch sechs weitere, weniger bedeutsame Berichte. Anschließend erklärte der Ausschuss, die Abwesenheit Knights, der am besten mit den finanziellen Angelegenheiten der Kompanie vertraut sei, mache es unmöglich, die Untersuchung fortzusetzen.

Der erste Bericht wurde gedruckt und am übernächsten Tag in einer sehr lebhaften und erbittert geführten Debatte behandelt. Schließlich einigte man sich auf mehrere Beschlüsse, in denen das Verhalten der Direktoren und der mit ihnen verbündeten Parlaments- und Regierungsmitglieder verurteilt wurde. Die Beteiligten sollten mit ihrem eigenen Vermögen für den Schaden aufkommen, den sie der Allgemeinheit zugefügt hatten. Ihre Praktiken wurden als korrupt, infam und gefährlich bezeichnet. Es wurde eine Gesetzesvorlage auf den Weg gebracht, um die unglücklichen Opfer zu entschädigen.

Charles Stanhope war der erste, der für seine Beteiligung an den Machenschaften der Kompanie zur Rechenschaft gezogen wurde. Zu seiner Verteidigung brachte er vor, er habe einige Jahre lang sein gesamtes Geld in Knights Hände gelegt und alle Aktien, die dieser für ihn erworben habe, ordentlich bezahlt. Von den Aktien, die Turner, Caswall and Co. für ihn gekauft hatten, behauptete er nichts zu wissen. Was immer diesbezüglich geschehen sei, habe er nicht genehmigt, weshalb er auch nicht dafür zur Verantwortung gezogen werden könne. Tatsächlich nahm die Firma Turner and Co. die Schuld auf sich, aber für jede unvoreingenommene Person war offensichtlich, dass Stanhope 250.000 Pfund verdient hatte, die diese Firma für ihn verwaltete. Dennoch wurde er mit einer knappen Mehrheit von nur drei Stimmen freigesprochen, was er dem entschlossenen Einsatz seiner Verbündeten im Parlament verdankte. Lord Stanhope, der Sohn des Grafen von Chesterfield, trat an sämtliche unentschlossenen Mitglieder des Hauses heran und setzte all seine Überredungskraft ein, um sie dazu zu bewegen, entweder für den Freispruch zu stimmen oder nicht an der Abstimmung teilzunehmen. Tatsächlich ließen sich viele tollpatschige Abgeordnete aus der Provinz von ihm überreden. Der Freispruch löste landesweit Empörung aus. Auf den Straßen Londons versammelten sich aufgebrachte Volksmengen. Man befürchtete Furcht – vor allem, da allgemein damit gerechnet wurde, dass das Verfahren gegen einen noch größeren Übeltäter einen ähnlichen Ausgang nehmen würde. Schatzkanzler Aislabie, von dem man ungeachtet seiner persönlichen Prinzipientreue allein deshalb Ehrlichkeit hätte erwarten dürfen, weil er ein derart hohes Amt bekleidete und große Verantwortung trug, galt mit Recht als vielleicht schlimmster Krimineller von allen an der Südsee-Blase Beteiligten. Sein Verfahren wurde mit großer Spannung erwartet, und in den Aufenthaltsräumen und Gängen des Parlaments drängten sich zahlreiche Zuschauer, die dem Urteil entgegenfieberten. Die Debatte dauerte einen ganzen Tag. Aislabie konnte nur wenige Parlamentsmitglieder für sich gewinnen, denn seine Schuld war so eindeutig und sein Verhalten so schändlich, dass niemand den Mut hatte, sich schützend vor ihn zu stellen. Das ohne Gegenstimme beschlossene Urteil lautete, Aislabie habe den zerstörerischen Südseeschwindel begünstigt, um sich persönlich zu bereichern, und die Direktoren der Kompanie in ihren betrügerischen Praktiken unterstützt, um die Wirtschaft und die Finanzen des Königreichs zu ruinieren. Wegen dieser Vergehen sollte er unehrenhaft aus dem House of Commons ausgeschlossen und unter strenger Bewachung im Londoner Tower eingesperrt werden. Er durfte ein Jahr lang oder bis zum Ende der folgenden Sitzungsperiode des Parlaments das Königreich nicht verlassen. Er musste eine genaue Aufstellung seines gesamten Vermögens vorlegen, das beschlagnahmt und zur Entschädigung jener verwendet werden sollte, die unter seinen Missetaten gelitten hatten.

Das Urteil löste einen Begeisterungssturm aus. Obwohl es erst eine halbe Stunde nach Mitternacht verkündet wurde, verbreitete sich die Nachricht wie ein Lauffeuer in der Stadt. Viele Bürger beleuchteten ihre Häuser zum Zeichen der Freude. Als Aislabie am folgenden Tag in den Tower gebracht wurde, versammelte sich dort der Pöbel, um ihn zu verhöhnen und mit Steinen zu bewerfen. Da die Menge seiner nicht habhaft werden konnte, zündete sie vor dem Tower ein großes Feuer an und veranstaltete einen ausgelassenen Freudentanz. Auch an anderen Orten wurden wie an einem Feiertag Freudenfeuer angezündet, und die Leute beglückwünschten einander, als wären sie gerade einer Katastrophe entgangen. Der Freispruch für Stanhope hatte die Wut der Bevölkerung derart angefacht, dass niemand daran zu denken wagte, was geschehen wäre, hätte Aislabie ein ähnlich mildes Urteil gefunden.

Zur Beruhigung der Öffentlichkeit trug auch bei, dass Sir George Caswall von der Firma Turner, Caswall und Co. am folgenden Tag aus dem Parlament ausgeschlossen, in den Tower gesperrt und zur Rückzahlung des Betrags von 250.000 Pfund gezwungen wurde.

Als nächstes beschäftigte sich das Hohe Haus mit jenem Teil des Berichts des geheimen Sonderausschusses, der dem Grafen von Sunderland gewidmet war. Es wurde alles getan, um seine Lordschaft von der Schuld reinzuwaschen. Da die gegen ihn erhobenen Vorwürfe in erster Linie auf den Beweisen beruhten, die Sir John Blunt abgerungen worden waren, wurde alles getan, um den Eindruck zu erwecken, dass Blunts Aussagen nicht glaubwürdig seien, vor allem nicht jene, die die Ehre eines Peers und Angehörigen des Kronrats betrafen. Sämtliche Anhänger der Regierung schlugen sich auf die Seite des Grafen, da allgemein vermutet wurde, dass ein Schuldspruch die Tories an die Macht bringen würde. Schließlich wurde er mit einer Mehrheit von 233 gegen 172 Stimmen freigesprochen, aber das von seiner Schuld überzeugte Land reagierte erneut aufgebracht. Ein weiteres Mal strömten in London bedrohliche Menschenmengen zusammen, obwohl es glücklicherweise nicht zu Ausschreitungen kam.

Am selben Tag starb James Craggs der Ältere. An diesem Morgen hätte sein Fall behandelt werden sollen. Es wurde allgemein vermutet, dass er Gift geschluckt hatte. Doch offenbar hatte ihn die Trauer über den Verlust seines Sohns, des Ministers James Craggs des Jüngeren, der fünf Wochen vorher an den Pocken gestorben war, vollkommen zermürbt. Für seinen über alles geliebten Sohn hatte er gewaltige Reichtümer angehäuft. Er hatte sich auf unehrenhafte Art Geld beschafft, und nun war der Sohn tot, für den er seine Ehre aufs Spiel gesetzt und seinen Namen besudelt hatte. Die Furcht vor einer weiteren Bloßstellung vergrößerte seine Seelenpein noch und trieb ihn schließlich in einen Schlaganfall, den er nicht überlebte. Er hinterließ ein Vermögen von anderthalb Millionen Pfund, das später beschlagnahmt wurde, um die Opfer der Täuschung, zu der er maßgeblich beigetragen hatte, zu entschädigen.

Das Parlament untersuchte der Reihe nach jeden einzelnen Direktor der Südsee-Kompanie. Zur Wiedergutmachung des angerichteten Schadens wurde eine Summe von zwei Millionen Pfund aus ihrem Vermögen beschlagnahmt. Jedem dieser Direktoren wurde abhängig von der Schwere seiner Schuld und von den Umständen seiner Beteiligung an dem Schwindel ein Restbetrag zugestanden, mit dem er von vorne anfangen konnte. Sir John Blunt durfte 5000 Pfund von einem Vermögen von 183.000 Pfund behalten, Sir John Fellows 10.000 von 243.000 Pfund, Sir Theodore Janssen 50.000 von 243.000 Pfund, Edward Gibbon 10.000 von 106.000 Pfund und Sir John Lambert 5000 von 72.000 Pfund. Andere, deren Schuld geringer war, wurden nachsichtiger behandelt. Der Historiker Edward Gibbon, dessen Großvater Edward Gibbon damals eine so hohe Entschädigung zahlen musste, liefert in seiner Autobiografie eine aufschlussreiche Darstellung der damaligen Verfahren im Parlament. Er räumt ein, kein vorurteilsfreier Zeuge zu sein, aber da sämtliche Autoren, die sich zu den Vorgängen in jener katastrophalen Zeit geäußert haben, der anderen Seite zuneigten, ist die Schilderung dieses großen Historikers von besonderem Wert. Seine Meinung verdient allein deshalb Beachtung, weil stets auch die andere Seite gehört werden sollte.

»Im Jahr 1716«, schreibt Gibbon, »wurde mein Großvater ins Direktorium der Südsee-Kompanie gewählt, und seine Bücher beweisen, dass er vor dem Antritt dieses verhängnisvollen Amts unabhängig davon ein Vermögen von 60.000 Pfund erworben hatte. Aber dieses Vermögen wurde ihm weggenommen, als das Schiff im Jahr 1720 sank, und der Ertrag 30-jähriger Arbeit ging an einem einzigen Tag verloren. Ich bin weder sachkundig noch unparteiisch genug, um beurteilen zu können, ob das Südsee-Projekt ein anständiges Geschäft oder ein Betrug war und ob mein Großvater und seine Kollegen im Direktorium schuldig oder unschuldig waren. Aber der ausgewogene Betrachter muss im Rückblick die brutalen und willkürlichen Verfahren verurteilen, die der Sache der Gerechtigkeit schadeten und das Unrecht nur noch verschlimmerten. Kaum war die Nation aus ihren goldenen Träumen erwacht, da forderte nicht nur die Volksseele, sondern auch ein von blinder Wut erfülltes Parlament ein Opfer. Aber allen Beteiligten war klar, dass es keine Gesetze gab, um die Direktoren zur Rechenschaft zu ziehen, so groß ihre Schuld auch sein mochte. Die maßlos übertriebenen Forderungen von Lord Molesworth wurden nicht buchstäblich umgesetzt, aber es wurde ein rückwirkendes Sondergesetz verabschiedet, das dazu diente, Verstöße zu bestrafen, die zu der Zeit, als sie begangen worden waren, gar nicht als solche existiert hatten. Das Parlament schränkte die persönlichen Rechte der Direktoren ein, setzte eine exorbitante Bürgschaft fest, um ihr Erscheinen zu garantieren, und brandmarkte sie im Voraus als unehrenhafte Charaktere. Sie wurden gezwungen, unter Eid den exakten Wert ihrer Besitztümer offenzulegen, und durften nicht den geringsten Teil davon übertragen oder veräußern. Auch einer Person, die einem Sondergesetz unterworfen wird, steht das Grundrecht zu, sich von ihrem Verteidiger befragen zu lassen. Die Beschuldigten baten darum, gehört zu werden, was ihnen jedoch verweigert wurde, denn ihre Unterdrücker brauchten keine Beweise und waren nicht bereit, sich ihre Rechtfertigung anzuhören. Anfangs war vorgeschlagen worden, den Direktoren ein Achtel ihres Vermögens für ihren Lebensunterhalt zu lassen, aber in Anbetracht des unterschiedlichen Reichtums und der verschiedenen Schwere ihrer Schuld war man der Meinung, damit wären viele von ihnen nicht genug gestraft, während die Strafe für andere möglicherweise zu hart ausfallen würde. So wurden der Charakter und das Verhalten jedes Mannes einzeln beurteilt, aber die Angeklagten wurden nicht von einem besonnenen Gericht gehört, sondern das Vermögen und die Ehre von 33 Engländern wurden einer gesetzlosen, wütenden Meute zum Fraß vorgeworfen. Das geringste Mitglied eines Ausschusses konnte mit einer bösartigen Bemerkung oder seinem Votum in einer geheimen Abstimmung seiner allgemeinen Wut oder einer persönlichen Abneigung freien Lauf lassen. Dem Vorwurf wurde eine Beleidigung hinzugefügt, und die Beleidigung wurde durch den Spott verschlimmert. Mit großem Vergnügen hielt man den Beschuldigten Beträge von 20 Pfund oder auch 1 Schilling vor. Ein unbestätigter Bericht über die frühere Beteiligung eines Direktors an einem anderen Projekt, bei dem angeblich einige nicht näher genannte Personen Geld verloren hatten, wurde als Beweis für die Schuld des Mannes im vorliegenden Fall zugelassen. Ein Direktor wurde ruiniert, weil er eine unbedachte Bemerkung darüber hatte fallen lassen, dass er seine Pferde mit Gold füttern werde. Einem anderen wurde zum Verhängnis, dass er in großem Hochmut erzogen worden war und eines Tages im Schatzamt einer sehr viel höher gestellten Person eine ehrerbietige Antwort versagt hatte. Sie alle wurden in Abwesenheit und ohne Anhörung zu willkürlichen Geldbußen und Beschlagnahmungen verurteilt, die den Großteil ihres Vermögens verschlangen. Eine derart willkürliche Unterdrückung kann kaum mit der Allmacht des Parlaments gerechtfertigt werden. Mein Großvater durfte nicht erwarten, nachsichtiger behandelt zu werden als seine Kollegen. Aufgrund seiner Prinzipien und seiner Verbindungen zu den Tories war er der herrschenden Partei ein Dorn im Auge. Jede Erwähnung seines Namens ging mit Verdächtigungen einher. Seine allgemein bekannten Fähigkeiten machten es unmöglich, sein Verhalten mit Unkenntnis oder Irrtum zu entschuldigen. Er zählte zu Beginn der Verhandlungen gegen die Südsee-Direktoren zu den ersten, die in Gewahrsam genommen wurden, und die Höhe seiner Geldbuße machte ihn zu einem der Hauptschuldigen. Insgesamt schätzte er sein Vermögen gegenüber dem Unterhaus unter Eid auf 106.543 Pfund, 5 Schilling und 6 Pence nach Rückerstattung einiger Beträge. Man erwog, ihm 15.000 oder 10.000 Pfund zu lassen, gestand im schließlich jedoch nur den kleineren Betrag zu. Mit diesem kärglichen Überrest seines Besitzes baute mein Großvater mit dem Talent und dem Ansehen, das ihm das Parlament nicht hatte nehmen können, in einem reifen Alter ein neues Vermögen auf. Die Arbeit von 16 Jahren wurde reichlich belohnt, und ich habe Grund zu der Annahme, dass sein zweites Vermögen nicht geringer war als das erste.«

Nach der Bestrafung der Direktoren wandte sich das Parlament der Sanierung der Staatsfinanzen zu. Walpoles Plan war als unzureichend verworfen worden. Am Ende des Jahres 1720 wurde das gesamte Kapital der Südsee-Kompanie berechnet. Es belief sich auf knapp 38 Millionen Pfund, wobei die Aktien, die den Eigentümern zugeteilt worden waren, nur einen Nennwert von 24,5 Millionen Pfund hatten. Die übrigen gut 13 Millionen Pfund gehörten der Kompanie als Gesellschaft. Dies war der Gewinn, den sie dank des nationalen Spekulationsrauschs erzielt hatte. Mehr als 8 Millionen Pfund des Gesellschaftskapitals wurden nun unter den Aktionären und Zeichnungsberechtigten verteilt, womit sie eine Dividende von 33 Pfund, 6 Schilling und 8 Pence pro Aktie (mit einem Nennwert von 100 Pfund) erzielten. Dies war eine große Erleichterung für die Aktionäre. Des Weiteren musste die Gesellschaft auf sämtliche Forderungen gegen jene Personen verzichten, die von der Südsee-Kompanie Geld auf Aktien geliehen hatten, die zum Zeitpunkt der Beleihung bereits übertragen oder verpfändet gewesen waren, sofern die Kreditnehmer zehn Prozent des Darlehensbetrags zurückzahlten. Auf diese Art waren zu der Zeit, als der Aktienkurs maßlos überhöht gewesen war, elf Millionen Pfund verliehen worden. Nun, da der Kurs wieder auf ein normales Niveau gesunken war, erhielt die Gesellschaft 1,1 Millionen Pfund davon zurück.

Es sollte jedoch lange dauern, bis das Vertrauen der Öffentlichkeit wiederhergestellt war. Die Gesellschaft war wie Ikarus zu hoch geflogen, und als das Wachs, das ihre Schwingen zusammengehalten hatte, geschmolzen war, war sie ins Meer gestürzt. Als sie im Wasser trieb, war ihr klar geworden, dass sie mit beiden Beinen am Boden bleiben musste. Sie hat nie wieder versucht, sich in die Lüfte zu erheben.

Seit damals ist bei mehreren Gelegenheiten in wirtschaftlichen Blütezeiten eine Neigung zu übermäßiger Spekulation zu beobachten gewesen. Der Erfolg einer Unternehmung bringt in einer Handelsnation normalerweise Nachahmer hervor und lockt eine gewinnsüchtige Gemeinschaft leicht in einen Abgrund, aus dem sie sich nur schwer wieder befreien kann. Spekulationsblasen wie jene, die das Südsee-Projekt anschwellen ließ, waren auch im Jahr 1825 zu beobachten, im Jahr der großen Panik. Wie im Jahr 1720 bereicherten sich auch in jenem Jahr die Gauner auf Kosten der Habgierigen, aber die einen wie die anderen mussten büßen, als der Tag der Abrechnung kam. Eine ähnliche Katastrophe drohte in der Spekulationswelle des Jahres 1836, doch in diesem Fall wurde die Gefahr zum Glück erkannt, bevor es zu spät war.[52]

---

52) In der britischen Geschichte gab es bis 1845 kein besseres Beispiel als das Südsee-Projekt für den Hang der Menschen zur Spekulation. Die erste Ausgabe der vorliegenden Abhandlung erschien einige Zeit vor dem »großen Eisenbahnwahn« im Jahr 1845.

Joseph de la Vega (1688):

Verwirrung, List und Spekulation an der Amsterdamer Börse

Confusión de Confusiones

Auf die Börse macht die Erwartung eines Ereignisses einen sehr viel tieferen Eindruck als das Ereignis selbst.

Die Sprachverwirrung an der Börse ist nicht meine Schuld. Der Jargon wurde von den geschäftlichen Erfordernissen hervorgebracht. Er erwies sich als praktisch und bürgerte sich ein. Ich verkaufe die Ausdrücke zu Selbstkosten und profitiere nur davon, dass ich sie Euch nahe bringen und erklären darf. …

Denn an diesem Punkt sind wir alle gleich: steigen die Preise, so glauben wir, sie würden weiter steigen, und steigen sie weiter, ohne dass wir gekauft haben, so befürchten wir, wir könnten den Anschluss endgültig verlieren.

Joseph de la Vega
Confusión de Confusiones

Joseph de la Vega und die Amsterdamer Börse im 17. Jahrhundert

Hermann Kellenbenz

Wer sich mit Joseph Penso de la Vegas *Confusión de Confusiones* befasst, wird rasch feststellen, dass er es hier mit einem literarischen Sonderfall zu tun hat. Es handelt sich um ein von einem portugiesischen Juden in Spanisch geschriebenes und im Jahr 1688 in Amsterdam veröffentlichtes Buch in Dialogform, das mit zahlreichen biblischen, historischen und mythologischen Anspielungen ausgeschmückt ist. Und der Gegenstand dieses eigentümlichen Werkes ist die Börse. Es liegt auf der Hand, dass hier einiges zu erklären ist.

I

Joseph de la Vega war ein Mitglied der sephardischen Gemeinde von Amsterdam. Als Sephardim wurden jene Juden bezeichnet, deren Vorfahren auf der iberischen Halbinsel ansässig gewesen waren, während man die Juden von mittel- oder osteuropäischer Herkunft als Aschkenasim kannte. Im 15. Jahrhundert übte die Kirche in Spanien und Portugal erheblichen Druck auf die Juden (sowie auf die Mauren) aus, um sie dazu zu bewegen, zum Christentum überzutreten. Einige beugten sich dem Druck, andere ließen lediglich die Formalitäten über sich ergehen, während sie heimlich an ihrem eigentlichen Glauben festhielten. Als die nicht konvertierten Juden (und

Mauren) im Jahr 1492 aus Spanien vertrieben wurden, flohen viele von ihnen nach Portugal, aber im Jahr 1536 führten auch die Portugiesen die Inquisition ein, weshalb sich die andersgläubigen Einwanderer erneut nach einem anderen Zufluchtsort umsehen mussten. Viele der nur pro forma zum Christentum übergetretenen *cristianos nuevos*, wie sie in Spanien genannt wurden, schlossen sich ihren charakterfesteren Glaubensbrüdern auf der Wanderung an. So mancher spanische und portugiesische Jude, der in dieser zweiten Migrationswelle mitzog, wurde wahrscheinlich auch von den wirtschaftlichen Chancen angelockt, die sich den tatkräftigen Zuwanderern in den nordeuropäischen Städten boten.

Wie dem auch sei, die Familie de la Vega zählte vermutlich zu den »neuen Christen«. Eine frühere Generation war nach Portugal ausgewandert. Möglicherweise unter dem Druck der Inquisition kehrte die Familie nach dem Jahr 1536 nach Spanien zurück, um hundert Jahre später in die Niederlande zu ziehen. Am Unterlauf der Elbe und der Amstel waren bereits große jüdische Kolonien entstanden, und in der neuen Heimat konnten die Sephardim zu ihren religiösen Traditionen zurückkehren. Die ersten derartigen Einwanderer waren Ende des 15. Jahrhunderts in der Region aufgetaucht. Im Lauf des folgenden Jahrhunderts schwoll der Zustrom an, und zu der Zeit, als *Confusión de Confusiones* erschien, hatten die sephardischen Gemeinden in Nordeuropa den Höhepunkt ihres Einflusses erreicht. In diesen Gemeinschaften wurde vor allem Portugiesisch gesprochen, da dies die offizielle Sprache ihrer Kongregationen war. Daher wurden ihre Mitglieder von den Nichtjuden als »Portugiesen« oder »portugiesische Juden« bezeichnet. In Anbetracht dessen ist es besonders bemerkenswert, dass jene Angehörigen dieser Religionsgemeinschaft, die literarische Ambitionen hatten, ihre Gedichte, Theaterstücke, juristischen Abhandlungen und sonstigen Arbeiten in Spanisch verfassten. Es ist anzunehmen, dass die gebildeten Schichten eher Spanisch als Portugiesisch oder Niederländisch sprachen oder dass die Sephardim unabhängig von ihrer Muttersprache im Allgemeinen des Spanischen mächtig waren.

In Amsterdam fanden die Einwanderer mehr wirtschaftliche Chancen und größere Freiheit vor als in Hamburg, weshalb die jüdische Gemeinde in Amsterdam jene in der Stadt an der Elbe bald in den Schatten stellte. Allerdings muss jede Aussage zur größeren Freiheit in Amsterdam in den Kontext des Lebens im Europa des 17. Jahrhunderts eingeordnet werden. Kirche und Gilden unterwarfen die Juden auch in dieser Stadt zahlreichen Beschränkungen. Beispielsweise wurde den Juden am 29. März 1632 per Dekret verboten, in

Amsterdam einer der Tätigkeiten nachzugehen, die von den heimischen Gilden geregelt wurden. Und die Juden hatten keinen Zugang zu den Gilden. Sie durften nicht mit Waren hausieren oder Läden betreiben. Sie durften nur jenen Handwerksberufen nachgehen, die mit der Ausübung ihrer Religion zusammenhingen oder die nicht in Gilden organisiert waren. Diese Ausnahmeregelungen erlaubten es ihnen, Metzger, Geflügelhändler und Bäcker zu werden, und sie konnten einer Handwerkskunst wie dem Diamantenschleifen nachgehen. Vor allem aber standen ihnen der Großhandel mit Waren und der Betrieb von Schifffahrtsgesellschaften offen. Eine begrenzte Zahl von Juden durfte auch als Makler tätig werden, während andere als Geldverleiher, Geldwechsler und dergleichen arbeiteten.

Neuere Forschungen haben gezeigt, dass die wirtschaftliche Bedeutung der portugiesischen Juden in Amsterdam in der Geschichtsschreibung lange Zeit überschätzt wurde. Den seit kurzem zugänglichen Aufzeichnungen der Bank von Amsterdam und den Steuerregistern der Jahre 1631, 1674 und 1743 ist zu entnehmen, wie sich ihre finanzielle Lage besserte, wie ihr Wohlstand im Lauf der Zeit wuchs und wie sich die größten sephardischen Vermögen im Vergleich zu jenen der größten nichtjüdischen Unternehmungen entwickelten. Diese Dokumente zeigen, dass die größten Vermögen und die größten Finanztransaktionen *de facto* bei den einheimischen Familien der Regenten und Patrizier zu finden waren. Allerdings war der Anteil jener, die am wirtschaftlichen Leben Amsterdams teilnahmen, bei den »Portugiesen« höher als bei der übrigen Bevölkerung. Neuere Forschungen haben zudem gezeigt, dass der Wohlstand der portugiesischen Juden in erster Linie auf dem Warenhandel beruhte, das heißt auf der Einfuhr von Zucker, Gewürzen, Salz, Farben, Holz, Edelsteinen und Edelmetallen aus dem Süden und auf der Ausfuhr von Rohstoffen sowie wertvollen Fertigerzeugnissen.[53]

Jedenfalls scheinen sich die »Portugiesen« aktiv an den finanziellen Aktivitäten einschließlich der Spekulation beteiligt zu haben. Fest steht, dass ihnen die für sie geltenden Bestimmungen zumindest diesen Weg wiesen, aber es ist auch eine Tatsache, dass Juden, die als vorgebliche Christen gute Verbindungen zu den Märkten in den iberischen Ländern gehabt hatten, diese Kontakte mit einiger Wahrscheinlichkeit eingebüßt hatten, als sie zu ihrem ursprüng-

53) Wir werden den Umfang der sephardischen Handelsaktivitäten erst richtig einschätzen können, wenn die im Gemeente-Archief aufbewahrten Amsterdamer Notariatsurkunden zugänglich gemacht werden, woran der Archivar Dr. S. Hart und seine Mitarbeiter gegenwärtig arbeiten.

lichen Glauben zurückgekehrt und in weit entfernte Länder ausgewandert waren. Zumindest schrieb ein Zeitgenosse von de la Vega, ein kenntnisreicher »englischer Gentleman«, im Jahr 1701 in einer Beschreibung der Niederlande, dass »die Juden in diesem Metier [der Aktienspekulation] führend sind und angeblich 17 von 20 Teilen« des Geschäfts kontrollierten, nämlich den Handel mit Aktien der niederländischen Ostindien-Kompanie. Daher darf angenommen werden, dass Joseph de la Vega als Angehöriger der jüdischen Gemeinde Amsterdams gut über die Börsenspekulation in dieser Stadt informiert war.

II

Die erste Spur der Familie de la Vega findet sich in spanischen Dokumenten. Isaac Penso oder Isaac Penso Felix, der Vater unseres Autors, wurde im Jahr 1608 in Spanien geboren und lebte als *»Cristiano nuevo«* in Espejo, einer kleinen Ortschaft in der Provinz Cordoba. Seine Familie stammte mit einiger Sicherheit aus Portugal, da der Name Penso portugiesischen oder galizischen Ursprungs ist. Im Norden Portugals und im benachbarten Galizien gibt es mehrere Dörfer mit dem Namen Penso. Der Name einer weiteren Familie, von der Isaac Penso abstammen könnte, war Passarinho, was auf Portugiesisch »Vögelchen« bedeutet. Tatsächlich gab es anscheinend eine Reihe portugiesischer Familien aus der Gruppe der »neuen Christen«, die im Lauf des 16. Jahrhunderts nach Spanien zogen (oder zurückkehrten), vor allem in den Jahren, in denen Portugal zu Spanien gehörte.

Isaac Penso heiratete Esther de la Vega.[54] Ihr Erstgeborener Abraham nahm den Familiennamen des Vaters an, aber der zweite Sohn Joseph, unser Autor, führte entsprechend der Tradition seines Volkes den Namen der Mutter. Daher lautete sein vollständiger Name Joseph Penso de la Vega Passarinho, wobei manchmal auch der Familienname Felix hinzugefügt wurde. Doch im Allgemeinen verwendete er den Namen Joseph de la Vega.

Sein Vater Isaac Penso war einer der Unglücklichen, die Bekanntschaft mit der Inquisition gemacht hatten. Im Gefängnis schwor er, im Fall einer Freilassung zum Glauben seiner Vorfahren zurückzukehren. Als er tatsächlich

54) Das Paar hatte vier Söhne und sechs Töchter. Zwei Söhne verbrachten ihr Leben in Amsterdam, die anderen beiden wanderten nach London aus. Alle vier knüpften durch Heirat Bindungen zur Familie von Alvares Vega in Antwerpen. Diese engen familären Bande wurden weiter gefestigt, als auch eine Tochter von Isaac Penso in die Familie Vega einheiratete.

wieder freikam, wanderte er nach Antwerpen aus, wo er sein Versprechen einlösen konnte. Im 17. Jahrhundert gab es in Antwerpen noch eine durchaus große portugiesische Kolonie, der viele Nachkömmlinge »neuer Christen« angehörten. Von Antwerpen zog Isaac Penso nach Hamburg weiter, wo andere Mitglieder seiner Familie lebten. In einem Dokument aus dem Jahr 1647 ist ein Joseph Penso erwähnt, der möglicherweise ein Bruder Isaacs war. Aufschluss über die Stellung von Isaac Penso in der portugiesischen Gemeinde Hamburgs gibt die Tatsache, dass er im Jahr 1655 zum *Parnas*, das heißt zum Ältesten gewählt wurde. Kurze Zeit später zog er nach Amsterdam, wo er vermutlich im Bankwesen tätig wurde. In jedem Fall brachte er es zu Wohlstand und verkehrte mit den angesehensten Mitgliedern der jüdischen Gemeinde. Er wurde mit mehreren Ämtern betraut, stellte sein Haus für religiöse Versammlungen zur Verfügung und war an der Gründung einer der zahlreichen »Talmudakademien« beteiligt, in denen das Studium der Tora gepflegt wurde.[55]

III

Zeitpunkt und Ort der Geburt von Joseph de la Vega können nicht exakt bestimmt werden. Er wurde vermutlich um das Jahr 1650 geboren. Möglicherweise lebten seine Eltern zu dieser Zeit noch in Espejo, aber wahrscheinlich waren sie bereits nach Nordeuropa gezogen. Einen Teil seiner Jugend verbrachte Joseph de la Vega in Leghorn, um sich anschließend in Amsterdam niederzulassen, obwohl er auch Hamburg relativ oft besuchte. Schon bald machte er als begabter Schriftsteller auf sich aufmerksam. Im Jahr 1667 feierte er einen großen Erfolg mit einem hebräischen Drama, das den Titel *Asire ha Tikwah* (Der Gefangene der Hoffnung) trug. Das 1673 in Amsterdam veröffentlichte Werk wurde als Vorreiter einer neuen Epoche der hebräischen Dichtung gefeiert.

Der Familie schwebte für den jungen Joseph eine Laufbahn als Rabbi vor, aber es zeigte sich bald, dass er eher ein Geschäftsmann war. Dabei blieb ihm neben seinen Geschäften genug Zeit zum Schreiben. In seiner Freizeit schrieb er Hochzeitsgedichte, Apologien auf Fürsten, Romane, Reden sowie Ab-

55) Als er im Jahr 1683 starb, widmeten ihm Würdenträger wie Chacham Aboab und Dr. Sarphati de Pina Gedenkreden, und der Poet Daniel Levi de Barrios pries ebenso wie sein Sohn, unser Autor Joseph de la Vega, in einer Trauerrede seinen Charakter und seine Leistungen.

handlungen zu moralischen und philosophischen Fragen. Er schloss sich der 1676 von dem spanischen Gesandten Manuel de Belmonte gegründeten Academia de los Sitibundos an, in der er als Mitglied der Jury Preise für Lyrik vergab. Als Belmonte im Jahr 1685 einen literarischen Debattierzirkel – die Academia de los Foridos – gründete, wurde de la Vega zum Sekretär der Einrichtung ernannt. Um seinen intellektuellen Horizont zu erweitern, reiste er nach Antwerpen (in der Geburtsstadt seiner Frau wurden mehrere seiner Arbeiten veröffentlicht), nach Leghorn und möglicherweise auch nach Espejo. Seine Zeitgenossen priesen sein Wissen, seine Phantasie, seine Sprachbegabung und sein literarisches Können.

Trotz sorgfältiger Studien ist es bisher nicht gelungen, eine vollständige Liste der Werke von Joseph de la Vega aufzustellen. Im Vorwort einer Sammlung seiner Novellen, die im Jahr 1683 unter dem Titel *Rumbos Peligrosos* (Gefährliche Reisen) veröffentlicht wurde, erklärte er, im Lauf der Jahre 200 Briefe zu historischen sowie zeitgenössischen Themen an Fürsten und Freunde geschrieben zu haben. Er hatte an die Dankbaren ebenso geschrieben wie an die Unzufriedenen und Trauernden, an die Liebenden und die Fröhlichen, an die Prediger, die Moralisten und die Poeten. Zu seinen bemerkenswerteren Arbeiten zählten neben dem bereits erwähnten Drama ein Trauergebet (*Oración Fúnebre*) für seine Mutter und ein weiteres für seinen Vater. Beide Gebete wurden im Jahr 1683 in Amsterdam veröffentlicht. Er widmete Manuel Teixeira, dem ständigen Gesandten von Königin Christina von Schweden in Hamburg, eine Rede, die er im selben Jahr an der Academia de los Sitibundos hielt. Den portugiesischen Agenten Mose Curiel alias Jeronimo Nunes da Costa würdigte er mit einer Lobschrift über das mosaische Gesetz. Eine weitere Lobrede anlässlich der Befreiung Wiens in den Türkenkriegen widmete er dem polnischen König Jan Sobieski. Im Jahr 1683 erschien die bereits erwähnte Novellensammlung *Rumbos Peligrosos*. Die Novellen waren im italienischen Stil geschrieben und sollten durch ihren prätentiösen Stil glänzen. Im Jahr 1685 veröffentlichte de la Vega eine Sammlung der vor der Academia de los Floridos gehaltenen Reden. Und dann kam seine bemerkenswerteste Arbeit, jenes in Dialogform geschriebene Buch über die Vorgänge an der Amsterdamer Börse, das im Jahr 1688 unter dem Titel *Confusión de Confusiones* erschien. Zwei Jahre später widmete er König Wilhelm III. von England eine kleine Arbeit, und seine letzte bekannte Publikation, die er dem portugiesischen Gesandten in Den Haag, Diego de Mendoza Corte Real, widmete, ist mit 15. März 1692 datiert.

Offenbar starb er kurze Zeit später. Er wurde wie sein Vater auf dem Oudekerk-Friedhof an der Amstel begraben.

IV

Am 24. Mai 1688 unterzeichnete Joseph de la Vega einem Brauch jener Zeit gehorchend eine Widmung für seine Dialoge über die Geschäfte an der Amsterdamer Börse. Der Adressat war Duarte Nunes de Costa, ein angesehenes Mitglied der portugiesischen Gemeinde jener Stadt. Der Großvater und der Vater dieses Mannes hatten König Johann IV. wichtige Dienste bei der Wiederherstellung der portugiesischen Krone geleistet. Der Vater Jeronimo Nunes de Costa gehörte zu jenen Mitgliedern der jüdischen Gemeinde Amsterdams, die im Jahr 1673 den Grundstein für die neue Synagoge gelegt hatten. Wie bereits erwähnt, hatte ihm de la Vega im Jahr 1683 eine Lobrede gewidmet. Nun wurde Jeronimos Sohn Duarte (der innerhalb der Gemeinde Jakob) genannt wurde, mit der Widmung des Buchs über die Börse geehrt. Ein Blick auf diese Widmung vermittelt einen guten Eindruck von dem blumigen, affektierten Stil, auf den de la Vega so stolz war. Er trieb die für die Autoren seiner Zeit charakteristische Üppigkeit der Sprachbilder auf die Spitze, flocht Girlanden schmuckvoller Gedanken und Vergleiche um das Wort *acciones* (Aktien), spielte mit dem Wort *costa* (Küste) auf den Adressaten der Widmung an, und jonglierte mit dem Wort *paxaro*, das ihn an seine eigenen Vorfahren erinnerte. Auch im Vorwort und im Hauptteil der Abhandlung hielt er an diesem Stil fest. Die vier Dialoge zwischen einem Philosophen, einem Kaufmann und einem Aktionär sollten die Schilderung der Geschehnisse an der Börse mit Leben erfüllen. Unterbrochen wurden sie immer wieder durch seichte und gekünstelte, zugleich jedoch gelehrte Exkurse in die Mythologie, die Philosophie, das Alte Testament und die klassische Dichtung. Auf diese Art wollte der Autor einen neuen Stil begründen, der »niemanden nachahmt, um selbst von niemandem nachgeahmt zu werden«. Dabei trieb er es sehr weit: Der angestrebte *estilo culto* erwies sich als kompliziert und affektiert, was eine Gewähr dafür war, dass de la Vega keine zeitgenössischen Nachahmer fand, während das Werk für den heutigen Leser an vielen Stellen einigermaßen unzugänglich ist.

Im Vorwort zu seinem Buch nannte der Autor drei Beweggründe für diese Arbeit: Erstens hatte er die Dialoge zu seinem eigenen Vergnügen geschrieben, zweitens wollte er denen, die sich nicht am Börsenhandel beteiligten, eine Tätigkeit erklären, die er als die anständigste und nützlichste ihrer Zeit betrachtete, und drittens wollte er die Kniffe beschreiben, deren sich jene bedienten, die dieses Geschäft mit unlauteren Absichten betrieben. Was den letzten Punkt anbelangt, so wollte er die Leser davor warnen, sich an der Spekulation zu beteiligen, indem er ihnen die Augen für betrügerische Machenschaften öffnete und die Übeltäter entlarvte. Er verglich das Leben an der Börse mit einem Labyrinth und versicherte seinen Lesern, dass dieser Vergleich keineswegs übertrieben sei: Was er schreibe, könne möglicherweise übersteigert wirken, aber es sei tatsächlich lediglich eine lebensnahe Beschreibung der Vorgänge. Den Titel *Confusión de Confusiones* hatte er gewählt, weil seiner Ansicht nach jeder rationale Zweck der Aktivitäten an der Börse von einem irrationalen überlagert war und weil man dort einen Trick anwenden konnte, ohne dies mit barer Münze heimgezahlt zu bekommen. Daher, so de la Vega, bewegte man sich an der Börse in einer Schattenwelt, die niemand wirklich verstehe oder exakt beschreiben könne.

In Anbetracht dieser Komplexität war die literarische Form des Dialogs vollkommen angebracht. Die hypothetischen Gespräche zwischen den drei Figuren gaben dem Autor die Möglichkeit, jedes Problem aus verschiedenen Richtungen zu beleuchten, ohne auf langatmige Erläuterungen angewiesen zu sein. Außerdem entsprach diese Form auch de la Vegas Beziehung zum Gegenstand seiner Untersuchung. Er konnte den Anschein von Objektivität wahren und zugleich seine eigenen Ansichten vorbringen, indem er sie einer oder mehreren seiner Figuren in den Mund legte. Die allgemeine Einschätzung ist, dass sich der Autor zur Darstellung seiner persönlichen Sicht im Allgemeinen des »Aktionärs« bedient.

Der Dialog als literarische Form hatte im Jahr 1688 bereits eine lange Geschichte hinter sich: Er war in der Bibel und in klassischen Schriften, unter denen vor allem Platons *Dialoge* zu nennen sind, zum Einsatz gekommen. In der Renaissance hatten sich Petrarca, Erasmus und andere des Dialogs bedient. Sollte sich de la Vega unter den spanischen Autoren umgesehen haben, so fand er problemlos Beispiele in den Schriften von Lopez de Mendoza, Juan de Valdes oder Cervantes, dessen *Coloquio de los Perros* (*Zwiegespräch der Hunde*) schon damals ein berühmtes literarisches Werk war. Selbst ausgesprochen technische Fragen wurden zu jener Zeit in Dialogen behandelt – man nehme zum Beispiel Machiavellis *Dell'Arte della Guerra* (*Von der Kriegskunst*) aus dem Jahr 1520.

V

Als de la Vega sein Buch veröffentlichte, waren der Handel und die Spekulation mit Aktien noch keine hundert Jahre alt, obwohl natürlich schon länger mit Gütern spekuliert wurde. Schon in der Mitte des 16. Jahrhunderts wurde in Amsterdam auf Getreide und einige Zeit später auch auf Heringe, Gewürze, Waltran und sogar Tulpen spekuliert. Der Ort, an dem solche Geschäfte abgewickelt wurden, war die Amsterdamer Börse. Diese Einrichtung war einem Markt unter freiem Himmel am Warmoestraat entsprungen, zog später für eine Weile zur Nieuwen Brug um (die »neue Brücke« über den Damrak) und siedelte sich anschließend am »Kirchplatz« nahe der Oude Kerk an, wo sie blieb, bis die Amsterdamer Kaufleute im Jahr 1611 ein eigenes Börsengebäude errichteten.

Der Handel und die Spekulation mit Aktien wurden erstmals im Jahr 1602 beobachtet, als die sechs örtlichen »Kammern« für den Handel mit Niederländisch-Indien zur Niederländischen Ostindien-Kompanie verschmolzen wurden. Es wurde amtlich verlautbart, dass sich jeder Einwohner der Sieben Vereinigten Provinzen an der Kompanie beteiligen könne. Die Bezugsrechte, die mit den Anzahlungen erworben wurden, wurden anfangs als *paerten, partieen* oder *partijen* bezeichnet, wobei all diese Begriffe von der »Partizipation« im Seehandel abgeleitet waren. Die Verwendung des Worts *actie* ist erstmals im Jahr 1606 nachgewiesen. Die Möglichkeit, diese »Beteiligungen« zu kaufen und zu verkaufen, wurde dadurch gewährleistet, dass jeder Aktieninhaber sämtliche oder einen Teil seiner Anteile gegen Zahlung einer Gebühr auf eine andere Person übertragen konnte. Die Amsterdamer Kaufmannskammer zeichnete mehr als die Hälfte des gesamten Kapitals der Ostindien-Kompanie, und da dieser Anteil am Gesellschaftskapital aufrechterhalten blieb, entwickelte sich in Amsterdam ein besonders reger Aktienhandel.

Schon wenige Tage nach dem Ende der ursprünglichen Zeichnungsfrist hatte der emsige Handel mit den Aktien der Niederländischen Ostindien-Kompanie dazu geführt, dass ihr Preis um 14 oder 15 Prozent über den Nennwert gestiegen war. Der Höhenflug der Aktie setzte sich fort, und im Jahr 1607 hatte sich ihr Kurs nahezu verdoppelt. Doch im Jahr darauf schrumpfte ihr Marktwert wieder auf 130 Prozent des Nennwerts. Die Erklärung dafür waren Manipulationen einer Gruppe von Spekulanten unter der Führung eines gewissen Isaac Le Marie, die die Macht der niederländischen Kompanie schmälern wollten, um eine rivalisierende französische Gesellschaft gründen zu können.

Diese frühen »Börsenspekulanten« stießen große Aktienpakete ab und versuchten den Kurs zusätzlich zu drücken, indem sie Leerverkäufe durchführten und nachteilige Gerüchte über die niederländische Kompanie in Umlauf brachten. Daher wurde am 27. Februar 1610 ein Edikt erlassen, mit dem derartige Aktivitäten verboten wurden. Das galt vor allem für den »Windhandel«, das heißt für den Handel mit Aktien, die sich nicht wirklich im Besitz des Verkäufers befanden. Hingegen war es »gutgläubigen Aktieninhabern« erlaubt, ihre Papiere zu verkaufen und erst zu einem späteren Zeitpunkt bereitzustellen. Nach dem Ausbruch des Kriegs mit Spanien im Jahr 1621 musste ein zweites Edikt gegen den »Windhandel« erlassen werden. Es folgten weitere Verbote, ohne dass es gelungen wäre, den Verstößen wirksam Einhalt zu gebieten.

Das Handelsvolumen scheint so wie die Preise und der Rückgriff auf Kursmanipulationen beträchtlich geschwankt zu haben. Wie erwähnt, wurde in den ersten Jahren nach der Gründung der Ostindien-Kompanie offenbar sehr viel spekuliert. Zu einer weiteren Spekulationswelle kam es, als im Jahr 1621 die Niederländische Westindien-Kompanie gegründet wurde. Im Zeitraum zwischen 1621 und 1648 sorgte das Auf und Ab im Krieg mit Spanien und im Dreißigjährigen Krieg für heftige Kursschwankungen an der Börse. Es folgten einige Jahre relativer Ruhe, die mit der Spekulationswelle endeten, die der Krise im Jahr 1672 vorausging. Nach einer Unterbrechung von etwa 40 Jahren wurde im Jahr 1677 ein weiteres Dekret veröffentlicht, das die Aktionäre der Ostindien-Kompanie schützen sollte.

In den achtziger Jahren des 17. Jahrhunderts stieg das Handelsaufkommen an der Börse offenbar erneut deutlich, und erstmals begann eine durchaus lebhafte öffentliche Debatte über die mit der Spekulation verbundenen Probleme. Im Jahr 1687 entschloss sich ein Amsterdamer Rechtsanwalt namens Nicolaas Muys van Holy, ein Pamphlet über das Übel des Windhandels zu veröffentlichen. Darin erklärte er, professionelle Aktienhändler hätten nichts anderes im Sinn, als sich in der öffentlichen Verwaltung und den Unternehmen vertrauliche Informationen zu erschleichen, um die gewöhnlichen Anleger zu übervorteilen. Um die Spekulation zurückzudrängen, schlug Muys van Holy vor, alle Aktientransaktionen nicht nur zu registrieren, sondern auch zu besteuern. Der Autor war der Meinung, die »portugiesische Nation« habe wesentlichen Anteil an der Börsenspekulation, vor allem am Handel mit imaginären Einheiten, die als »Dukaton-Aktien« bezeichnet wurden – dazu später mehr. Doch seine Forderungen stießen auf erbitterten Widerstand und wurden mit zahlreichen kritischen Pamphleten beantwortet. Schließlich veröffentlichte der Stadtrat von Amsterdam am 13. Januar 1689 ein Dekret, mit dem die Börsentransaktionen tatsächlich besteuert wurden.

In dieser Zeit erschien auch de la Vegas Buch, das Belege dafür enthält, dass der Autor persönliche Erfahrung mit der Börsenspekulation gewonnen hatte: An einer Stelle erklärt er, wobei er mit einiger Sicherheit übertreibt, er habe nicht weniger als fünfmal ein Vermögen verdient und wieder verloren! Wer in der Lage ist, durch das literarische Labyrinth zur Substanz seines Werks vorzudringen, findet darin eine durchaus wirklichkeitsgetreue Beschreibung des Aktienmarkts.

De la Vega macht den Leser nicht nur mit der Geschichte der Börsenspekulation bekannt, sondern auch mit den damals üblichen spekulativen Praktiken. Und zu unserer Überraschung stellen wir fest, dass die meisten Verfahren, die wir aus dem heutigen Börsenalltag kennen, bereits im 17. Jahrhundert existierten, wenn sie auch teilweise anders benannt wurden. Doch schon damals wurden Ausdrücke wie Marge, Prolongation, Liquidierung, Limit oder Courtage verwendet. Diese Ausdrücke exportierten die Niederländer mit ihrem internationalen Handel und ihren Finanztransaktionen in alle Welt. Und schon damals gab es Haussiers und Baissiers, die jeweils ihre Anhängerschaft unter den Maklern hatten.

Ein in *Confusión de Confusiones* häufig verwendeter Ausdruck, nämlich der »Appell an Frederick«, hat nicht überlebt, da seine Anwendung örtlich und zeitlich begrenzt war. Der Terminus bezieht sich auf eine Bestimmung in den zuvor erwähnten Dekreten, beginnend mit jenem aus dem Jahr 1621 (obwohl dieses vor der Amtszeit des Statthalters Frederick Henry erlassen wurde). Die Bestimmung war tatsächlich Bestandteil der Edikte von 1630 und 1636, die ähnlichen Zielen dienten und in Frederick Henrys Amtszeit erlassen wurden. Die Bestimmung lautete, dass sich der Käufer eines »Short«-Kontrakts (und vielleicht auch einiger anderer) weigern konnte, die getroffenen Vereinbarungen einzuhalten, das heißt er konnte die Vereinbarung anfechten, und seine Klage musste von einem Gericht behandelt werden. Obwohl anscheinend vor Gericht darüber gestritten wurde, welche Personen und Handelstransaktionen unter den Schutz des Edikts fielen, diente dieses offenkundig dazu, die Risiken für die Spekulanten zu erhöhen. In gewissem Sinn kann die Bestimmung über die Möglichkeit, »Frederick um Beistand zu bitten«, als Versuch betrachtet werden, das ausdrückliche Verbot von Leerverkäufen, das im Edikt von 1610 ausgesprochen und in den folgenden Dekreten wiederholt wurde, in der Praxis durchzusetzen.

De la Vegas Auseinandersetzung mit diesen Edikten ist eher nebulös, was möglicherweise daran liegt, dass er kein Jurist war. Damit sind wir bei einer der Schwächen seines Buchs: Das Wertvollste, was der heutige Leser in *Confusión de Confusiones* findet, ist eine »angemessen« realistische Darstellung der Vorgänge an der Amsterdamer Börse. An manchen Stellen widerspricht sich de la Vega, was entweder auf mangelndem Interesse an den Abwicklungsdetails (was man einem Romanautor durchaus nachsehen könnte) oder auf eine gewisse »Konfusion« in seinen eigenen Gedanken zurückzuführen ist. Hin und wieder scheint er wie der Autor eines Dramas zu übertreiben, möglicherweise im Bemühen um eine größere Wirkung. Der Aufbau des Buchs ist zweifellos eine Erklärung und vielleicht auch eine Entschuldigung für beide Merkmale. Vieles deutet darauf hin, dass de la Vega zunächst so etwas wie ein Handbuch schrieb, das möglicherweise für seine Brüder und andere Angehörige der »portugiesischen Nation« bestimmt war, die nach London gezogen waren und wahrscheinlich an der Aktienspekulation teilnehmen wollten, die zu jener Zeit auch dort begann. Später entschloss er sich, aus dieser Schrift ein »literarisches« Werk zu machen. Wenn man die zum Schmuck eingefügten, teilweise hochtrabenden Passagen streicht, stellt man verblüfft fest, dass die verbleibenden Absätze logisch ineinander greifen. Die vorliegende gekürzte Version kommt wahrscheinlich dem ursprünglichen Handbuch nahe. Schließlich enthält das Buch einige Widersprüche, die dem spezifischen Umstand entspringen, dass zwischen dem Beginn der Arbeit und der Fertigstellung des Textes (oder der Überarbeitung) eine Krise über die Ostindien-Kompanie hereingebrochen war. Der vierte Dialog enthält eine genaue Darstellung dieser unglückseligen Episode.

Aufgrund dieser Widersprüche sowie aufgrund der teilweise extremen Komplexität der von de la Vega beschriebenen Transaktionen habe ich mir bei der Übersetzung ins Englische einige Freiheiten genommen. Es wurden in Klammern Worte, Satzglieder und teilweise ganze Absätze ergänzt, um das Verständnis bestimmter Abschnitte zu erleichtern. An anderen Stellen wurden einzelne Sätze oder auch Absätze einigermaßen frei übersetzt. Der Gelehrte findet hier keine wortgetreue Übersetzung der spanischen Originalversion oder auch der später erschienen deutschen und niederländischen Versionen vor. Dennoch wurde selbstverständlich alles getan, um de la Vegas Gedanken wahrheitsgetreu wiederzugeben.

VI

Um die Schilderung der Vorgänge an der Aktienbörse von Amsterdam verständlich zu machen, sind die folgenden Erläuterungen zu den Aussagen im Buch erforderlich:

1. In de la Vegas Buch geht es in erster Linie um ein einziges Wertpapier, nämlich um die Aktie der Niederländischen Ostindien-Kompanie, einer im Jahr 1602 gegründeten Gesellschaft, die sich bis zu dem Zeitpunkt, als de la Vega sein Buch schrieb, sehr vorteilhaft entwickelt hatte. Eine eher untergeordnete Rolle an der Börse spielte die Aktie der Niederländischen Westindien-Kompanie, die um einiges jünger als ihr für den Handel mit den ostindischen Kolonien gegründetes Gegenstück war – sie war 1621 gegründet worden – und geringeren Erfolg gehabt hatte. Zudem war sie im Jahr 1674 umstrukturiert worden, und ihre neuen Aktien waren möglicherweise weniger anfällig für Manipulationen. Staatsobligationen werden im Text nur ein oder zweimal erwähnt, wurden anscheinend jedoch durchaus rege gehandelt. Die Ostindien-Kompanie hatte auch Anleihen begeben, die von de la Vega jedoch nicht spezifisch erwähnt werden.

   Die Aktien der Westindien-Kompanie wurden anscheinend »bei Erscheinen« gekauft und verkauft. In einem 1621 vom niederländischen Parlament erlassenen Edikt heißt es: »Wir haben zuverlässige Informationen darüber, dass einige Männer bereits Aktien der zu gründenden westindischen Kompanie, deren Aktien noch nicht einbezahlt, registriert und übertragen wurden, verkauft haben, um diese Aktien sofort nach der Gründung der Gesellschaft bereitstellen zu können. Derartige Handlungen sind geeignet, unsere Autorität, unsere Entschlossenheit und unsere guten Absichten zunichte zu machen.« Diese Ereignisse trugen sich nur 19 Jahre nach der Gründung der ersten Gesellschaft mit übertragbaren Aktien zu.[56]

2. Die Aktie der Ostindien-Kompanie hatte einen Nennwert von 500 flämischen Pfund oder 3000 Gulden. Im Jahr 1688 wurde sie mit einem Auf-

56) Es sagt auch einiges über den Einfallsreichtum der Niederländer aus, dass dieses Edikt Hinweise darauf enthält, dass sich sowohl Käufer als auch Verkäufer von Aktien der Ostindien-Kompanie darauf geeinigt hatten, die im vorhergehenden Edikt angedrohten Strafen »freizuzeichnen«: Sie vereinbarten, auf die Möglichkeit zu verzichten, die Behörden zu informieren und einen Anteil der Geldbuße einzustreichen.

schlag von 580 Prozent gehandelt. Demnach lag ihr Kurs zu jenem Zeitpunkt bei über 17.000 Gulden. Vielleicht hatte dieser hohe Marktwert etwas damit zu tun, dass alternativ zum Aktienkauf und -verkauf in gutem Glauben Spekulationswerkzeuge entwickelt worden waren.

3. Als die Gesellschaft gegründet wurde, wurden die Aktien von Kaufleuten in verschiedenen niederländischen Städten erworben. Die Aktieninhaber waren in örtlichen »Kammern« organisiert, die sich an der Leitung der Kompanie beteiligten. Amsterdam besaß den größten Teil der Aktien, aber hin und wieder wechselte ein Teil der anderswo gehaltenen Aktien zu Preisen den Besitzer, die überraschend deutlich vom Amsterdamer Börsenkurs abwichen. De la Vega beschränkt sich in seiner Analyse jedoch fast ausschließlich auf die Situation in Amsterdam.

4. In Amsterdam gab es folgende Marktteilnehmer: wohlhabende Anleger; Gelegenheitsspekulanten, bei denen es sich zumeist um Kaufleute aus der Stadt handelte; Berufsspekulanten, die entweder mit tatsächlichen Aktien oder einem Ersatzpapier in geringerer Stückelung handelten; die Bank von Amsterdam; Personen, die für Darlehen Aktien als Sicherheit hinterlegten (bei denen es sich zugleich um »wohlhabende Anleger« handeln konnte); verschiedene Makler; so genannte »Aufrechner«, die für die Abrechnung der »Differenzen« bei Transaktionen mit tatsächlichen Aktien zuständig waren, und zumindest eine vergleichbare Figur, die noch kurz vor dem Jahr 1688 die »Differenzen« bei Transaktionen mit kleinen fiktiven Ersatzaktien (Dukaton-Aktien) ausglich.

5. An der Amsterdamer Börse wurden verschiedene Arten von Transaktionen durchgeführt.

   a. Es wurden tatsächliche Aktien gegen Barzahlung verkauft.

   b. Es fanden vergleichbare Verkäufe statt, bei denen der Betrag für die Bezahlung der Aktien bis zu vier Fünfteln des Wertes von Einzelpersonen geliehen wurde.

   c. Es gab Transaktionen, bei denen zukünftige Abrechnungstermine festgelegt wurden, das heißt Termine jenseits der monatlichen Abrechnungstage. Diese Terminkontrakte dienten anscheinend sowohl spekulativen Zwecken als auch der Absicherung gegen Kursrisiken und wurden sowohl von den Spekulanten als auch von den Kreditgebern verwendet. De la Vega deutet an, dass sich die Kreditgeber durchweg mit solchen Geschäften absicherten. Eine Verpfändung, die bereits im Edikt aus dem Jahr 1610 erwähnt ist, war dem Verkäufer vermutlich für die Laufzeit des Terminkontrakts gestattet.[57] Eine weitere mögliche Regelung, die häufig in Anspruch genommen wurde, bestand darin, dass der Ablauftermin eines solchen Geschäfts verschoben werden konnte, was anscheinend die Zustimmung beider Parteien voraussetzte. Diese Praxis wurde als »Prolongation« bezeichnet.

Bei einem Großteil dieser Termingeschäfte handelte es sich tatsächlich um Leerverkäufe, obwohl derartige Transaktionen gesetzlich untersagt waren.

d. Es gab Optionskontrakte, und zwar zumindest solche der Typen »Call« und »Put«, die unverändert erhalten geblieben sind und bei denen die eine Seite zusagt, auf Aufforderung (*call*) der anderen Seite zu einem bestimmten Zeitpunkt eine bestimmte Menge von Aktien zu einem im Voraus vereinbarten Preis zur Verfügung zu stellen, während sich die andere Seite verpflichtet, zu einem bestimmten Zeitpunkt eine bestimmte Menge von Aktien zu einem festgelegten Preis entgegenzunehmen, wenn sie bereitgestellt werden (*put*). (Offenkundig handelt es sich auch hier um eine Art von Terminkontrakten.) De la Vega lässt an ein oder zwei Stellen durchblicken, dass es auch »Straddle«-Kontrakte gab, das heißt solche, bei denen eine Vertragspartei zusagt, eine bestimmte Menge von Aktien zu einem bestimmten Zeitpunkt zu einem festgelegten Preis entweder bereitzustellen oder zu übernehmen. Allerdings sind die Aussagen des Autors in diesem Punkt nicht eindeutig.

Bei Call- oder Put-Optionen zahlte der Käufer in jedem Fall ein Aufgeld für dieses Vorrecht. Die Höhe des Aufgelds hing von verschiedenen Faktoren ab: von der Laufzeit des Kontrakts, davon, wie der Verkäufer der Option die Wahrscheinlichkeit der Kursbewegungen der fraglichen Aktien einschätzte, von der zum gegebenen Zeitpunkt gehandelten Zahl derartiger Kontrakte sowie von weiteren nicht unbedeutenden Faktoren.

---

57) Der Käufer hatte ebenfalls die Möglichkeit der Beleihung.

Manchmal schlossen in gutem Glauben handelnde Investoren Optionsgeschäfte ab, um sich gegen Kursrisiken abzusichern, doch in der Mehrheit der Fälle dienten diese Kontrakte der Spekulation. Der Käufer einer »Call«-Option hatte (ähnlich wie bei den heutzutage an den Warenbörsen gehandelten »Futures«) im Allgemeinen kein Interesse daran, die Aktie tatsächlich zum festgelegten Zeitpunkt und Preis zu erwerben. Vielmehr ging es ihm um die Differenz zwischen dem Optionspreis und dem Preis, der zum vertraglich festgesetzten Termin auf dem Markt vermutlich für das Papier bezahlt werden würde. Dasselbe könnte man über die Person sagen, die einen Optionskontrakt zum Zweck der Kurssicherung einsetzte: Sie war nicht daran interessiert, Aktien zu erwerben oder zu veräußern.

e. Zusätzlich wurden so genannte »Dukaton-Aktien« gehandelt. (Im Jahr 1688 waren diese Transaktionen noch eine Neuerung, die in der Krise, die eintrat, während de la Vega sein Buch schrieb, wieder aufgegeben wurde.) Aus de la Vegas Angaben geht nicht ganz deutlich hervor, welchen Umfang der Handel mit Dukaton-Aktien hatte. Wissenschaftler, die sich mit diesem Zeitraum befasst haben, sind der Ansicht, dass die Dukaton-Aktien fiktiv waren. Doch de la Vega spricht von Börsenhändlern, die »große Aktien gekauft und Dukaton-Aktien verkauft« hatten, sowie von anderen, die »Dukaton-Aktien gekauft« hatten, weil sie »große Aktien verkauft« hatten. Natürlich kann de la Vega die Worte »gekauft« und »verkauft« hier zur Beschreibung des Erwerbs einer Long- oder Short-Position verwendet haben.

In jedem Fall versichern uns die Experten, dass bei solchen Geschäften der Nennwert dieser »Aktien« einem Zehntel des Nominalwerts der tatsächlichen Aktien der Ostindien-Kompanie entsprach. Selbstverständlich wurde keine tatsächliche Bereitstellung der Wertpapiere erwartet, und der Zweck des gesamten Geschäfts bestand in der Berechnung des Gewinns oder Verlusts an einem monatlichen Abrechnungstermin. Diese Transaktionen wurden tatsächlich von den Parteien dokumentiert. Am in der Vereinbarung festgelegten Abrechnungstag bezahlte jene Partei, die falsch geraten hatte, die »Differenz« zwischen dem erwarteten und dem tatsächlichen Wert. Das Geschäft war so etwas wie eine Wette auf die zukünftige Entwicklung des Aktienmarkts, wobei die Entwicklung des Kurses der Dukaton-Aktien mehr oder weniger eng mit jener des Kurses der realen Aktien zusammenhing.

De la Vega beschreibt, wie zum Zweck der Abrechnung am festgelegten Tag der Wert der fiktiven Aktie ermittelt wurde, nämlich mittels einer entsprechenden Erklärung zweier angesehener Personen. An einer Stelle schildert der Autor, welche Aufregung und Verwirrung an der Börse herrschten, wenn die Feststellung und Bekanntgabe dieses Preises bevorstand. Offenbar beendete ein Vertreter der Börse den Zeitraum, innerhalb dessen Transaktionen durchgeführt werden konnten, indem er einen Stab hob. Einige Händler drängten ihn, er solle den Stab noch nicht heben, während andere lautstark von ihm verlangten, das Ende der Transaktionszeit zu beschleunigen.

An einer Stelle behauptet de la Vega auch, dass Spekulanten, die im Freiverkehr handelten und es sich nicht leisten konnten, Dukaton-Aktien zu kaufen und zu verkaufen, sogar mit Aktien von noch geringerem Nennwert handelten. Aber möglicherweise übertreibt er hier.

6. Es sollte darauf hingewiesen werden, dass ein Großteil der damaligen Börsenspekulation ganz anders aussah als jene, die wir heute kennen. Zumindest dachten die Marktteilnehmer in anderen Begriffen. Heute denkt man beispielsweise in Amerika aufgrund der täglichen Abrechnung an tatsächliche Käufe und Verkäufe, auch wenn ein Teil der Transaktionen nur unter Einsatz geborgter Aktien stattfinden kann. Im Amsterdam des 17. Jahrhunderts – und auch im übrigen Europa und in den folgenden Jahrhunderten – sahen die Spekulanten die »Differenz« zwischen dem, was man erwartete, und dem, was tatsächlich geschah, das heißt die »Differenz« zwischen dem Preis, zu dem man sich verpflichtet hatte, eine Aktie zu kaufen oder zu verkaufen, bereitzustellen oder entgegenzunehmen, und dem Preis, der sich zum festgesetzten Zeitpunkt auf dem Markt gebildet hatte.

Das System der monatlichen Abrechnungen war der Nährboden, auf dem diese Denk- und Handlungsweise gedieh. Man konnte mehrere Schachzüge machen, Positionen verschieben usw., und einige der eigenen Transaktionen glichen andere aus.

Die Möglichkeit dieser Form des »Clearing« brachte die von de la Vega erwähnten *Aufrechner* hervor. Er beschreibt diese Männer als Makler, »deren Geschäft darin besteht, die Verpflichtungen [der Spekulanten, wie es scheint] auszugleichen oder ›aufzurechnen‹ und die Differenzen zu bezahlen oder entgegenzunehmen«. Obwohl berichtet wurde, dass schon Anfang des 17. Jahrhunderts »Aufrechnungen« stattfanden, geht aus de la Vegas Beschreibung hervor, dass diese Aktivität jüngeren Ursprungs war. Allerdings erklärt das nicht, wie für diese Abrechnungsagenten ein derart großer Markt wie der vom Autor beschriebene entstehen konnte.

Eine vergleichbare Funktion erfüllte der von de la Vega erwähnte »Hauptkassierer«, der die Kontrakte über Dukaton-Aktien überwachte und aufzeichnete.

7. Wie bereits angedeutet, wurden die Schulden einmal im Monat abgerechnet. Der Stichtag für reale Aktien war der 20. jeden Monats, und die tatsächliche Zahlung war am 25. fällig. Dukaton-Aktien wurden anscheinend am Monatsersten abgerechnet, obwohl de la Vega an einer Stelle zwei Abrechnungstage zu Beginn des Monats und in der Monatsmitte nennt.

8. Anscheinend wurden die Guthaben bei der Bank von Amsterdam oft zur Durchführung von Zahlungen genutzt. Aktien waren »bei der Bank zahlbar«, und die Aufgelder für Optionskontrakte wurden offenbar »augenblicklich bei der Bank übertragen«.

   Die Bank führte de la Vega zufolge auch »Zeitkonten« für ihre Kunden. Dabei handelte es sich anscheinend um quasioffizielle Aufzeichnungen in Zusammenhang mit den monatlichen Abrechnungen, den Terminvereinbarungen und den Bemühungen der Regierung, Leerverkäufe zu verhindern (mehr dazu gleich). Anscheinend konnte ein Verkäufer nachweisen, dass er nicht leer verkaufte, indem er der Bank eine entsprechende Mitteilung zukommen ließ, die von der Bank zurückgehalten wurde, bis die Zahlung tatsächlich erfolgt war. Ähnliche »Zeitkonten« wurden von der Bank offenbar auch geführt, wenn sich ein Aktienkäufer einen Teil des Kaufpreises lieh.

   Die Aktien der Kompanie wechselten nicht den Besitzer, denn das Papier war nicht handelbar. Für einen Verkauf oder eine anderweitige Übertragung von Aktien mussten sich beide Parteien, Käufer und Verkäufer, in den Büros der Kompanie einfinden und die entsprechenden Daten vom Sekretär der Gesellschaft in deren Bücher eintragen lassen. (Dieses Verfahren war früher auch bei der Übertragung von Guthaben bei Privatbankiers oder frühen Geschäftsbanken vorgeschrieben gewesen, eine Praxis, die ihre Spuren in den *Giro*-Verfahren und in der Wortwahl auf heutigen Schecks – »Zahlen Sie gegen diesen Scheck an Soundso« – erhalten geblieben ist.

9. Käufe und Verkäufe wurden oft (aber nicht zwangsläufig) über Makler abgewickelt, von denen es verschiedene Arten gab. Zum einen wurde zwischen beeideten und freien Maklern unterschieden. Die Angehörigen der ersten, zahlenmäßig beschränkten Gruppe besaßen eine amtliche Zulassung und durften nicht auf eigene Rechnung handeln. Die Mitglieder der zweiten, größeren Gruppe waren keiner so strengen Überwachung durch die Behörden unterworfen wie die beeideten Makler. Dennoch stellt de la Vega ihnen ein gutes Zeugnis aus.

   Sodann wurde zwischen Haussier- und Baissier-Maklern unterschieden. Der Autor sagt nichts darüber, ob sowohl beeidete als auch freie Makler derartige Bündnisse schlossen, und es ist unklar, wie diese Verbindungen zustande kamen. Die oft beschriebene erbitterte Rivalität zwischen den Hausse- und Baisse-Fraktionen mag einen gewissen Einfluss gehabt haben, was auch de la Vega andeutet, aber der Grund könnte auch in den Transaktionen zu suchen sein, die die freien Makler auf eigene Rechnung durchführten. Der Autor beschreibt jedoch Fälle von Maklern, die die Seite wechselten, was darauf hindeutet, dass es keine festen Loyalitätsbeziehungen gab.

10. Die Geschäfte wurden an verschiedenen Orten in Amsterdam abgewickelt. Normalerweise fand der Handel vormittags unter freiem Himmel an einem Platz unweit des alten Dam statt und wurde am frühen Nachmittag im Börsengebäude fortgesetzt. Der Autor nennt jedoch auch Beispiele für Geschäfte, die an anderen Orten ausgehandelt wurden: in Kaffeehäusern, in Privathäusern und manchmal sogar im Bett!

11. Tatsächlich war der Wertpapierhandel kaum gesetzlichen Beschränkungen unterworfen.

    a. Ein Mann, der seinen Verpflichtungen nicht nachkam, konnte für bankrott erklärt werden, aber das galt auch für Geschäfte mit Waren, Immobilien usw.

b. Es wurde versucht, sowohl die freien als auch die beeideten Aktienmakler daran zu hindern, auf eigene Rechnung zu handeln. Das entsprechende Gesetz wurde anscheinend streng genug durchgesetzt, um die beeideten Makler dazu zu bewegen, auf derartige Praktiken zu verzichten. Die freien Makler hingegen gründeten manchmal nominell separate Gesellschaften, über die sie ihre Spekulationsgeschäfte abwickelten. Auf der anderen Seite deutet de la Vega an, dass viele Makler sehr wohl zum eigenen Vorteil spekulierten.

c. Wie bereits erklärt, versuchte man Leerverkäufe zu unterbinden. Das Parlament hatte bereits 1610, das heißt in der Frühzeit des Aktienhandels in den Niederlanden, ein Edikt verabschiedet, mit dem alle derartigen Vereinbarungen verboten wurden, und dieses Verbot wurde im Lauf der Zeit in weiteren Edikten bestätigt. Ab den zwanziger Jahren des 17. Jahrhunderts wurde Spekulanten per Edikt die Möglichkeit eingeräumt, »Fredericks Beistand zu erbitten«, das heißt bestimmte Kontrakte anzufechten. Offenbar machten manche Spekulanten tatsächlich von dieser Möglichkeit Gebrauch.

Aber im Jahr 1688 war immer noch nicht vollkommen geklärt, für welche Arten von Transaktionen die Edikte eigentlich galten. Die entsprechenden Entscheidungen der Gerichte waren nicht eindeutig. De la Vega bemüht sich zu erläutern, wo die Linien gezogen wurden. Außer Zweifel steht, dass Geschäfte mit Dukaton-Aktien und anderen fiktiven Einheiten verboten waren. Optionen waren sicher verdächtig, und selbst Verkäufer echter Aktien waren gut beraten, bei Terminkontrakten – etwa bei Nutzung der »Zeitkonten« der Käufer in den Büros der Kompanie – die Rechtmäßigkeit ihrer Transaktionen nachzuweisen. Derartige Treuhandregelungen, die bereits 1613 eingeführt worden waren, dienten als Schutz gegen die Anfechtung eines Geschäfts durch Aktieninhaber, die sich entschlossen hatten, auf Termin zu verkaufen.

Das übergeordnete Ziel der Edikte bestand offenbar darin zu verhindern, dass der Marktwert von Aktien künstlich gedrückt wurde – dass es zu Kursmanipulationen kam –, und die Behörden versuchten dieses Ziel zu erreichen, indem sie verboten, dass irgendjemand etwas verkaufte, was er nicht wirklich besaß, und indem sie die Anfechtung derartiger verbotener Geschäfte unterstützten. Ursprünglich war ein solches Verbot an den Warenmärkten eingeführt worden. Erst später wurde es auf den Aktienhandel ausgeweitet.

VII

Schließlich kann die Frage nach dem Wert oder der Bedeutung dieser Abhandlung gestellt werden: Welche Wirkung hatte de la Vegas Werk zu seiner Zeit? Und welchen Zweck hat es seitdem erfüllt? Die erste Frage ist sehr schwer zu beantworten. Das Buch wurde in Spanisch geschrieben, obwohl die meisten Spekulanten und andere am Aktienmarkt interessierten Personen Niederländisch sprachen. Dies und die Tatsache, dass der Autor versuchte, eine ursprünglich sachliche Abhandlung, die als Handbuch gedacht war, in ein extravagantes literarisches Kunstwerk zu verwandeln, sprechen dagegen, dass das Buch viele Leser fand und sich nachhaltig auf die Vorstellungen von de la Vegas Zeitgenossen oder die Gesetzgebung auswirkte. Die Krise, die über den Markt hereinbrach, während der Autor noch an seinem Werk arbeitete, dürfte ebenso wie die im Jahr darauf eingeführte Aktiensteuer dazu beigetragen haben, die Spekulationslust für eine Weile zu bremsen, solange, bis *Confusión de Confusiones* in Vergessenheit geraten war. Offenbar wurde der Inhalt nicht einmal in Auszügen ins Niederländische übersetzt, bis das Buch im 20. Jahrhundert das Interesse der Historiker weckte und als Ganzes übertragen wurde.

Doch für die Forscher, die sich mit der Wirtschaftsgeschichte befassen, darunter jene, die im Jahr 1939 die Übersetzung ins Niederländische besorgten, hat das Buch Signalwirkung gehabt. Es gibt keine andere derart umfassende Studie zum frühen Aktienhandel in Amsterdam, und im 17. Jahrhundert gab es an keinem anderen Ort auf der Erde einen vergleichbar ausgereiften Wertpapierhandel wie in Amsterdam. Und es trägt zweifellos zur Bedeutung von de la Vegas Buch bei, dass man bei der Lektüre entdeckt, wie rasch sich der Handel mit Aktien entwickelte und wie es den Niederländern – vielleicht mit Unterstützung der »portugiesischen Nation« – innerhalb weniger Jahrzehnte gelang, für dieses Geschäft Verfahren und Kunstgriffe zu entwickeln, die bis heute kaum verbessert werden konnten.

Hermann Kellenbenz
Würzburg, im Januar 1957

Erster Dialog

[Am Anfang des Buchs beschreibt der Kaufmann die Embleme Merkurs, des Gottes der Kaufleute, denn diese Zeichen stellen passende Symbole für die Aktivitäten seiner Kollegen dar. Der Philosoph wirbt mit geistreichen Metaphern, die auf den Worten *caja* – ›Tornister‹, aber auch ›Kasse‹ oder ›Tresor‹ – und *banco* – ›Fischschwarm‹ oder ›Sandbank‹, aber auch ›Geschäftsbank‹ – sowie weiteren wirtschaftlichen Begriffen beruhen, für das ruhige Leben eines Weisen. Dann schaltet sich der Aktionär in das Gespräch ein und kommt auf eine spezifische Form des Handels zu sprechen, nämlich auf den Handel mit Aktien, worauf ihn der Philosoph fragt:]

Philosoph: Was ist das nun für ein Geschäft, von dem ich gehört habe, obwohl ich es nicht verstehe und nie zu verstehen versucht habe? Ich habe noch kein Buch gefunden, das sich mit diesem Thema befasst und das Verständnis dieses Geschäfts erleichtert hätte.

Aktionär: Ich muss wirklich sagen, dass Ihr in Unkenntnis lebt, mein graubärtiger Freund, wenn Ihr nichts über dieses rätselhafte Geschäft wisst, das zugleich das klarste und geheimnisvollste in Europa, das edelste und niederträchtigste in der Welt, das feinste und vulgärste auf der Erde ist. Es ist die Quintessenz der akademischen Gelehrsamkeit und der Inbegriff des Betrugs, es ist ein Prüfstein für die Klugen und ein Grabstein für die Kühnen, eine Schatztruhe voll nützlicher Dinge und ein Quell des Unheils. Und schließlich ist es zugleich ein Abbild des Sisyphos, der niemals zur Ruhe kommt, sowie eines des Ixion, der an ein sich ewig drehendes Feuerrad gefesselt ist.

Philosoph: Verdient meine Neugierde nicht eine kurze Beschreibung dieser Täuschung und eine knappe Erläuterung dieses Rätsels?

Kaufmann: Das ist auch mein Wunsch, denn ich bin der Kommissionen, der Beförderung von Gütern und des Austauschs von Wechseln überdrüssig. Meine Arbeit fällt mir derart zur Last, dass ich nach einem anderen Weg suche, um ein Vermögen zu verdienen und mich dieser mühseligen Tätigkeiten zu entledigen, selbst wenn ich dabei einen Verlust riskiere.

Aktionär: Das angenehmste Merkmal des neuen Geschäfts ist, dass man auch ohne Risiko reich werden kann. Ohne das eigene Kapital aufs Spiel zu setzen und ohne sich mit Korrespondenzen, Vorschüssen, Lagerhäusern, Beförderungskosten, Kassierern, Zahlungsausfällen und anderen unvorhergesehenen Vorfällen herumschlagen zu müssen, kann man Reichtum erwerben, indem man im Fall unglücklicher Transaktionen einfach den Namen wechselt. So wie die Juden, wenn sie ernsthaft erkranken, ihren Namen ändern, um Entlastung zu erhalten, genügt auch dem in Schwierigkeiten geratenen Spekulanten eine Namensänderung, um alle drohenden Gefahren abzuwenden und sich von quälender Unruhe zu befreien.

Philosoph: Und welchen Namen nimmt man an? Philip, Leonardo oder Diego?

Aktionär: Nein, um sich zu retten, ist es nicht erforderlich, Fersengeld zu geben oder sich, wie es so schön heißt, »auf die Socken von Villa Diego«[58] zu machen. Es genügt, sich auf den Namen Frederick[59] zu berufen, um der Verfolgung zu entgehen.

Ich werde Euren Wunsch erfüllen, mehr über den Ursprung dieses Geschäfts zu erfahren, und Ihr werdet sehen, dass die Aktien nicht nur für Dummköpfe, sondern auch für kluge Leute bestimmt sind.

Im Jahr 1602 gründeten einige niederländische Kaufleute eine Handelsgesellschaft. Die neue Gesellschaft weckte das Interesse der reichsten Männer [im Land], und es gelang, ein Gesamtkapital von 64 und einer Dritteltonne Gold [mehr als 6,4 Millionen Florin] einzusammeln. Es wurden mehrere Schiffe gebaut und im Jahr 1604 losgeschickt, um in Ostindien Abenteuer zu suchen wie einst der Quijote. Das Eigentum an der Gesellschaft wurde in Anteile mit ei-

---

58) Die Redensart Tomar las Calzas de Villadiego bedeutet soviel wie Sich aus dem Staub machen. Die Herkunft des erstmals in La Celestina (1499) nachgewiesenen und von Cervantes im Quijote verwendeten Ausdrucks ist umstritten.

59) Gemeint ist der in der Einführung erwähnte Statthalter Frederick Henry.

nem Wert von jeweils 500 [flämischen] Pfund oder 3000 Florin aufgeteilt (mit dem Besitz eines solchen als *actie* bezeichneten Anteils war die Möglichkeit verbunden, den entsprechenden Überschuss oder Gewinn zu beanspruchen).[60] Es gab jedoch viele, die keinen ganzen Anteil zeichneten, sondern abhängig von ihrem Vermögen, ihren Neigungen oder ihren Erwartungen für die Zukunft nur einen kleineren Teil erwarben. Die Schiffe stießen weder auf Windmühlen noch auf verzauberte Riesen. Ihre Reisen verliefen erfolgreich und ihre Eroberungszüge triumphal. Sie kehrten mit derart wertvoller Fracht zurück, dass sie Cäsars *Veni, vidi, vici* in den Schatten stellten. Der prächtige Gewinn ermutigte die Gesellschaft zu weiteren Unternehmungen. Die erste Verteilung des Gewinns wurde bis 1612 verschoben, um das Kapital der Kompanie zu erhöhen. In jenem Jahr verteilte sie 57½ Prozent auf das Gesellschaftskapital, und im Jahr darauf lag die Dividende bei 42½ Prozent. Damit war den Aktionären das investierte Kapital zurückgezahlt worden. Von nun an würden sie nur noch Gewinne erzielen.

Im Lauf der Zeit wuchs die Ostindien-Kompanie derart, dass sie heute die großartigsten Unternehmungen der Geschichte übertrifft. Jedes Jahr treffen neue Schiffsladungen mit neuen Schätzen ein, [und die Erträge aus dem Verkauf der Güter] werden abhängig davon, was die Führung der Gesellschaft für angebracht hält, als Gewinne verteilt oder verwendet, um die Ausgaben zu decken. (Die Dividenden werden manchmal in Form von Gewürznelken, manchmal in Form von Schuldscheinen, manchmal in Münzen ausgezahlt, je nachdem, was den Direktoren angemessen scheint.) Von der Gründung der Kompanie bis zum Zeitpunkt unseres Gesprächs haben sich die Dividenden auf 1482½ Prozent belaufen, und der Wert des Gesellschaftskapitals hat sich mehr als verfünffacht. Dieser Schatz wird mit einem Baum verglichen, denn er trägt fast jedes Jahr Früchte, und während er in manchen Jahren lediglich blüht, hat er in anderen Ähnlichkeit mit den Bäumen von Uraba[61], die zwei- oder dreimal im Jahr Früchte tragen, und kann sich mit den Sibylinen[62] messen, deren Zweige aus Gold und deren Blätter aus Smaragden waren. Andere bezeichnen die Kompanie als Baum der Erkenntnis von Gut und Böse wie je-

---

60) Dort, wo der Autor von »Pfund« spricht, sind immer flämische Pfund gemeint.

61) Das tropische Uraba ist heute eine Provinz Kolumbiens. Am Golf von Uraba (oder Golf von Darien) versuchte die Company of Scotland Ende des 17. Jahrhunderts eine Kolonie zu gründen. Das katastrophale Scheitern des so genannten Darien-Projekts führte zum Staatsbankrott (den John Law vergeblich zu verhindern versuchte) und zur Verschmelzung der schottischen mit der englischen Krone im Jahr 1701.

62) Der Hinweis auf die Sibylinen stammt vermutlich aus einem der zahlreichen Reiseberichte, die im Zeitalter der Entdeckungen veröffentlicht wurden.

nen im Paradies, denn er weiß alles, was entlang sämtlicher Zweige [seiner Interessen] geschieht. Ich jedoch bin zu der Erkenntnis gelangt, dass die Kompanie dem Baum des Lebens ähnelt, denn in ihrem Schatten verdienen ungezählte Männer ihren Lebensunterhalt. Und wer damit zufrieden ist, seine Früchte zu genießen, und nicht darauf besteht, die Wurzeln herauszureißen …, wird feststellen, dass es ihm dabei durchaus gut ergeht.

Philosoph: Ich denke, ich habe die Bedeutung der Kompanie, ihre Aktien, ihre Grundsätze, ihr Ansehen, ihren Glanz, ihre Entstehung, ihren Fortschritt, ihre Verwaltung, die Verteilung ihrer Gewinne und ihre Stabilität vollkommen *usque ad ultimas differentias* verstanden. Aber was hat das mit dem von Euch erwähnten geheimnisvollen Geschäft, mit den angesprochenen Kunstgriffen, mit den von Euch betonten Schwierigkeiten, mit dem völligen Fehlen von Risiken, mit der Änderung der Namen und mit anderen Übertreibungen und Ausdrücken zu tun, die mich verblüfft, gefesselt und verwirrt haben?

Aktionär: [Lasst mich auf meine Feststellung zurückkommen], dass dieses Geschäft eine geheimnisvolle Angelegenheit ist und dass es das klarste und edelste in Europa, zugleich jedoch auch das falscheste und niederträchtigste in der Welt ist. Das sich hinter diesem Paradoxon die Wahrheit verbirgt, wird verständlich, wenn man begreift, dass dieses Geschäft zwangsläufig in ein Spiel verwandelt wurde und dass sich die damit befassten Kaufleute in Spekulanten verwandelt haben. Wäre die Wandlung der Kaufleute zu Spekulanten die einzige Veränderung gewesen, so wäre der Schaden erträglich gewesen, aber die Sache wird dadurch verschlimmert, dass ein Teil der Aktienhändler zu Falschspielern geworden sind, die zwar mit den Blüten vertraut sind, jedoch die Früchte nicht zu ernten verstehen.[63]

Um diese bemerkenswerte Tatsache besser zu verstehen, müssen wir wissen, dass an der Börse drei Gruppen von Männern tätig sind: die Eigentümer der Gesellschaft, die Kaufleute und die Spekulanten.

Die Finanzbarone und die großen Kapitalisten ernten Jahr für Jahr die Dividenden auf ihre geerbten oder mit eigenem Geld gekauften Aktien. Die Bewegungen des Aktienkurses sind ihnen gleichgültig. Da sie nicht am Verkauf

63) Der Autor spielt hier mit dem Wort flor (»Blüte«), das auch ein spanisches Kartenspiel bezeichnen kann.

der Aktien, sondern an den Erträgen aus ihrer Beteiligung an der Kompanie interessiert sind, macht ihnen eine Wertsteigerung der Aktie lediglich Vergnügen, das auf dem Gedanken beruht, ... dass sie einen hohen Preis erzielen würden, sollten sie ihre Aktien verkaufen.

Die zweite Gruppe wird von den Kaufleuten gebildet, die Aktien (mit einem Nennwert von 500 Pfund) erwerben und auf ihren Namen übertragen lassen (weil sie erfreuliche Nachrichten aus Indien oder über ein Friedensabkommen in Europa erwarten). Sie verkaufen die Aktien wieder, wenn ihre Erwartung erfüllt wird und der Aktienkurs steigt. Oder sie kaufen Aktien gegen Kasse, versuchen sie jedoch augenblicklich für eine Lieferung zum späteren Zeitpunkt weiterzuverkaufen, wenn der Preis höher sein wird. Das tun sie aus Furcht vor einer Veränderung der [politischen oder wirtschaftlichen] Lage oder vor einer [ungünstigen] Nachricht, und sie geben sich mit den auf die Auszahlung auflaufenden Zinsen zufrieden. Sie beschäftigen sich nicht nur mit dem Gewinn, sondern auch mit dem Risiko, und ziehen es vor, mit [relativer] Sicherheit einen geringen Gewinn zu erzielen. Ihr einziges Risiko besteht darin, dass der Käufer bei diesem Termingeschäft am Ende nicht zahlen kann, und ihre einzige Sorge gilt unvorhergesehenen Ereignissen.

Die dritte Gruppe wird von den Spielern und Spekulanten gebildet. Sie versuchen, ganz allein über das Ausmaß ihrer Gewinne zu entscheiden, und um das zu erreichen, haben sie Glücksräder aufgestellt. Oh, welches Unheil haben diese janusgesichtigen Betrüger angerichtet! Das Labyrinth von Kreta war nicht verwirrender als jenes, das sie mit ihren Plänen errichtet haben. ...

Sie kaufen eine oder zwanzig Aktien (diese Menge wird üblicherweise als »Regiment« bezeichnet), und wenn der Zwanzigste des Monats naht (der Tag der Lieferung), gibt es nur drei Möglichkeiten, das Geschäft abzuwickeln. Da ist zunächst der Verkauf der Aktien, durch den abhängig vom Kaufpreis ein Gewinn oder Verlust entsteht. Sodann ist da die Verpfändung der Aktien zu vier Fünfteln ihres Werts (dieser Methode bedienen sich sogar die wohlhabendsten Händler, ohne ihrem Kredit zu schaden), und schließlich kann der Käufer die Aktien auf seinen Namen übertragen und die Bank zur Auszahlung des Kaufpreises anweisen – wozu nur sehr reiche Leute imstande sind, da ein »Regiment« heutzutage mehr als 100.000 Dukaten kostet.

Wenn der Abrechnungstag näher rückt und die Aktien weder vom Käufer übernommen noch verpfändet werden können, müssen sie verkauft werden.

Jene Spekulanten, die auf einen sinkenden Kurs setzen, wissen um diese Zwangslage und versuchen den Preis plötzlich zu drücken, um einen Verkauf der Aktien unter dem Kaufpreis zu erzwingen. [So können einige der Spekulanten in ernste Schwierigkeiten geraten] …

Einige von denen, die in Schwierigkeiten geraten (bei denen es sich selbstverständlich um unmoralische Leute handelt), befreien sich mit folgendem Argument aus ihrer Zwangslage: *Der Käufer ist nicht verpflichtet, das Gekaufte zu bezahlen: Da ich beim Kauf verliere, bin ich nicht verpflichtet zu zahlen.*

Philosoph: Schreckliche Dummheit, unsagbarer Wahnsinn, beängstigende Verrücktheit! Ihr behauptet, dass der Spekulant nicht verpflichtet ist, das Erworbene zu bezahlen, aber ich verstehe nicht, was ihn seiner Verpflichtung enthebt. Ich bezweifle, dass er sich auf eine juridische Autorität wie Bartolus oder Baldus berufen kann.[64]

Aktionär: Dies ist der wesentliche Punkt des ganzen Geschäfts. Von solchen Komplikationen würde selbst Euer Thales nichts wissen, und von Eurem Sokrates würden wir diesbezüglich lediglich erfahren, dass wir nichts wissen. Daher teile ich Euch mit, dass Solon nicht der Einzige war, der gute Gesetze erließ. Frederick Henry, ein leuchtender Vertreter des Hauses Oranien-Nassau, erließ (aus klugen Beweggründen) für diese Provinzen eine Verordnung, die besagt, dass jener, der zu einem späteren Zeitpunkt bereitzustellende Aktien verkauft, ohne sie zu hinterlegen, der Gefahr ausgesetzt sein soll (weil er etwas verkauft hat, das er nicht besitzt), dass der Käufer die Aktien zum festgesetzten Zeitpunkt nicht übernimmt.[65] Wenn sich die Spekulanten unter den Schutz dieser Bestimmung stellten (wenn sie »Fredericks Beistand erbaten«), legte sich der Sturm, die Angriffe hörten auf, und es kehrte wieder Ruhe ein. …

Solche Operationen finden in den tiefen und gefährlichen Gewässern der Börse statt, wo die Schwimmer, wenn ihnen das Wasser bis zum Hals steht, wissen, dass sie bestenfalls ihr Leben retten können. So greifen sie ohne zu Zögern nach dem ersten Strohhalm, der ihnen hingehalten wird, und erklären, die Kunst des Schwimmens bestehe darin, Gefahren zu meiden. … [Und

---

64) Bartolus (vermutlich 1313–1357) und sein Schüler Baldus (vermutlich 1327–1400) waren italienische Rechtsgelehrte, die noch im 17. Jahrhundert hohes Ansehen genossen.

65) Vgl. die entsprechenden Erläuterungen in der Einleitung.

das Vergnüglichste ist,] dass manchmal vor Ablauf von sechs Monaten jene Personen, die ihr Geld verloren haben, erneut Geschäfte mit jenen machen, die auch an ihren früheren [verlustreichen] Transaktionen beteiligt waren. Die Tatsache, dass sie Geld verloren haben, verschafft ihnen einen Kredit, mit dem sie neue Transaktionen finanzieren und noch mehr Geld verlieren können. Wenn jemand einen Verlust erleidet, wird von ihm erwartet, dass er zumindest bezahlt, was ihm im Augenblick zur Verfügung steht, und man könnte meinen, dass es nicht erneut zu einer Verletzung kommen wird, da die Wunde noch frisch ist. Das Sprichwort »Wer einen Korb geflochten hat …«[66] verurteilt ein solches Verhalten, aber die Emotion hat größere Macht als ein warnendes Sprichwort. Es ist unmöglich, Leichtgläubigkeit und Verführung zu überwinden.

Ich will nicht behaupten, dass diese mangelnde Ernsthaftigkeit [das heißt, die Praxis, »Fredericks Beistand zu erbitten« und anschließend wieder zu spekulieren] allgemein ist. Es gibt viele Personen, die sich nur auf das Dekret berufen [das Leerverkäufe für nicht durchsetzbar erklärt], wenn sie dazu gezwungen sind, das heißt nur, wenn sie unvorhergesehene Verluste erleiden. Andere erfüllen nach und nach ihre Verpflichtungen, nachdem sie ihre letzten Besitztümer verkauft haben, und stellen sich ihrem Unglück. Aber ich selbst hatte einen Freund, einen sonderbaren Mann, der sich von der Trauer über seinen Verlust erholte, indem er in seinem Haus auf und ab lief, aber nicht, um wie Elias die Toten zu wecken, sondern um die Lebenden zu beerdigen. Und nachdem er eine halbe Stunde mit Selbstgesprächen verbracht hatte, stieß er fünf oder sechs Seufzer hervor, die eher Erleichterung als Verzweiflung verrieten. Auf die Frage nach dem Grund für seine Freude, die darauf hindeutete, dass er mit seinen Gläubigern zu irgendeiner Einigung gelangt war, antwortete er: »Im Gegenteil, ich habe mich gerade entschlossen, überhaupt nicht zu zahlen, da mir mein Seelenfrieden und mein Vorteil mehr bedeuten als mein Kredit und meine Ehre.« Ich versichere Euch, dass ich bei dieser Geschichte und bei seiner grotesken und unerwarteten Äußerung in ein derartiges Gelächter ausbrach, dass mir fast die Tränen gekommen wären. Aber es gibt viele, die … wie Jonas in der Gefahr schnarchen, und während sich Adam seiner Nacktheit schämte, gibt es an der Börse Männer, die sich nicht dafür schämen, dass sie (zum Nachteil ihrer Gläubiger) ihr Geld behalten. …

66) Hier bezieht sich der Autor auf das Sprichwort Quien hace un cesto, hará cien (Wer einen Korb geflochten, kann auch hundert flechten), was bedeutet, dass man etwas, das man einmal bewältigt hat, immer wieder tun kann.

Philosoph: Ich kann nicht leugnen, dass ich entgegen meiner angeborenen Neigung mein Glück [an der Börse] versuchen würde, wenn es da nicht drei große Hindernisse gäbe, vor denen ich zurückschrecke.

Erstes Hindernis: Ich bezweifle, ob ich mich an Bord eines derart zerbrechlichen Schiffs begeben sollte, für das jede Windbö ein Sturm ist und jede Welle der Untergang sein kann.

Zweites Hindernis: Mit meinem begrenzten Kapital könnte ich ... nur gewinnen, wenn ich bereit wäre, mein Ansehen leichtfertig aufs Spiel zu setzen. Aber es ist eitel und unvernünftig, sich herabzuwürdigen, ... ohne durch Wohlstand dafür entschädigt zu werden.

Drittes Hindernis: Die Beschäftigung mit diesem Geschäft scheint mir eines Philosophen unwürdig zu sein. Zudem würde mir angesichts meiner bescheidenen Verhältnisse niemand Kredit geben und Vertrauen in meinen Bart setzen (da leicht zu sehen wäre, dass ich die Aktien selbst nicht bezahlen kann). Niemand würde mir für meinen Bart Geld leihen wie Don Juan de Castro[67], es sei denn, es wäre ein Bart aus Gold wie jener des Asklepios, den Dionysios wegnehmen ließ. ...

Aktionär: Auch ohne Fachausdrücke zu verwenden, kann ich Eure Zweifel ausräumen.... Die erste Gefahr ist beseitigt, denn das Schiff ist mit Tauen gegen den Untergang gesichert, und seine Anker widerstehen dem Sturm. Gebt »Opsies« oder Prämien, und Ihr müsst nur ein geringes Risiko tragen, während der Gewinn all Eure Vorstellungen und Hoffnungen übertreffen kann.

Sind diese Vorsichtsmaßnahmen getroffen, so verliert der zweite Einwand seine Gültigkeit. Selbst wenn Ihr beim ersten Mal durch die Prämien nicht gewinnt, so riskiert Ihr doch nicht Euren Kredit und setzt Euer Ansehen nicht aufs Spiel. Daher solltet Ihr weiterhin die Aufgelder zahlen, und es wird selten geschehen, dass Ihr all Euer Geld verliert, bevor eine vorteilhafte Entwicklung eintritt, die den Preis für einige Jahre stabil hält. Da die Kontrakte wegen der Prämien geschlossen werden und da derjenige, der die Prämie zahlt, sowohl wegen seiner Großzügigkeit als auch wegen seines Weitblicks

---

67) Portugiesischer Seefahrer (1500–1548), der sich einen Flügel seines Schnurrbarts abschnitt und ihn den Einwohnern Goas als Pfand für einen Kredit anbot. Juan de Castro ist auch der Held eines Dramas von Lope de Vega.

an Ansehen gewinnt, solltet Ihr die Kontrakte verlängern und in neue eintreten, sodass aus einem Kontrakt zehn werden und das Geschäft einen erfreulichen und einfachen Abschluss findet. Wenn Ihr mit all Euren Operationen Pech habt und die Leute zu glauben beginnen, dass Ihr schwankt, so versucht diesen Nachteil auszugleichen, indem Ihr mit den Prämien spielt [das heißt, indem Ihr den Prämienbetrag leiht]. Da diese Vorgehensweise zu einer üblichen Praxis geworden ist, werdet Ihr jemanden finden, der Euch Kredit geben und euch in schwierigen Situationen unterstützen wird, sodass Ihr gewinnen könnt, ohne unehrenhaft zu sein.

Das dritte Hindernis, nämlich die Befürchtung, dass die Spekulation für einen Philosophen unschicklich ist, muss Euch nicht beunruhigen, da die Börse Ähnlichkeit mit den ägyptischen Tempeln hat, in denen alle möglichen Tiere verehrt wurden. Es ist wahr, dass es im Tempel des Herkules keine Fliegen gab, aber an der Börse versuchen ungezählte Männer mit herkulischer Kraft, die Fliege des Geldes zu fangen,[68] und viele Spekulanten streuen dazu Gift aus und spinnen unsichtbare Fäden....

Wenn ich die »Opsies« [weiter erklären darf, möchte ich sagen], dass man durch die Zahlung eines Aufgelds einen Wert übergibt, um die eigenen Aktien abzusichern oder einen Gewinn zu erzielen. Man setzt sie als Segel, die bei freundlichem Börsenwetter eine angenehme Überfahrt ermöglichen und im Sturm einen Sicherheitsanker darstellen.

Der Kurs der Aktie steht jetzt bei 580, und es scheint mir, dass er sehr viel höher steigen wird, weil große Schiffsladungen aus Indien erwartet werden, weil die Kompanie blüht, weil ihre Güter einen ausgezeichneten Ruf genießen, weil in Zukunft hohe Dividenden zu erwarten sind und weil in Europa Frieden herrscht. Dennoch entschließe ich mich, keine Aktien zu kaufen, weil ich befürchte, ich könnte einen Verlust erleiden und in eine schwierige Lage geraten, sollten sich meine Berechnungen als falsch erweisen. Daher wende ich mich an die Personen, die bereit sind, Optionskontrakte einzugehen, und frage sie, wie viel [an Aufgeld] sie für die Verpflichtung verlangen, zu einem bestimmten späteren Zeitpunkt Aktien zum Preis von 600 bereitzustellen. Ich einige mich mit ihnen auf die Prämie, lasse sie sofort bei der Bank anweisen und habe damit die Gewissheit, dass ich unmöglich mehr als die Prämie

---

68) Das spanische Wort mosca (Fliege) wird in der Umgangsprache auch als Bezeichnung für Geld verwendet.

verlieren kann. Und der gesamte Betrag, um den der Aktienkurs den Wert von 600 übersteigt, wird mein Gewinn sein.

Fällt der Kurs der Aktie hingegen, so brauche ich mich nicht zu fürchten und mir keine Sorgen um meine Ehre zu machen. Bleibt der Preis der Aktien bei etwa 600, so ändere ich meine Meinung und stelle fest, dass die Dinge keinen so günstigen Verlauf nehmen, wie ich angenommen hatte. [Nun kann ich eines von zwei Dingen tun.] Entweder ich verkaufe die Aktien [auf Termin], womit jeder Betrag, um den sie fallen, einen Gewinn für mich bedeutet. [Oder ich kann einen weiteren Optionskontrakt schließen. Im ersten Fall] war der Empfänger der Prämie verpflichtet, mir die Aktien zu einem vereinbarten Preis zu liefern, und mit einem Preisanstieg konnte ich lediglich die Prämie verlieren. Also kann ich nun dasselbe Geschäft (umgekehrt) machen, wenn ich einen fallenden Aktienkurs erwarte. In diesem Fall bezahle ich ein Aufgeld für das Recht, die Aktie zu einem gegebenen Preis zu liefern ...; oder ich kann mich in dieser Zeit absichern, und oft ändere ich mehrfach den Kurs, anstatt nur darauf zu warten, dass sich die Dinge zu meinem Vorteil entwickeln. Aber der Empfänger der Prämie erhält zum festgelegten zukünftigen Zeitpunkt die vollständige Zahlung, obwohl er auch ein Risiko eingeht und das Geld mit einiger Furcht einstreicht.

Die Niederländer nennen dieses Geschäft »Opsies«, ein Begriff, der vom lateinischen Wort *optio* stammt, das »Wahl« bedeutet, denn derjenige, der die Prämie zahlt, hat [je nachdem] die Wahl, die Aktien dem Empfänger der Prämie zu liefern oder sie von ihm zu verlangen.[69] Da der berühmte Calepino[70] *optio* von *optare* ableitet, das »wünschen« bedeutet, haben wir es hier mit der korrekten Etymologie zu tun, da derjenige, der das Aufgeld zahlt, das zu wählen wünscht, was ihm am Vorteilhaftesten scheint, und im Fall eines Fehlurteils immer auf das verzichten kann, was er anfangs wählen wollte....

---

69) Ohne die Ergänzung »je nachdem« könnte diese Aussage so gedeutet werden, dass sie sich auf die heute als »Straddling« bezeichnete Praxis bezieht, das heißt auf das mit der Zahlung einer einzigen Prämie verbundene Recht, zu wählen, ob man erhalten oder bereitstellen will. Es gibt jedoch ansonsten keinen klaren Hinweis auf das Straddling, womit es ratsam scheint, davon auszugehen, dass sich diese Aussage auf zwei alternative Formen von Kontrakten bezieht.

70) Ambrosio Calepino (1435-1511), italienischer Lexikograph, Autor eines lateinisch-italienischen Wörterbuchs.

Zweiter Dialog

Aktionär: Damit Ihr nicht zu dem Schluss gelangt, die Bewegungen an der Börse seien unerklärlich und nichts sei dort gewiss, möchte ich Euch sagen, dass es drei Gründe für einen Anstieg oder Rückgang der Aktienkurse gibt: *die Lage in Indien, die europäische Politik und die an der Börse selbst vorherrschende Meinung*. Aus diesem letzten Grund sind die Nachrichten [als solche] oft von geringem Wert, da widerstrebende Kräfte in der Gegenrichtung wirken können.

Wenn der kluge Spekulant bereit ist, mit Indien zu korrespondieren, um über England, Aleppo und andere Orte zu erfahren, ob dort Ruhe herrscht, ob sich das Geschäft der Kompanie gut entwickelt, ob sich der Handel mit Japan, Persien und China entfaltet, ob viele Schiffe auf dem Heimweg sind und ob sie mit wertvoller Fracht, insbesondere mit Gewürzen beladen sind, so hat er ungeachtet der Schwierigkeiten durchaus die Möglichkeit, sich diese Informationen zu beschaffen. Doch selbst wenn er diese Informationen besitzt, wäre er schlecht beraten, in blindem Vertrauen wild zu spekulieren, denn wenn der Spekulant mehr Geld einsetzt, als seine [finanzielle] Stärke zulässt, und Senecas Rat ausschlägt, der Tisch solle nie größer sein als der Magen, so wird ihn die Last unvermeidlich aus dem Gleichgewicht bringen, und da er nicht Atlas ist, wird die Welt von seinen Schultern gleiten.

Selbst wenn wir annehmen, dass die Nachrichten erfreulich und zutreffend sind (etwas, was man aus einer privaten Korrespondenz nur annäherungsweise schließen kann), dass die Berichte rechtzeitig eintreffen und dass sie die glückliche Heimkehr der Schiffe ankündigen, kann ein widriges Ereignis, das nach Erhalt der günstigen Nachricht, aber vor dem Abschluss des Geschäfts eintritt, diesen Glanz und diese Zufriedenheit zerstören. Schiffe können sogar im Hafen sinken und alle Hoffnungen zunichte machen.

Doch selbst wenn alles, was Indien betrifft, vorteilhaft ist, muss man sich trotzdem auch über die Lage in Europa informieren: Man muss in Erfahrung bringen, ob irgendwo eine beunruhigende Wiederbewaffnung der Flotte stattfindet, ob die Bündnisse Anlass zur Sorge geben und ob (militärische) Vorbereitungen einen Absturz der Aktienkurse verursachen könnten. Wir beobachten immer wieder, dass einige Spekulanten aufgrund guter Nachrichten aus Indien kaufen, während andere wegen der unklaren Lage in Europa verkaufen. Denn wenn die Lage in Europa schlecht ist, sinkt die Wahrscheinlichkeit eines Ertrags aus den Einfuhren, während auf der anderen Seite die Kosten durch den Anstieg der Steuern steigen. Selbst wenn es gelingt, auf wunderbare Weise die verborgenen Absichten der Fürsten in Erfahrung zu bringen (abgesehen von einem Fall wie der Eroberung Babylons, die in den Vororten erst drei Tage später bekannt wurde), ändern sich die Vorhaben der Spekulanten, und sie schwanken in ihren Entscheidungen....

Die Schwierigkeiten und beängstigenden Geschehnisse an den Börsen ... lehren uns einige Grundsätze ... Der erste Grundsatz [in der Spekulation]: *Rate nie jemandem, Aktien zu kaufen oder zu verkaufen*, denn wenn der Scharfblick getrübt wird, kann sich auch der wohlmeinende Rat als schädlich erweisen.

Der zweite Grundsatz: *Akzeptiere jeden Gewinn ohne Bedauern über entgangene Mehrgewinne*, denn ein Aal gleitet dir schneller aus den Händen, als du glaubst. Es ist klug, sich mit dem Möglichen zufrieden zu geben, anstatt auf die Fortsetzung einer günstigen Konjunktur und das Andauern des Glücks zu hoffen.

Der dritte Grundsatz: *Die Gewinne an der Börse sind wie die Schätze der Kobolde*. In einem Augenblick können sie Karfunkelsteine sein, im nächsten Kohlen, dann Diamanten, dann Feuersteine oder Morgentau oder Tränen.

Der vierte Grundsatz: *Wer in diesem Spiel gewinnen will, braucht Geduld und Geld*, denn die Werte sind so unbeständig und die Gerüchte haben einen so geringen Wahrheitsgehalt. Derjenige, der Rückschläge ertragen kann, ohne sich vom Unglück niederschmettern zu lassen, ähnelt dem Löwen, der den Donner mit Brüllen beantwortet, anstatt sich wie das Reh vor dem Donner zu schrecken und die Flucht zu ergreifen. Gewiss ist, dass derjenige, der nicht aufgibt, siegen und genug Geld für die Operationen verdienen wird, die er ins Auge gefasst hatte. Angesichts der Unbeständigkeit lassen sich manche Spekulanten von ihren Träumen leiten, andere von Prophezeiungen, die einen von Illusionen und die anderen von Launen, und ungezählte Männer folgen Trugbildern. So machen sich viele Leute lächerlich.

Kaufmann: Die Menschen, die sich an diesem Schwindel beteiligen, ähneln den englischen Quäkern, die glauben, von einem inneren Licht geleitet zu werden. [Nach dem zu urteilen, was Ihr sagt], sind diese Leute an der Börse ziemlich einfältig, unbeständig, unvernünftig, stolz und dumm. Sie verkaufen, ohne zu wissen warum, und sie kaufen ohne vernünftigen Grund. Sie tun das Richtige und das Falsche, ohne dass es [ihr Verdienst oder] ihre Schuld wäre. Sie nehmen an, dass der Geist sie dazu bewegt hat, aber der Geist kann auch der betrügerische Geist Ahabs oder der rasende Geist Sauls sein.

Aktionär: Eure Annahme ist unanfechtbar. Ein Spekulant träumte von einer Statue Nebukadnezars, worauf er unverzüglich seine Aktien verkaufte, da er den Traum folgendermaßen deutete: Da die Statue von einem Kieselstein[71] umgestürzt worden sei, werde auch das Geschäft mit China verloren gehen, und bei der Ankunft der Schiffe aus Indien werde es zu einem Zusammenbruch kommen....

[Ein anderer] Spekulant betritt ratlos das Börsengebäude, denn er weiß nicht, welcher Gedanke ihn in die Irre führen wird und welcher richtig ist. Einer Eingebung gehorchend, ruft er plötzlich aus: *Vende los Kirios.*[72] (Dies ist ein Börsenausdruck, dessen Bedeutung niemand versteht.) Sein Verhalten ist vollkommen unvernünftig, er hätte sich genauso gut von der Bewegung einer Wolke oder vom Anblick eines vorüber fahrenden Leichenwagens leiten lassen können.

Ein weiterer Stierkämpfer betritt die Arena und versucht, gefasst zu bleiben. Er schwankt, denn er weiß nicht, wie er sich einen Gewinn sichern kann. Er kaut an den Fingernägeln, zieht an den Fingern, schließt die Augen, macht vier Schritte und spricht dabei mit sich selbst, legt die Hand auf die Wange, als hätte er Zahnschmerzen, setzt eine gefasste, bedächtige Mine auf, streckt einen Finger aus, streicht sich über die Augenbraue, und keucht dabei unentwegt geheimnisvoll, als könne er das Glück zwingen. Plötzlich stürmt er mit wilden Gesten in die Menge, schnippt mit den Fingern einer Hand, während er mit der anderen eine geringschätzige Geste macht, und beginnt mit Aktien

---

71) Das spanische Wort für Kieselstein ist china.
72) Die niederländische Version lautet: Verkoop de Kirien.

zu handeln, als wären es Sahnetörtchen. Er kauft mit unbegrenztem Einsatz[73] und nimmt alles, was ihm unter die Augen kommt, mit der einzigen Begründung, er habe ein Trompetensignal gehört. Und er erweckt einen sonderbaren Eindruck, als er versucht, diesen Umstand zu seinem Vorteil zu nutzen, denn die Leute an der Börse glauben, dass ihn dieses Trompetensignal sowohl zu einer Dummheit als auch zu einer weisen Entscheidung bewegen kann.

Ein anderer, der sich zu der Gruppe gesellt, wirkt vollkommen ruhig. Doch plötzlich gerät er in Aufregung und beginnt, mit Aktien um sich zu werfen, und der einzige Grund dafür ist, dass er beim Abzählen seiner Rockknöpfe auf eine ungerade Zahl gekommen ist. Gewinnt er, so hält er die Knöpfe für Rosenknospen, verliert er, so sieht er Dornen darin.

Die Spekulanten versuchen durchaus, sich gegen solche Exzesse abzusichern. Wenn die Aktienpreise sinken, verstehen sie es, Gründe für einen Kursanstieg zu erfinden, und inmitten einer Hausse finden sie eine Rechtfertigung für einen Kursverfall. Die Gelehrten verstehen unter der »Antiperistasis«[74], dass die Gegenkraft stärker wird. Kämpft die Luft mit dem Feuer, so facht sie die Vehemenz der Flammen an.... Da [die Spekulanten] ein Ergebnis fürchten, [das dem gewünschten widerspricht], verstärken sie ihre Bemühungen um einen Triumph.

Manchmal beruhigen sich die Preise, und die Börse wird weder durch gute noch durch schlechte Nachrichten beeinflusst.... Plötzlich zieht eine Wolke auf, die einen Sturm ankündigt. Die Baissiers jubeln und beginnen, über die unsichere Lage und die Wahrscheinlichkeit einer Flutkatastrophe zu sprechen. Und schon stürmen die Haussiers vor, um einen Damm gegen die Überschwemmung zu errichten und diesen Angriff auf ihre Weisheit abzuschmettern. Sie ähneln dem Äneas, der sich am Eingang der Unterwelt einem Heer von Harpyien, Schlangen und Zentauren gegenübersieht, jedoch tapfer sein Schwert zückt und sich nicht von der Angst lähmen lässt. Das Scharmützel nimmt seinen Lauf, und am Ende ist der Preis höher als vor der Verwirrung, weil jene Gruppen von Börsenhändlern, die nichts von einer Intrige ahnten und sich keineswegs an einem Kampf beteiligen wollten, sondern ihren üblichen friedfertigen Aktivitäten nachgingen, durch die Angriffe aus ih-

---

73) De la Vega benutzt den Ausdruck a resto abierto und fügt in Klammern hinzu, dies sei »die Sprache unserer Falschspieler«.

74) Verstärkung durch den Gegensatz.

rer Ruhe gerissen wurden. Nun werfen sie all ihre Kraft in die Waagschale und verteidigen stolz eine schwache Position. So wird aus einem Hindernis ein Vorteil, und die Kräfte, welche die Käufer in den Abgrund zu reißen drohten, geben ihnen schließlich zusätzlichen Auftrieb.

All dieser Widersinnigkeit, dieser Verwirrung, dieser Verrücktheit, diesem Zweifel und dieser Ungewissheit des Gewinns zum Trotz ist es durchaus möglich herauszufinden, wie die einflussreichen Personen die politische oder geschäftliche Lage einschätzen. Wer sich bemüht, die Geschehnisse genau zu beobachten und ohne blinde Leidenschaft und störende Halsstarrigkeit zu bewerten, wird zwar nicht immer, aber bei zahlreichen Gelegenheiten die richtige Wahl treffen. Doch letzten Endes wird er feststellen, dass auch der größte Scharfblick nicht genügt, um das Spiel zu durchschauen, und dass keine Wissenschaft ausreicht, es vollkommen zu verstehen. Denn da die reichen Leute [an der Börse] auch nach einer Gegenwirkung suchen, wenn die Tendenz ungünstig ist, und da eine Verstimmung der Börse auf dieselbe Art wie die Leiden eines Leprakranken in Asien geheilt wird ... nämlich durch eine giftige Medizin, ... müssen schlechte Nachrichten nicht als fatal betrachtet werden....

Besonders bemerkenswert ist, dass es in dieser Spielhölle zwei Sorten von Spekulanten gibt, die so gegensätzlich sind, dass ihre Entscheidungen und meiner Meinung nach auch ihre Schicksale Antipoden darstellen. Da sind zum einen die Haussiers oder *liefhebberen* (was auf Niederländisch »Liebhaber« bedeutet). Dies sind jene Mitglieder der Börse, die ihre Operationen mit Käufen beginnen, so als wären sie Liebhaber des Landes, des Staats und der Kompanie. Sie wünschen sich stets einen Anstieg des Aktienkurses und hoffen, dass der Markt plötzlich von guten Nachrichten in Schwung gebracht werden wird, sodass die Aktien deutlich steigen werden. Die zweite Gruppe bilden die Baissiers oder *contremine* (ein Name, der sich dadurch erklärt, dass Indien als Mine betrachtet wird und diese Fraktion um die Erschöpfung dieser Mine bemüht ist). Die Baissiers beginnen ihre Operationen stets mit Verkäufen. Einige von ihnen gehen sogar weiter als Timon von Athen, der den Alkibiades nur deshalb liebte, weil dieser wie er das Vaterland zerstören wollte. Die Baissiers muss man meiden wie die Pestkranken. Man sollte sich ihnen nur in außergewöhnlichen Fällen anschließen, zum Beispiel, um einen *bichile* zu fangen (so nennen die niederländischen Kinder einen Schmetterling). Mit diesem Ausdruck wird eine Gelegenheit auf einen raschen Gewinn bezeichnet, eine Chance, die davonflattern wird, wenn man sie nicht sofort packt und in den Sack steckt.

Die Haussiers ähneln der Giraffe, die sich von nichts schrecken lässt, oder dem Zauberer des Kurfürsten von Köln, der die Damen in seinem Spiegel sehr viel schöner erscheinen ließ, als sie tatsächlich waren. Die Haussiers lieben alles, sie preisen alles, sie übertreiben alles. Und so wie Bias während der Belagerung Prienes den Gesandten des Alyattes täuschte, indem sie ihm mit ein wenig Korn bedeckte Sandhügel zeigte und ihm anvertraute, dass es unmöglich sei, eine Stadt mit derart reichen Vorräten auszuhungern, machen auch die Haussiers die Öffentlichkeit glauben, dass ihre Kunstgriffe Wohlstand bedeuten und dass auf Gräbern Feldfrüchte gedeihen. Werden sie von Schlangen angegriffen, so betrachten sie diese wie die Inder als feine und köstliche Speise.... sie lassen sich von keinem Brand erschrecken und von keinem Debakel aus der Ruhe bringen....

Die Baissiers auf der anderen Seite sind furchtsam, verzagt und aufgeregt. Aus Hasen machen sie Elefanten, eine Wirtshausrauferei deuten sie als Aufstand, in jedem unklaren Schatten sehen sie einen Hinweis auf das Chaos. Aber wenn es in Afrika Schafe gibt, die als Esel dienen sollen, und Hammel, die als Pferde dienen sollen, warum sollte es uns dann verwundern, dass jeder Zwerg in den Augen der Baissiers zu einem Riesen wird? ...

Eudicus erzählt, dass es in Hestiäotis zwei Quellen namens Ceron und Melan gab und dass die Schafe weiß wurden, wenn sie aus der ersten tranken, während sie schwarz wurden, wenn sie aus der zweiten tranken. Und wenn sie aus beiden tranken, so nahmen sie verschiedene Farben an, die gleichermaßen interessant und angenehm für den Betrachter waren.[75] Wer mit seinen Unternehmungen Erfolg haben will, der sollte nicht immer nur aus der Quelle der *liefhebberen* trinken, denn es ist nicht vorteilhaft, weiß zu sein. Aber er sollte auch nicht ausschließlich aus der Quelle der *contreminers* trinken, denn es ist auch nicht gut, schwarz wie ein Rabe zu sein.... Also nicht immer Melan und nicht immer Ceron, sondern man sollte stets aus natürlicher Neigung auf einen Anstieg spekulieren und nur gelegentlich auf einen Rückgang, denn die Erfahrung hat gezeigt, dass die Haussiers üblicherweise die Oberhand behalten und die Baissiers unterliegen.

Die Kompanie ist wie der Baum der Unsterblichkeit, der rasch einen neuen Ast austreibt, wenn ein alter abgesägt wird. Daher gibt es keinen Grund, sich

75) Die Geschichte stammt aus der Naturgeschichte von Plinius dem Älteren (Buch 31, Kapitel 9). Plinius zitiert Eudicus, ohne weitere Angaben zu machen.

jemals Sorgen über die Lage der Kompanie zu machen, da sie jeden Verlust rasch durch einen weiteren Fortschritt wettmacht.

Folgt deshalb diesem Wegweiser und setzt Eure Füße in diese Fußabdrücke, damit Ihr Aussicht auf Gewinn habt, gleichgültig ob Ihr mit anständigen oder unehrenhaften Absichten handelt. Wenn Ihr unredliche Absichten verfolgt, so gibt es im Fall einer unvorteilhaften Wendung das Dekret von Frederick Henry. Ein redlicher Käufer kann die Aktien entweder übernehmen oder verpfänden und wird am Ende fast sicher gewinnen, sodass nur ein Krieg, der überdies erbittert sein müsste (Gott möge das verhüten), die Operation gefährden und uns einschüchtern könnte.

Man muss auf den Gezeitenwechsel achten und die Segel abhängig vom Wind trimmen. Früher beherrschten 20 Spekulanten die Börse, und da schon der geringste Umstand die Kurse beeinflusste, fielen die Aktien um 30 Prozent aufgrund einer Befürchtung und um 50 Prozent wegen eines Briefs. Heute gibt es ebenso viele Spekulanten wie Kaufleute (da jene, die nur zur Unterhaltung und nicht aus Habgier am Spiel teilnehmen, leicht zu erkennen sind), und sie haben infolge unbegründeter Befürchtungen traurige Erfahrungen gemacht. Aus diesem Grund betrachten sie ihre Aktien wie ein Juwel und leiden sehr, wenn ein wirklicher Verlust eintritt. Aber die Furcht vor einer bloßen Bedrohung bedeutet, der Wirklichkeit vorzugreifen und Trauer und Leid zweifach zu erleiden....

Ein hoher Aktienkurs weckt Bedenken bei vielen, die nicht daran gewöhnt sind. Aber vernünftige Männer müssen sich davon nicht verwirren lassen, denn die Ostindien-Kompanie erstrahlt von Tag zu Tag in hellerem Licht, der Staat wird stetig reicher, und die Erträge mit festverzinslichen Geldanlagen schwinden, da es schwierig wird, das Geld zu investieren. Der Zins auf gewöhnliche Anleihen liegt bei nur 3 Prozent im Jahr, und wenn der Kreditgeber ein Pfandrecht erhält, lediglich bei 2½ Prozent. So sind sogar die reichsten Männer gezwungen, Aktien zu kaufen, und es gibt Leute, die ihre Papiere bei sinkenden Preisen nicht verkaufen, um einen Verlust zu vermeiden. Sie verkaufen jedoch auch bei steigenden Preisen nicht, weil sie keine sicherere Möglichkeit finden, um ihr Kapital anzulegen. Darüber hinaus können sie bei einer solchen Geldanlage ihr Kapital auf die schnellste erdenkliche Art wieder einlösen, da man an einer aktiven Börse jederzeit an sein Geld herankommt.

Die Möglichkeit eines raschen Verkaufs erhöht den Wert der Aktien derart, dass die Aktien der Amsterdamer Kammer einen höheren Preis erzielen als die aller anderen Kammern.[76] Der einzige Grund dafür ist, dass an anderen Orten in den Vereinigten Provinzen keine Spekulation stattfindet. Die Dividenden sind abgesehen von geringen Aufwendungen dieselben für die übrigen Kammern. Dennoch liegt die Notierung der Aktien der Kammer von Zeeland bei 150 Prozent des Börsenkurses der Aktien der Kammer von Amsterdam, während die Aktien von Enkhuysen bei 80 Prozent, die von Hoorn bei 75 Prozent, die von Rotterdam bei 30 Prozent und die von Delft bei 70 Prozent notieren.

Die Schwankungen des Kurses [der Aktien in Amsterdam] folgen nicht [unbedingt] dem Lauf jenes Stroms, der 14 Tage nach Osten und anschließend 14 Tage nach Westen fließt. Es gibt auch keine Ähnlichkeit mit dem persischen Brunnen, in dem der Wasserspiegel 30 Jahre lang stieg, um anschließend während eines ähnlichen Zeitraums zu sinken. Ein Preisverfall hat nicht zwangsläufig eine Grenze, und umgekehrt kann sich auch ein Anstieg unbegrenzt fortsetzen. Als ein Kaufmann in Goa einen Diamanten von unschätzbarem Wert kaufte und ihn von Indien nach Europa brachte, wurde er vom französischen König zurechtgewiesen, der ihn fragte: »Wie konntet Ihr für diesen Stein ein ganzes Vermögen aufs Spiel setzen?« Die gleichermaßen höfliche wie kluge Antwort des Kaufmanns lautete: »Ich dachte dabei die ganze Zeit an Eure Majestät.« Daher müsst Ihr euch keine Sorgen über übermäßig hohe Kurse machen. Es mangelt nie an Fürsten der Börse und wagemutigen Geschäftsleuten, die die Aktien lieben. Bedenkt immer, dass es ebenso viele Spekulanten wie Menschen gibt und dass es stets Käufer geben wird, die Euch von der Angst befreien werden. …

Auf die Börse macht die Erwartung eines Ereignisses einen sehr viel tieferen Eindruck als das Ereignis selbst. Wenn hohe Dividenden oder wertvolle Schiffsladungen erwartet werden, steigt der Aktienkurs, aber wenn die Erwartung erfüllt wird, fällt der Kurs oft, denn die Freude über die günstige Entwicklung und der Jubel über eine große Chance haben in der Zwischenzeit nachgelassen. Dieses Phänomen hat natürliche Gründe. Wann immer die Situation bedrohlich wird, bleiben die Baissiers aus Furcht vor einem Rückschlag untätig. Hingegen werden die Haussiers übermütig vor Freude über die vorteilhafte Entwicklung der Geschäfte und legen eine derart [unbe-

76) In den verschiedenen niederländischen Städten bildeten die Aktionäre »Kammern«, die jeweils Direktoren in die Kompanie entsandten. Die Aktien einer Kammer konnten nicht auf eine andere übertragen werden.

dachte] Zuversicht an den Tag, dass sie sich selbst von ungünstigen Nachrichten nicht mehr beeindrucken und erschrecken lassen. Doch sobald die Schiffe eintreffen oder die Dividenden angekündigt werden, werden die Baissiers wieder mutiger. Sie gehen davon aus, dass die Käufer – die Haussiers – einige Monate lang keine weiteren sehr erfreulichen Ereignisse erwarten dürfen. Also zittern die Blätter in der leichtesten Brise, und der kleinste Schatten beginnt bedrohlich zu wirken – und so ist es kein Wunder, dass die Aktie fällt, da sie von der einen Partei im Stich gelassen und von der anderen attackiert wird. Kluge Leute verstehen die Vorteile zu nutzen, die ihnen das Schicksal bietet ..., denn wenn sich die Lage plötzlich ändert, können [die Spekulanten] kaum ihre Füße [aus dem Feuer] ziehen, und wenn sie in große Gefahr geraten, können sie bestenfalls ihre Glieder retten....

Kaufmann: [Eurer Schilderung entnehme ich, dass] die an der Börse verwendeten Begriffe nicht sorgfältig gewählt sind. Ich stelle fest, dass dort ein mit dem Griechischen vermengtes Arabisch gesprochen wird und dass selbst der erfahrenste Mann ein neues Wörterbuch braucht, um diese Sprache zu verstehen.... Jeder einzelne Ausdruck ist so rätselhaft wie Gott. Ich glaubte wirklich, es mit dem Turmbau zu Babel zu tun zu haben, als ich die Sprachverwirrung an der Börse hörte. Einmal verwendeten sie dort lateinische Worte wie *opsie*, dann wieder niederländische wie *bichile* und manchmal französische wie *surplus*[77].

Aktionär: Die Sprachverwirrung an der Börse ist nicht meine Schuld. Der Jargon wurde von den geschäftlichen Erfordernissen hervorgebracht. Er erwies sich als praktisch und bürgerte sich ein. Ich verkaufe die Ausdrücke zu Selbstkosten und profitiere nur davon, dass ich sie Euch nahe bringen und erklären darf....

Philosoph: [Was die Praktiken an der Börse anbelangt, so erklärt Ihr, dass] beim Eintreffen unerwarteter Neuigkeiten jene, die es für vorteilhaft halten, kaufen, während jene, die die Lage weniger zuversichtlich einschätzen, verkaufen. Daher gilt es als besonders klug [für den Neuling oder den Zweifler], mit den Käufern und Verkäufern zu sprechen, ihre Meinungen und Gründe gegeneinander abzuwägen und anschließend einen geeigneten Weg einzuschlagen, um das günstigste Geschäft zu machen. [Dies verletzt den Anstand.] Ich würde gerne fragen, ob die Spekulanten verpflichtet sind, mir ihre Geheimnisse zu verraten, oder ob eine Spekulation auf der Hoffnung beruhen

---

77) Der Terminus surplus bezeichnete die Differenz zwischen den Werten am Abrechnungstag.

kann, ein solches Gespräch zu führen. Wenn Ihr selbst anmerkt, dass eine gute Gelegenheit in einem Augenblick vorüber ist, wie kann es dann vernünftig sein, Zeit mit Unterhaltungen zu verlieren? ...

[Aber bevor Ihr diese Frage beantwortet, möchte ich noch einige wenige Dinge anmerken. So scheint es mir beispielsweise] unvereinbar mit der Philosophie, dass die Baissiers verkaufen sollten, nachdem der Grund für ihre Verkäufe nicht mehr existiert, da uns die Philosophen lehren, dass es keine Wirkung mehr gibt, wenn ihre Ursache verschwunden ist. Aber wenn die Baissiers halsstarrig weiter verkaufen, so gibt es eine Wirkung ohne Ursache. Und während uns die Philosophie lehrt, dass verschiedene Wirkungen verschiedenen Ursachen zuzuschreiben sind, ... wird an der Börse aufgrund derselben Nachrichten von den einen gekauft und von den anderen verkauft, womit hier eine Ursache verschiedene Wirkungen hat. ...

Es gibt jedoch andere Aktivitäten [an der Börse] ... die meiner Philosophie nicht widersprechen. Dazu zählt der von Euch so anschaulich beschriebene hartnäckige Widerstand der Haussiers gegen die Angriffe der Baissiers. Das Ergebnis ist, dass die Aktien sogar in der größten Gefahr steigen.... Es überrascht mich auch nicht, dass beide Parteien mit Worten, mit Händen und Füßen, mit geistiger Kraftanstrengung und unter Einsatz ihres Vermögens kämpfen.... [In Anbetracht der Situation nehme ich an, dass es mich nicht überraschen sollte], dass einige Spekulanten eine bestimmte Nachricht für vorteilhaft halten, während andere sie als ungünstig betrachten. Die Fakten werden durch die Gefühle verändert, weshalb verschiedene Personen sie unterschiedlich deuten....

Eurem Rat, die Zahl der Geschäfte zu beschränken, stimme ich zu, denn er entspricht meinem Temperament. Zudem lehrt uns die Philosophie, dass .... der Magen ein Übermaß an Nahrung nicht verdauen kann, ... [und daher] ist es sehr vernünftig, sich mit [begrenzten] Gewinnen zufrieden zu geben, selbst wenn man nicht alle möglichen Reichtümer und Vorteile gewinnt.... Die Spekulanten an der Börse nennen einen Fehlschlag eine Ohrfeige. Ich halte denjenigen, der sich solchen Schlägen aussetzt, für einen Dummkopf....

Schließlich versichere ich Euch, dass ich stets dazu neige, auf einen Preisanstieg zu setzen, obwohl ich auch mit den Baissiers sprechen werde. Diese sind immer Pessimisten, und ich möchte in der Hitze des Gefechts vorurteilsfrei bleiben....

Aktionär: Ich hatte beschlossen, diese Dialoge ins Französische zu übersetzen, um das Wissen über die Börse, über die bisher noch niemand geschrieben hat,[78] der Allgemeinheit zugänglich zu machen, worauf ich jedoch verzichtete, da mir klar wurde, dass zahlreiche Passagen, die auf Wortspielen beruhen, nicht übersetzt werden konnten. Ich hielt es für angemessen, Anekdoten und schmückendes Beiwerk hinzuzufügen und gelehrsame Abhandlungen und tiefe Gedanken durch eine elegante und harmonische Darstellung abzurunden....

Da die Scherze an der Börse, sofern sie nicht verletzend, sondern fröhlich sind, wesentlich zum Reiz des Geschäfts beitragen, ist es nicht unangebracht, in einer Beschreibung der Börse die Anspielungen zu erwähnen. Ich will niemanden beleidigen, sondern ich berichte nur, besser gesagt ich schieße in die Luft, denn da die Angriffe auf diese Art nicht auf einzelne Personen gerichtet werden können, wird der Pfeil kein bestimmtes Ziel treffen.

Ich habe einen wahrheitsgetreuen Bericht versprochen, und dieser wäre nicht möglich ohne eine genaue Wiedergabe der Tatsachen. Und wenn mir strenge Kritiker entgegenhalten, dass die Wahrheit nicht von jenen verletzt wird, die sie verbergen, sondern von jenen, die sie verändern, so versichere ich, dass ich nicht die kleinste mir bekannte Einzelheit auslasse. Daher erfülle ich meine Pflicht, es sei denn, ich halte eine Sache für unanständig....

---

78) Pringsheim schreibt in einer Anmerkung zu seiner Übersetzung des Buches aus dem Jahr 1919 (S. 89): »Diese Behauptung des Verfassers ist nicht ganz richtig, da schon 1642 und 1687 einige Flugschriften über die Aktienspekulation erschienen waren. Der Verfasser kennt dieselben überhaupt nicht oder erwähnt sie nicht, weil sie ihm zu unbedeutend erschienen.«

Dritter Dialog

...

Aktionär: Die Menschen spielen die verschiedensten Rollen in diesem großartigen Welttheater, und die größte Komödie wird an der Börse aufgeführt. Dort üben sich die Spekulanten auf unnachahmliche Art in verschiedensten Kunstgriffen, schließen Geschäfte ab und suchen nach Ausreden, verschleiern Tatsachen, streiten und provozieren, spotten und schwätzen dummes Zeug. Wir können dort heftige Gefühlsausbrüche verfolgen und geheime Absprachen, kunstvolle Täuschung und Hinterhalte, Betrug und so manches tragische Ende. In einem Lied beschreibt Horaz die süße Ekstase eines Dummkopfs, der sich einbildet, stets in einem wunderbaren Theater zu sitzen und von Schauspielern unterhalten zu werden. Entzückt verfolgt er das verwickelte Stück:

> ...qui se credebat miros audire tragedo
> In vacuo laetus sessor, plausoque theatro ...[79]

So manche Komödie trägt einen Titel, der durchaus auf die verschiedenen Börsenakteure gemünzt sein könnte. So finden wir die versammelte Börse im »Palast der Verwirrung«, die Haussiers in »Größeres Leid für größere Sehnsucht«, die Baissiers in »Die Bestie, der Blitz und der Stein«, die Unbeteiligten in »Die Schelmen bleiben unter sich«, die geschickten Spieler in »Kein Leben wie das ehrbare«, die Fredericks in »Glück und Elend des Namens«, die glücklichen Spekulanten in »Glück gebe Dir Gottes Sohn«, die Glücklosen in »Auflehnung gegen das Schicksal«. Schließlich würde mir eine Aufführung von »Die Augen öffnen« gefallen, obwohl ich mich anschicke, »Alles und nichts

79) »[In Argos lebte einst ein Mann,] der sich immer einbildete, er höre wundervolle Tragödien an, wenn er vergnügt im leeren Theater saß und Beifall klatschte ...« Horaz, Epistulae, Buch 2, II, 129 (Übersetzung nach Schönberger, 1991).

geben« zu inszenieren, denn obwohl ich Euch alles beizubringen versuche, was ich weiß, bin ich davon überzeugt, euch nichts zu geben, wo ich versuche, euch alles zu geben.[80]

Philosoph: Dann werde ich »Was in einer Nacht geschieht«[81] aufführen, denn in der letzten Nacht fand ich keine Ruhe, sondern wurde von Rastlosigkeit gequält. Meine Gelassenheit verwandelte sich in Verzweiflung, meine Ehrfurcht in Spott, mein Wissen in Unkenntnis, meine Gleichmut in Raserei, mein Respekt in Geringschätzung. Ein Spekulant hatte mich betrogen, ein Betrüger hatte mich beim Wort genommen, ein Schwindler hatte mir mein Ansehen geraubt.

Da hatten sich einige Freunde versammelt, die über Aktien sprachen und einen geltenden Preis von 576 nannten. Den Ängstlichen erklärten sie, der Kurs sei übertrieben hoch, den Mutigen sagten sie, er sei mäßig. Ich war froh zu hören, dass meine Meinung bestätigt wurde, da ich mich an den Rat erinnerte, auf einen Anstieg zu spekulieren. Und da ich jene Fraktion unterstützen wollte, die das Land und die Kompanie liebt, versuchte ich meine Meinung zum Ausdruck zu bringen, indem ich einem Baissier, der den Ruin des Staates verkündete, 586 für eine Aktie bot. Kaum hatte ich das Angebot gemacht, da erhielt ich die begeisterte Antwort, die Aktie gehöre mir. Unter den anderen Akteuren brach angesichts meiner Kühnheit und wegen ihrer Furcht ein derart großer Lärm, ein solches Gebrüll und Gelächter aus, dass ich errötete – nicht wegen meiner Dummheit, sondern aus Wut und Scham.

Ich verbrachte die ganze Nacht in Unruhe, gequält von dem Gedanken, dass sie mir das Geld aus der Tasche gezogen hätten. Als ich mich am nächsten Morgen gleich nach dem Wert des Papiers erkundigte, erklärte mir ein Schuft (ich weiß nicht, ob er es ernst meinte oder mich nur quälen wollte), dass der Kurs gegenwärtig bei [5]64 stehe und sehr bald auf [5]20 sinken werde. Es

---

80) Die ersten sechs Stücke können folgendermaßen identifiziert werden: El palacio confuso von Antonio Mira de Amescua (1574-1644), Sufrir más por querer más von Jerónimo de Villayzán (1604-1633), La fiera, el rayo y la piedra von Pedro Calderón de la Barca (1600-1681), Entre bobos anda el juego von Francisco de Rojas Zorilla (1607-1648), No hay vida como la honra von Juan Perez de Montalban (1602-1638), Dicha y desdicha del nombre von Pedro Calderón de la Barca. Oponerse a las estrellas (hier übersetzt mit »Empörung gegen das Schicksal«) wurde von Moreto y Cavana (1618-1669) gemeinsam mit Martínez de Meneses und Matos Fragoso verfasst. Abrir el ojo (»Die Augen öffnen«) stammt von Rojas Zorilla, Darlo todo y no dar nada (»Alles und nichts geben«) von Calderón de la Barca.

81) Lo que pasa en una noche von Antonio Coello (1611-1653).

war ein Wunder, dass ich nicht tot umfiel oder zumindest ohnmächtig wurde....

Kaufmann: Die Schurken erklärten, wir müssten von der Tarantel gestochen sein [weil wir derart aufgeregt waren], und lenkten das Gespräch auf die »Opsies«.[82] Sie stellten fest, dass ich sehr verärgert darüber war, dass sie unserem Philosophen derart übel mitgespielt hatten, und von der Wut getrieben, fragte ich, wie hoch die Prämie für eine Lieferung zum Kurs von [5]80 im Oktober sei. Einer der Schurken erwiderte durchtrieben, er werde sich nicht an irgendeinen Kurs binden, schätze das Aufgeld jedoch auf 20 Prozent. Ich bot ihm 15 Prozent an, und er nahm mein Angebot mit dem Hinweis an, dass er als Gefälligkeit das Risiko auf sich nehmen werde. Zu diesem Zeitpunkt war ich ihm für seine Freundlichkeit dankbar, doch heute habe ich erfahren, dass die Prämie bei höchstens 9 Prozent liegt.

Doch trotz all dieses Verdrusses tröste ich mich damit, dass ich nicht von einem derart hohen Dach gefallen bin wie unser Freund [der Philosoph], denn ich weiß, was ich verlieren kann, und die Differenz wird 6 Prozent nicht übersteigen. Er hingegen hat bereits einen Verlust von 10 Prozent erlitten, ohne zu wissen, wie groß seine Einbuße noch werden kann und wie lang seine Ungewissheit andauern wird.[83]

Aktionär: Damit Ihr nicht allzu laut prahlt, möchte ich Euch sagen, dass sich der Philosoph eher von seiner Qual erholen wird als Ihr euch von Eurer Wut. An der Börse gilt die strikte Regel (die einst lediglich eine Gewohnheit war), dass die Partei, die einen Fehler begeht, nicht darunter leiden muss, wenn der Kurs, zu dem eine Transaktion abgeschlossen wurde, um 10 Prozent vom tatsächlichen Tageskurs abweicht. Wenn unerwartete Nachrichten eintreffen, können skrupellose Händler Angebote über oder unter dem Tagespreis vorlegen, um Käufer oder Verkäufer anzulocken. Man muss jedoch dafür sorgen, dass die Transaktion anerkannt wird, selbst wenn es [für den Schwindler] nicht vorteilhaft ist, die Anerkennung zu geben, sobald die Gegenseite ihren Fehler

---

82) Die Tatsache, dass der Kaufmann in der ersten Person Plural spricht, deutet darauf hin, dass er ebenfalls der Gruppe von »einigen Freunden« angehört, mit denen sich der Philosoph am Vorabend getroffen hat.

83) Es scheint hier um das Ausmaß des Verlusts zu gehen, der aus den verschiedenen Dummheiten resultieren kann. Der Philosoph hat 586 für Aktien bezahlt, deren Marktwert lediglich bei 576 lag, womit er von vornherein einen Verlust von 10 Punkten hingenommen hat. Der Kaufmann seinerseits hat sich zu einem Aufgeld von 15 Prozent bereit erklärt, obwohl er eines von 9 Prozent bekommen hätte, womit er infolge seiner Unkenntnis oder Achtlosigkeit 6 Prozent verloren hat.

erkannt hat. Obwohl der Markt sehr unterschiedlich auf unerwartete Neuigkeiten reagieren kann, wurde diese unanfechtbare Regel eingeführt. Abgesehen davon, dass der Philosoph nicht gezwungen werden kann, die Aktien zu einem Preis von mehr als 576 zu nehmen, kann er sich überhaupt weigern, die Transaktion durchzuführen. Da es sich um sein erstes Geschäft handelt und da allgemein bekannt ist, dass er kein Geschäftsmann ist, wird es ihm übrigens leicht fallen, das Angebot zu leugnen und den Verlust zu vermeiden....

[Im Übrigen sind Redlichkeit und Gewissenhaftigkeit an der Börse durchaus verbreitet. Zum Beispiel] sind der Aktienhandel und die hektische Aktivität beim Eintreffen unerwarteter Nachrichten wunderbar anzusehen. Niemand widerruft die Entscheidungen, zu denen er sich in der Leidenschaft des Augenblicks hat hinreißen lassen, und das gegebene Wort ist selbst bei einer Kursschwankung von 50 Prozent heilig. Obwohl die Kaufleute zahlreiche Geschäfte ohne Vermittlung von Maklern abschließen, die als Zeugen dienen könnten, kommt es weder zu Verwirrung noch zu Streitigkeiten....

Dieses Maß an Anstand, Zusammenarbeit und Genauigkeit ist ebenso bewundernswert wie überraschend. Aber für Verpflichtungen geradezustehen, die es nach den Gepflogenheiten der Börse nicht gibt, obwohl der Kredit nicht gefährdet ist und das Ansehen kaum leiden wird – das ist keine Großzügigkeit, sondern Wahnsinn, keine Rechtschaffenheit, sondern Verschwendung, kein Mut, sondern quijoteske Torheit....

Das Geschäft an der Börse kann mit einem Spiel verglichen werden. Einige der Spieler verhalten sich wie Fürsten und verbinden Stärke mit Sanftmut und Liebenswürdigkeit mit Intelligenz, aber manche Teilnehmer büßen ihr Ansehen ein, und andere zeigen einen Mangel an Hingabe, noch bevor das Spiel beginnt.

Ein kluger Mann, der das Geschäft an der Börse beobachtet und dort Unhöflichkeit erfahren hatte, bemerkte, das dort gespielte Spiel sei wie der Tod, der alle Menschen gleich mache....

[Ich würde zudem anmerken, dass] ein Kursrückgang von 20 Prozent nicht groß genug ist, um als ernster Rückschlag bezeichnet zu werden.... Man muss nicht verzweifeln und das eigene Schicksal beklagen, denn so wie der Kurs über Nacht um 20 Prozent fallen konnte, kann er im selben Zeitraum auch wieder um 50 Prozent steigen....

Es ist ein großer Fehler anzunehmen, dass man sich [zeitweilig] von der Börse zurückziehen oder seinen Seelenfrieden wiederfinden kann, indem man die übrigen Spekulanten meidet. Wer hartnäckig vom Pech verfolgt wird, den kann das Unglück auch auf dem Berg oder im Wald heimsuchen, wo man vom Blitz getroffen oder von wilden Tieren angefallen werden kann.... Zudem ist es dumm zu glauben, man könne sich von der Börse zurückziehen, nachdem man [den süßen Honig einmal gekostet hat].... Wer einmal den verzauberten Kreis der Börse betreten hat, gerät in ewige Aufregung und sitzt in einem Gefängnis, dessen Schlüssel am Grund des Meeres liegt und dessen Gitter sich nie wieder öffnen werden....

Kaufmann: Ich halte meine Einwände [gegen einige Eurer Gedanken] zurück ... und bitte Euch lediglich, mir die Bedeutung der Begriffe »West« und »Ost« zu erklären.

Aktionär: »Ost« und West« sind Abkürzungen, und während die »Kompanie«, über die wir bisher gesprochen haben, wegen ihrer Tätigkeit in Ostindien die »Kompanie des Ostens« genannt wird, gibt es noch eine weitere Gesellschaft, die als »Kompanie des Westens« bezeichnet wird, weil sie Handel mit Westindien treibt.

Die zweite Gesellschaft wurde im Jahr 1621 mit einem Kapital von 120 bis 130 Tonnen Gold gegründet. Ihre Geschäfte entwickelten sich so wunderbar, dass ihre Aktie bald denselben Kurswert wie die der Kompanie des Ostens erreichte. Es hatte den Anschein, als würden sich die Aktien der westindischen Kompanie in einen ungeheuer wertvollen Schatz verwandeln. Doch das Glück wendete sich. Die Gewürznelken gingen verloren, Brasilien fiel ab, die Reichtümer schwanden, der Glanz und das Ansehen der westindischen Kompanie litten, und die Meinung der Anleger änderte sich derart, dass die Aktien zu 3⅛ Prozent verkauft wurden und die Verkäufer einen noch größeren Verlust befürchten mussten.

Im Jahr 1674 schlugen die *Bewinthebberen* (eine Bezeichnung, die im Niederländischen »Direktoren« bedeutet und in beiden Kompanien verwendet wird) eine Sanierung der Gesellschaft vor, um die Schäden zu beheben und den drohenden Ruin zu verhindern. Das gefährdete Gesellschaftskapital sollte mit Beiträgen der interessierten Parteien erhöht werden. Eine derartige Hilfe wurde als *Bijlegh* bezeichnet, und wer die Reorganisation ablehnte, konnte von den Behörden von Gesetz wegen zum Verkauf seiner Aktien gezwungen werden. Es wurde jedoch ein Kompromiss erlaubt: Die Aktien konnten gegen Zahlung einer geringen Gebühr auf die anderen Kammern übertragen werden.

Die Gesellschaft hatte drei Arten von Verpflichtungen: erstens gegenüber den Aktionären – sei es, dass diese ihre Anteile von den ursprünglichen Zeichnern geerbt oder erworben hatten –, zweitens gegenüber den Anlegern, die der Gesellschaft zu einem niedrigen Zins Geld geliehen hatten und sich als wohlhabende Männer mit diesem Ertrag zufrieden gaben, und drittens gegenüber den Bodmereinehmern, an die Pfandrechte abgetreten worden waren, um das Geschäft der Gesellschaft ausweiten zu können.

Im Rahmen der Reorganisation mussten die Aktionäre 4 Prozent des Kapitals in bar einzahlen und erhielten im Gegenzug neue Aktien im Wert von 15 Prozent des Nennwerts der alten Aktien. Die Eigentümer von Einlagen mussten 8 Prozent beisteuern und erhielten dafür neue Aktien im Wert von 30 Prozent des Nennwerts ihrer Forderungen. Bei den Bodmereien wurden die alten von den neuen unterschieden. Für die alten erhielt man im Gegenzug für die Bareinzahlung von 8 Prozent 30 Prozent in Aktien, während die Inhaber der neuen Schiffspfandbriefe ohne Abzug 50 Prozent in bar und 50 Prozent in Aktien erhielten.

Die Sanierung kostete 70 Tonnen Gold, und die genannten Unterscheidungen wurden nach sorgfältiger Prüfung vorgenommen. Es war gerecht, dass die Aktionäre den geringsten Vorteil hatten, denn sie hatten sowohl an den Gewinnen als auch an den Verlusten der Kompanie teilgehabt, während die Eigentümer der Einlagen einen geringeren Verlust ihrer liquiden Forderungen hinnehmen mussten, da sie lediglich geringe Zinsen gefordert hatten und weder an den Gewinnen noch an den Verlusten der Gesellschaft beteiligt gewesen waren. Noch besser wurden die Bodmereinehmer behandelt, denn die Pfandbriefe waren noch jünger als die Einlagen. Aus demselben Grund wurde auch zwischen den älteren und neueren Forderungen unterschieden, wie wir gerade gesehen haben.

Das Ergebnis dieser Operationen war, dass die Kompanie zu neuem Leben erwachte. (Allerdings wurden in den vergangenen 14 Jahren so selten Gewinne ausgeschüttet, dass sich die Gesamtdividende lediglich auf 26 Prozent beläuft.) Der Kurs der Aktien liegt bei 110 Prozent, weil die Hoffnung besteht, dass große Ladungen aus Guinea und Curaçao eintreffen werden. Obwohl auch der [im Folgenden beschriebene] Vertrag Mängel aufweist, glauben die Leute an eine vorteilhafte Entwicklung der Geschäfte.

Der fragliche Vertrag (auf dem die wichtigsten Unternehmungen der Kompanie beruhen) sieht vor, dass sich einige wenige niederländische Kaufleute verpflichten, in Curaçao zu einem feststehenden Preis so viele Sklaven zu übernehmen, wie die Kompanie von der Küste Guineas heranschaffen kann. Da die Kaufleute die Sklaven nach [Spanisch-] Westindien weiterverkaufen, verdienen sie dank dieser Regelung nicht weniger als die Kompanie – in einem Geschäft, für dessen Abwicklung ein Agent nach Spanien entsandt wurde und für das eine Abgabe an den König entrichtet wird.

Diese Regelung stellt die wichtigste Grundlage für die Spekulation mit diesen Aktien dar, deren Preis von [politischen] Komplikationen in Europa nachteilig beeinflusst werden könnte, da solche Schwierigkeiten die Risiken für die Schiffe erhöhen und nachteilige Steuererhöhungen nach sich ziehen würden....

[Ich sollte hinzufügen, dass] zwar beide Kompanien am Frieden und an der Sicherheit des Staates interessiert sind, dass es jedoch bestimmte Faktoren gibt, die sich unterschiedlich auf die beiden Arten von Aktien auswirken und zur Folge haben, dass sie [in Beziehung zueinander] steigen oder fallen. Dazu kommt, dass sich bestimmte Gruppen gebildet haben. (Sie werden im Allgemeinen als »Cabales« bezeichnet. Ich weiß nicht, ob diese Bezeichnung von *cabal*[84] oder von *cabiloso*[85] abgeleitet ist.) Die Manöver dieser Kreise ermöglichen es Inhabern von Ost-Aktien, sich dieser zu entledigen, um ihre Position in West-Aktien zu stärken und umgekehrt. Wendet sich die Börse von der einen Aktie ab und bevorzugt die andere und werden viele Aktien der einen Sorte gegen bar verkauft, um den Preis der anderen in die Höhe zu treiben, entweder indem direkt die andere Aktie gekauft oder indem anderen Spekulanten durch Beleihung *ihrer* Käufe Kredit eingeräumt wird, so fürchten die Spekulanten einen plötzlichen Fall [des Kurses der ersten Aktie]. Aus Furcht vor weiteren Angriffen verkaufen sie eilig [die zweite Aktie]. Die Begeisterung für dieses Papier lässt nach, und sein Kurs sinkt.

---

84) Hier vermutlich gleichbedeutend mit caudal, was soviel bedeuten kann wie »Kapital, Geldmittel« oder ganz allgemein Wertgegenstände. Es könnte sich aber auch um eine Gruppe vortrefflicher Männer handeln, die große Wertschätzung genießen (vgl. hacer caudal de alguien).

85) Also caviloso, »misstrauisch, argwöhnisch«, aber auch »klatschhaft«, mithin intrigant.

Diese [West]-Aktien werden nicht wie die »Ost«-Aktien zu einem (Nennwert) von 500 Pfund, sondern zu einem Wert von 1000 Pfund gehandelt.... [Um genau zu sein,] wurden sie für kurze Zeit zu 500 Pfund gehandelt, obwohl ihr Wert und möglicherweise auch das Risiko im Handel mit diesen Papieren sehr viel geringer waren [als bei den Ost-Aktien]. Aber bestimmte habgierige Kaufleute verlangten, die Maklergebühr zu halbieren (sie belief sich für beide Seiten auf nur 1½ Gulden pro Aktie gegenüber den 3 Gulden, die für »Ost«-Aktien zu bezahlen waren), und die Makler hielten ihnen die Forderung entgegen, dann müsse sich jeder Kontrakt auf mindestens 1000 Pfund belaufen, damit sie 6 Gulden für dieselbe Arbeit verdienen könnten. Diese Gebühr mag auf den ersten Blick hoch wirken – nicht in Bezug auf den Wert der Aktien, sondern mit Blick darauf, dass die Transaktionen leicht abzuwickeln sind. Dennoch sind einige Makler ihren Kunden, die sie üblicherweise als ihre Herren bezeichnen, derart treu ergeben und zeichnen sich durch ein derart hohes Maß an Aktivität, Eifer und Wachsamkeit aus, dass die Kunden eine entsprechende Gegenleistung für ihr Geld erhalten, selbst wenn die Makler nicht allzu redlich sind.

Aber da in diesem Geschäft dieselben Kniffe üblich sind wie im Handel mit »Ost«-Aktien und da der Handel mit diesen Aktien ebenso redlich und gleichermaßen betrügerisch ist, sollten wir uns weiterhin auf die Kunstgriffe im ersten Geschäft beschränken, welches das üblichste in dieser Stadt und das bekannteste in der Welt ist....

Kaufmann: Wenn es für unseren Freund keine allzu große Mühe ist, würde ich gerne auch etwas über den Ort und über den Ablauf der Transaktionen an der Börse hören – darüber, wie das Geschäft betrieben wird. Denn während wir den Ursprung, die Erneuerung und die Verwirrungen der Börse kennen, wissen wir noch nichts über die Art des Geschäftsverkehrs oder über den Schauplatz des Geschehens.

Aktionär: Da unablässig Geschäfte getätigt werden, kann man kaum einen bestimmten Ort benennen, an dem sie stattfinden. Doch besonders rege ist die Aktivität am Dam und an der Börse. Am Dam wird am Vormittag von 10 bis 12 Uhr und an der Börse von 12 Uhr mittags bis 2 Uhr nachmittags gehandelt.

Der Dam ist der Platz, an dem der Palast steht [d.h. das Stadthaus]. Das niederländische Wort *Dam* bezeichnet einen Deich gegen die Fluten. An diesem

Ort wurde einst ein Deich gebaut, um die Stadt gegen die Amstel abzuschirmen, den Fluss, von dem die Stadt ihren Namen hat, denn Amsterdam hieß ursprünglich Amstel Dam.

Auf diesem Platz beginnt jeden Morgen das Spiel. Es endet, wenn die Tore der Börse am Mittag geschlossen werden.[86] Dann versammelt sich die Menge in großer Eile in der Börse, um nicht für das verspätete Eintreffen mit einem Bußgeld belegt zu werden. Nun wird der Wettkampf an der Börse fortgesetzt. Selbst bei völliger Erschöpfung werden die Waffen nicht niedergelegt, und während der allgemeinen Aufregung darf niemand auf Erholungspausen hoffen.

Die Börse ist ein von Säulen umgebenes Gebäude. (Manche Leute lehnen sich an diese Säulen, die [in ihren Augen] Feuersäulen sind, andere verstecken sich dahinter wie hinter einer Wolke.) Der Name »Börse« rührt daher, dass das Gebäude die Händler wie eine Börse umschließt, oder daher, dass hier jedermann bestrebt ist, seine Börse zu füllen. Da das Wort »Börse« im Griechischen »Haut« bedeutet, [überrascht es vielleicht nicht], dass vielen Spielern an der Börse die Haut über die Ohren gezogen wird....

Die Abwicklung der Transaktionen ist ebenso lächerlich wie das Spiel selbst. In der Levante wird eine Einigung durch Kopfnicken bestätigt, während das Geschäft hier mit einem Händeschütteln oder einem Handschlag besiegelt wird. Doch wie schmerzhaft! Viele streben nach dem Sieg, den der Handschlag verspricht, um am Ende nur den Schicksalsschlag beklagen zu können....

Ein Mitglied der Börse streckt die Hand aus, und ein anderer Mann ergreift sie, und so wird eine bestimmte Zahl von Aktien zu einem festgesetzten Preis verkauft, der mit einem zweiten Handschlag bestätigt wird. Mit einem weiteren Händeschütteln wird ein zweites Papier angeboten, und es folgt ein Angebot. Die Hände röten sich durch die Schläge (ich denke, aus Scham darüber, dass angesehene Männer auf eine derart ungehörige Art Geschäfte machen). Den Handschlägen folgen Rufe, den Rufen Beschimpfungen, den Beschimpfungen Unverschämtheiten und weitere Beschimpfungen, Schreie, Stöße und Handschläge, bis das Geschäft abgeschlossen ist. In der Heiligen Schrift habe ich gelesen, dass man zum Ausdruck der Überraschung sowie bei festlichen

86) »Geschlossen« bedeutet hier, dass nur bis zu diesem Zeitpunkt Einlass gewährt wurde.

Gelegenheiten in die Hände klatscht. Hier jedoch klatschen sie sowohl vor Überraschung als auch vor Freude in die Hände.... Manche klatschen Beifall für Betrügereien, andere reiben sich die Hände in fassungsloser Verwunderung über Verluste. Sie applaudieren wie im Theater und reiben sich die Hände angesichts des Ruins....

[Der Philosoph unterbricht den Aktionär, um diese lebhafte Schilderung mit klassischen Gemälden zu vergleichen. Der Aktionär fährt fort:]

Um noch größeren Beifall für meine Schilderung zu erhalten, möchte ich die nervöse Anspannung und die Rastlosigkeit der Spekulanten beschreiben. Ich denke, dass sie die Bezeichnung *Aktionäre* zweifellos erhalten haben, weil sie unentwegt in Aktion sind.... Die Beschäftigung mit ihren Aktivitäten hat sich derart fest in ihr Denken eingegraben, dass sie [angeblich] auch noch im Schlaf verhandeln und streiten.

Zwei meiner Freunde schliefen zusammen. Der eine versetzte dem anderen im Schlaf einen Schlag gegen den Kopf, sodass dieser eine Schwellung erlitt. Als der Verletzte seinen Freund schreiend weckte, versicherte dieser seinem Gefährten, dass er mit diesem Schlag gerade ein Geschäft abgeschlossen habe. Der Spekulant war ein zweiter Pythagoras. Dieser wurde von einem Hahn geweckt, der Spekulant von einem Schlag, und auf Portugiesisch nennt man beides einen *gallo*....

Wenn die Spekulanten sprechen, sprechen sie über Aktien, wenn sie eine Besorgung machen, so sind die Aktien der Grund dafür. Stehen sie still, so sind die Aktien der Zügel, der sie zurückhält. Wenn sie etwas betrachten, sehen sie Aktien, wenn sie besorgt sind, sind Aktien der Anlass. Wenn sie essen, sind die Aktien ihre Nahrung, wenn sie nachdenken oder studieren, kreisen ihre Überlegungen um Aktien. Im Fieberwahn phantasieren sie von Aktien, und selbst ihre letzten Worte auf dem Totenbett gelten den Aktien....

Aber all das wird, ... so schwer das zu glauben ist (weil es eher eine Erfindung als eine Übertreibung zu sein scheint), noch durch die Tatsache übertroffen, dass der Spekulant gegen seine eigene Vernunft ankämpft, seinen eigenen Willen zu unterdrücken versucht, seiner eigenen Hoffnung zuwiderhandelt, seine eigene Sicherheit gefährdet und seinen eigenen Entscheidungen widerspricht .... Jeder Spekulant scheint bei zahlreichen Gelegenheiten zwei Körper zu haben, denn der verblüffte Beobachter sieht ein menschliches Wesen, das mit sich selbst ringt. Trifft beispielsweise eine Nachricht ein, die den Spekulanten eigentlich zum Kaufen bewegen sollte, während ihn die Stimmung an der Börse zum Verkauf drängt, so bekämpfen seine guten Gründe seine Empfindungen. In einem Augenblick drängt ihn seine Vernunft, aufgrund der Neuigkeiten zu kaufen, und im nächsten Moment hat er das Gefühl, verkaufen zu müssen, weil dies die Tendenz an der Börse ist.

Kaufmann: Ihr habt uns über das Verhalten der Spekulanten, über den Ort und nun auch über die Rastlosigkeit der Börse aufgeklärt. Doch ich möchte auch wissen, wie die Transaktionen an der Börse abgewickelt werden, wie die Aktien übertragen und bezahlt werden.

Aktionär: Ich habe Euch bereits von den drei Gruppen erzählt, die an der Börse tätig sind. Die erste wird von den Großkapitalisten oder Fürsten der Börse gebildet, die zweite von den Kaufleuten und die dritte von den Berufsspekulanten.

Die Kapitalisten, die von den Zinsen auf ein fürstliches Vermögen leben, bewahren sich auch in diesem Geschäft die Würde von Fürsten. Um den mit den Transaktionen verbundenen Ärgernissen aus dem Weg zu gehen, besuchen sie die Börse nie selbst, sondern erteilen ihren Maklern Aufträge, die sie für vorteilhaft halten, und die Makler führen die Anweisungen so gut wie möglich aus. Manchmal, wenn sich die vermutete Tendenz fortsetzt, kann ein Auftrag umgehend ausgeführt werden. In anderen Fällen jedoch erkennen geschickte Widersacher die Absichten des Maklers und rufen eine derartige Verwirrung hervor, dass er den Auftrag nur mit [unerwarteten] Nachteilen und Schwierigkeiten ausführen kann.

Auch manche Kaufleute suchen die Börse nicht selbst auf, sondern beauftragen ähnlich den großen Finanziers ihre Makler. Sie wollen sich nicht durch Angriffe, Beschimpfungen und Gebrüll aus der Ruhe bringen lassen. Um diesen Unannehmlichkeiten zu entgehen, meiden sie den Tumult an der Börse. Es gibt jedoch auch Kaufleute, die (wie die Spekulanten) täglich zur Börse gehen. Es gibt drei Gründe dafür, dass sie ihrem Vorteil größeren Wert beimessen als ihrem Ansehen und den Gewinn höher schätzen als die Schicklichkeit: Erstens wollen sie keine Maklergebühren bezahlen, weshalb sie direkt mit anderen Kaufleuten in ihrem eigenen Kreis Geschäfte machen, eine Vorgehensweise, die ihnen Ärger und Arbeit erspart. Zweitens genießen sie die Handschläge, da sie [herzliche] Leute sind, die gerne eine Hand schütteln und sich bemühen, anderen die Hand zu reichen. Drittens haben sie [sofern sie sich entschließen, die Dienste eines Maklers in Anspruch zu nehmen] den Vorteil, persönlich mit ihm in Kontakt treten zu können – ein Umstand, der ihnen immer ein halbes Prozent mehr sichert, als ein Makler einem anderen zugestehen würde. Der Grund dafür ist, dass die Makler die Kaufleute als verlässliche Kunden betrachten, während sie nicht wissen, ob sie selbst von anderen Maklern als vollkommen zuverlässig eingeschätzt werden. Würde ein Makler mit einem anderen ein Geschäft machen, so würde er nur die halbe Maklergebühr erhalten, während er die Courtage von beiden Parteien gleichzeitig bekommt, wenn er eine Transaktion mit einem Kaufmann arrangiert. Viertens begeben sich die Kaufleute an die Börse, um etwas über die Entwicklung der Kurse in Erfahrung zu bringen und herauszufinden, ob die Preise tendenziell steigen oder fallen. Und da sich das gesamte Börsenvolk um diese einflussreichen Männer drängt, um die von ihnen eingeleiteten Transaktionen durchzuführen, fällt es den Kaufleuten leicht, die Absichten [anderer Händler] zu durchschauen, die Nachrichten zu überprüfen und sich auf diese Art einen Vorteil zu verschaffen. Fünftens glauben sie, dass es ihnen gelingen wird, die besten Möglichkeiten intuitiv zu erkennen, da sie *virtuosi* und im Geschäft erfahrene Männer sind und da niemand größeres Geschick besitzt als sie.

»Kümmere dich um das, was dich angeht«, rät ein besonnener Mann. Erfolgreiche Geschäftsleute befolgen diesen Rat, denn sie glauben, dass niemand besser für ihre Interessen eintreten wird als sie selbst und dass niemand das Glück besser zwingen kann als sie….

Es überrascht mich nicht, dass es Spekulanten gibt, die ihre Aufträge, obwohl sie nicht geizig sind, nicht den Maklern übertragen, die sie zweifellos ebenso beflissen wie anständig und ebenso anständig wie pünktlich ausführen würden. Ich beklage mich jedoch darüber, dass einige dieser Spekulanten unter dem Vorwand, einen Makler zu bevorzugen, freundlich zu diesem sind (ohne wirklich zu beabsichtigen, etwas für ihn zu tun). Sie erteilen ihm den Auftrag, eine oder mehrere Aktien zu kaufen, erscheinen dann jedoch im Augenblick der Ausführung selbst in der Börse und bieten einen höheren Preis als jenen, den der unglückliche Makler in ihrem Auftrag bieten durfte. So täuschen sie ihn durch Schmeichelei. Welchen Sinn hat es, einen Auftrag zu erteilen, wenn man gleichzeitig nach einem Weg sucht, seine Ausführung zu verhindern? Werden die Aktien nicht zwangsläufig an den Spekulanten verkauft, weil er ein höheres Angebot vorlegt als der Makler … den er mit einem falschen Lächeln und vorgeblicher Herzlichkeit behandelt hat?….

Wir haben bereits festgestellt, dass es drei Methoden gibt, mit Aktien zu handeln. Aber Ihr solltet wissen, dass auch drei Arten der Abwicklung möglich sind. Da sind zunächst die direkten Übertragungen. Für eine Übertragung muss sich der Verkäufer der Aktien ins prachtvolle Haus der Kompanie begeben, wo er die Aktien auf das Konto des Käufers oder Beleihers übertragen muss. (Wie an anderer Stelle erwähnt, machen selbst die reichsten Leute von dieser Beleihung der Aktien Gebrauch, ohne ihren Kredit zu gefährden.) Nachdem der Betrag bei der Bank angewiesen ist, bestätigen die Angestellten der Bank, dass die Zahlung korrekt erfolgt ist (das ganze Verfahren bezeichnen wir als »Bereinigung des Postens«). Dies wird abgesehen davon, wie eilig es der Käufer hat oder wie dringend der Verkäufer sein Geld braucht, mehr oder weniger rasch abgewickelt – und manchmal gibt es Klagen über die Eile oder Nachlässigkeit, mit der dieses Verfahren durchgeführt wird.

Die zweite Abwicklungsmethode kommt an den *Abrechnungstagen* zum Einsatz. Damit ist gemeint (oder sollte zumindest gemeint sein), dass die Aktien am 20. des Monats, in dem die Transaktion stattgefunden hat, zu übernehmen sind, und dass sie am 25. desselben Monats zu bezahlen sind. Aber in dieses Abrechnungsverfahren haben sich Nachlässigkeit, Unordnung und Verwirrung eingeschlichen, weil weder die Übernahme noch die Bezahlung zum richtigen Zeitpunkt erfolgt. Es gibt Makler, die wir als *Aufrechner* bezeichnen, da ihre Tätigkeit darin besteht, die Engagements auszugleichen oder gegeneinander aufzurechnen, und [nur] die *Differenzen* zu bezahlen oder zu kassieren. Und da es unter diesen Männern einige gibt, die sich durch Verschleppung und Verdunkelung einen Gewinn zu sichern versuchen, muss man in den Geschäften mit ihnen auf den eigenen Vorteil achten und seine Interessen verteidigen, anstatt sich um Höflichkeit und Liebenswürdigkeit zu bemühen.

Die dritte Art von Transaktionen findet *zu noch späteren Terminen* statt. Hier müssen die Aktien am 20. und 25. des im Kontrakt festgelegten Monats geliefert und bezahlt werden, es sei denn, man macht Gebrauch von den geheimnisvollen Prolongationen, die ich ablehne, denn sie schmälern den Kredit und schaden dem Ansehen [der Partei, die um die Verlängerung der Frist bittet]. Für diese Zeitgeschäfte verwenden die Makler gedruckte *Kontraktformulare*, in denen die üblichen Bestimmungen und Bedingungen für solche Geschäfte festgehalten sind. In die Vordrucke sind nur noch die Namen, Termine und Preise einzufügen. Die beiden Parteien füllen zwei Kopien aus, unterzeichnen sie und tauschen sie aus, und nachdem die Aufrechner den Gewinn oder Verlust ermittelt haben, werden die Kontrakte erneut zwischen den Parteien ausgetauscht.

Für *Optionsgeschäfte* gibt es ein weiteres *Kontraktfomular*, aus dem hervorgeht, wann und wo die Prämie bezahlt wurde und welche Verpflichtungen die Unterzeichner eingegangen sind. Die *Formblätter für die Verpfändung* sehen ebenfalls anders aus. Auf Stempelpapier werden die Regelungen für die *Dividenden* und andere Einzelheiten festgehalten, um Unklarheiten und Meinungsverschiedenheiten bezüglich der Vereinbarungen zu vermeiden.

Was die Tatsache anbelangt, dass die durch Zahlung von Prämien zu begleichenden spekulativen Transaktionen nicht eingeklagt werden können, so habt Ihr mit Recht darauf hingewiesen, dass die Verordnung nicht für *Kassageschäfte* gilt.[87] Hingegen gilt sie für *Termingeschäfte,* sofern der Verkäufer die Aktien nicht innerhalb von 14 Tagen auf das Zeitkonto des Käufers überträgt. Dann ist der Käufer verpflichtet, entweder die Aktien zu übernehmen oder sich für insolvent zu erklären.

Die allgemeine Einschätzung ist, dass diese Verordnung nicht für den Verkäufer, sondern lediglich für den Käufer gilt, aber dies ist ein Irrtum, der sich durch schlechte Praktiken eingeschlichen hat. Die Juristen erklären, dass der Verkäufer ebenso wie der Käufer das Recht hat, den in Frederick Henrys Edikt vorgesehenen Einspruch zu erheben.

Es wird auch allgemein angenommen, dass das Gesetz nicht gilt, wenn der Verkäufer die Aktien zurückkauft (und zwar von dem, an den er sie vorher verkauft hat). Auch das ist zweifellos ein Irrtum. Beispielsweise gilt das Edikt nicht, wenn ich eine Aktie zum Preis von 540 kaufe, sie zu 520 verkaufe und vor Zeugen erkläre, dass die auf diese Art verkauften Aktien dazu dienen werden, die zuvor gekauften zu begleichen. Mit dieser Vorgehensweise habe ich mich zum Schuldner der Differenz von 20 Prozent [des Nennwerts] erklärt, die ich verloren habe. Daher ist es mir nicht erlaubt, mich auf die Verordnung zu berufen, da ich bereits Schulden übernommen habe. Ich muss also die Differenz bezahlen oder mich für zahlungsunfähig erklären. Aber wenn ich eine Aktie zu 540 von jemandem gekauft habe und ihm ohne entsprechende Erklärung eine andere Aktie zu 520 verkaufe, [wobei der Verkäufer in keinem

87) In diesem Abschnitt ist mit »Verordnung« das Edikt Frederick Henrys gemeint. Vgl. dazu auch die entsprechenden Erläuterungen in der Einführung.

der beiden Fälle wirklich die Aktie besitzt,] muss ich mich weder für bankrott erklären, um mich [von der Verpflichtung] zu befreien, noch muss ich die Flucht ergreifen, um mich zu entziehen. [Stattdessen kann ich mich einfach auf das Edikt berufen.]

Ob die Verordnung auf *Optionskontrakte* anwendbar ist, ist unter den Fachleuten sehr umstritten. Ich habe keine Entscheidung gefunden, die als Präzedenzfall dienen könnte, obwohl es zahlreiche Rechtsfälle gibt, die es ermöglichen sollten, ein zutreffendes Bild zu zeichnen. Alle Rechtsexperten sind der Ansicht, dass die Verordnung sowohl auf den Verkäufer als auch auf den Käufer der Option anwendbar ist. Doch in der Praxis haben die Richter oft anders entschieden und den Käufer stets von der Verpflichtung freigesprochen, während der Verkäufer oft zur Verantwortung gezogen wurde. (Wenn die Annahme zutrifft, dass die Verordnung sowohl für den Verkäufer als auch für den Käufer gilt,) kann ich mich darauf verlassen, wenn ich [als Händler] eine Vorprämie erhalten habe und gezwungen bin, die Aktien am Fälligkeitstag bereitzustellen, oder wenn ich als Empfänger einer Rückprämie am Fälligkeitstag die Aktien übernehmen muss. Wenn hingegen die Einschätzung richtig ist, dass die Verordnung lediglich für den Verkäufer gilt, so ist sie für mich [als Schutzsuchenden] nutzlos, wenn ich eine Vorprämie erhalten habe, denn in diesem Fall bin ich tatsächlich ein Verkäufer. Hingegen wird sie mir nutzen, wenn ich eine Rückprämie erhalte, weil ich dann der Käufer der Aktien bin. Doch auch bezüglich der Rückprämie sind die Meinungen geteilt, denn während die Gelehrten annehmen, die Verordnung ermögliche keine rechtsgültigen Ansprüche, gibt es gegensätzliche Entscheidungen der Gerichte, womit das Gesetz und die rechtliche Bewertung, die Verordnung und die Gründe für die Entscheidungen widersprüchlich sind. Die Theorie bleibt umstritten, und man kann nicht sagen, in welche Richtung die Rechtsprechung neigt.

Doch wenn derjenige, der eine Rückprämie zahlt, die Aktien an dem Tag, an dem der Optionskontrakt geschlossen wird, besitzt und somit in der Lage ist, mir die Lieferung anzubieten und die Aktien innerhalb von 14 Tagen nach dem Angebot auf mein Konto zu übertragen, ist es unwahrscheinlich, dass die Verordnung in Anspruch genommen werden kann, so unangenehm meine Lage auch sein mag. Einige Leute sind der Meinung, um alle auf die Verordnung gestützten Einwände wirkungslos zu machen, genüge es, dass der Zahler der Prämie die Aktien an dem Tag besitzt, an dem er [sich für fähig erklärt], sie zu liefern, und nicht bereits an dem Tag, an dem er den Optionskontrakt schließt.

Dieselbe rechtliche Unsicherheit besteht bezüglich der Verpfändung der Aktien. Zwar wird allgemein angenommen, dass ich, wenn die Aktien unter den beliehenen Wert fallen, entweder die Differenz begleichen oder mich für zahlungsunfähig erklären muss. Doch einige spekulative Köpfe sind der Ansicht (die zweifellos unbegründet ist, da es ihnen an Argumenten mangelt), dass ich für den Fall, dass die Aktien nicht innerhalb von 14 Tagen nach Beginn der Verpfändungsvereinbarung auf das Zeitkonto übertragen wurden, das ich als Geldleiher unterhalte, und dass die Aktien bis zum Zeitpunkt der Zahlung [des Darlehens] auf dem Konto [des Darlehensnehmers] bleiben, [unter Berufung auf die Verordnung] Einwände erheben kann, um einen Gewinn zu erzielen und mich vor einem möglichen Verlust zu schützen.[88]

Das Amüsanteste überhaupt ist der Anblick zweier Makler, die miteinander um ein Geschäft buhlen, denn unter diesen Umständen geht jeder Respekt für den Kunden verloren, alle Hemmungen fallen, die Äußerungen werden unverschämter, die Schimpfworte gröber und die Handschläge lächerlicher. Der eine Makler bietet 500 Pfund und der andere schlägt ein (was im Börsenjargon *Serpilladas*[89] heißt), oder der eine bietet einen bestimmten Preis für die Aktien, worauf der andere wütend entgegnet: »Sie gehören Euch!« (was in der Sprache der Börse *Serencajadas*[90] heißt). Doch gleichgültig, ob die Aktien nun »erwischt« oder »untergejubelt« werden, die Umstehenden streiten miteinander, und die neugierige Menge macht einen derartigen Lärm, dass man glauben könnte, der Schlund der Unterwelt habe sich aufgetan und die Furien kämpften darin....

Es gibt zwei Arten von Maklern. Die einen werden von den Stadtbehörden ernannt und werden als »beeidete« Makler bezeichnet, da sie geschworen haben, keine Geschäfte auf eigene Rechnung zu machen. Ihre Zahl ist begrenzt und ändert sich nur, wenn einer von ihnen stirbt oder wenn jemandem ein besonderes Privileg zugestanden wird, was selten geschieht. Die Mitglieder der zweiten Gruppe werden als »freie« Makler oder auch »Drohnen« bezeichnet ..., womit gemeint ist, dass sie auf Kosten der anderen Makler mit Honig, also mit Einkünften versorgt werden. Würden die freien Makler verklagt, so

88) De la Vega argumentiert hier anscheinend auf der Grundlage eines rechtlichen Phantasiegebildes: Da der Wert des Sicherheitsgegenstandes unter den Wert gefallen ist, auf den der Kredit gewährt wurde, hat sich der Kreditnehmer, der ja immer noch die Aktien hält, auf einer fiktiven Basis Geld geliehen – und ähnelt in dieser Eigenschaft einem Leerverkäufer, dem Empfänger einer Vorprämie, der die Aktien eigentlich nicht liefern kann, usw.

89) Pillar, hier: »erwischen, einfangen«.

90) Encajar, hier: »einstecken« oder auch »unterschieben«.

müssten sie ein Bußgeld zahlen, weil sie das Einkommen [der beeideten Makler] schmälern, aber zu einer Klage kommt es nur aus persönlicher Rachsucht. Ansonsten werden diese Broker von den beeideten Maklern, deren Mitgefühl über ihren Eigennutz triumphiert, mit Nachsicht behandelt.

Es gibt unzählige freie Makler. Dieser Beruf ist [in vielen Fällen] die einzige Zuflucht für verarmte [Geschäftsleute] und das beste Auffangbecken für viele ruinierte Karrieren. Der Aktienhandel ist so lebhaft und verbreitet, dass es den freien Maklern trotz ihrer gewaltigen Zahl gelingt, ihren Lebensunterhalt zu verdienen. Sie müssen weder Räuber werden, die essen, um töten zu können, noch Jäger, die töten, um essen zu können. Alle leben sie, alle kommen sie voran, alle tun sie sich hervor und versuchen, das Fehlen einer amtlichen Zulassung durch hohen Einsatz wettzumachen. Sie wirken derart bemüht um ihre Kunden, dass sie den Mangel an Ansehen durch Eifer und den Mangel an [materiellem Wohlstand, der Sicherheit gibt], durch Hingabe zu ihrer Tätigkeit ausgleichen....

Philosoph: [Es gibt noch eine weitere Frage zur Börse, die Ihr bisher noch nicht angesprochen habt.] Die Schurken, die mich in jener schicksalhaften Nacht in Not brachten, sprachen von *Dukaton-Aktien*, und ich werde mich erst zufrieden geben, wenn Ihr mir erklärt habt, was damit gemeint ist.

Aktionär: Einige Leute stellten fest, dass sie es aufgrund ihrer knappen Mittel nicht wagen konnten, mit Stammaktien (die auch als *große* oder *voll eingezahlte Aktien* bezeichnet werden) zu spekulieren. Also begannen sie ein weniger gewagtes Spiel, in dem sie mit kleinen Aktien handelten. Während man mit ganzen Aktien 30 Gulden gewinnen oder verlieren konnte, wenn der Kurs um einen Punkt stieg oder fiel, riskierte man mit den kleinen Aktien lediglich einen Dukaton [3 Gulden] pro Punkt. Das neue Geschäft, das als *Dukaton-Spekulation* bezeichnet wird, wird seit dem Jahr 1683 betrieben. Um die Abrechnung der Transaktionen zu ermöglichen, wurde ein Mann eingestellt, der als Generalkassierer bezeichnet wurde. Dieser Mann nahm sämtliche Kontrakte in ein Buch auf, nachdem es bis dahin nur mündliche Vereinbarungen gegeben hatte. Für jeden eingeschriebenen Kontrakt erhielt der Generalkassierer von beiden Parteien je eine *placa*.[91] Bevor die Transaktionen endgültig gebucht wurden, nahm der Kassierer Kontakt zu beiden Parteien auf. Da die

91) Eine kleine spanische Münze, die in den Niederlanden als stuiver bezeichnet wurde und die wichtigste Rechenmünze war.

Mittel der Beteiligten begrenzt sind, werden in diesem Geschäft nur selten Transaktionen abgeschlossen, die eine Laufzeit von mehr als einem Monat haben. Am Monatsersten, wenn die Uhr in der Börse auf halb ein Uhr nach Mittag steht, erfährt der Kassierer von zwei unparteiischen Börsenmitgliedern den Preis der großen Aktien und legt entsprechend den Wert der kleinen Aktien fest. Diese Komödie wird als »Stabheben« bezeichnet, weil der Kassierer früher einen Stab hochhielt, bis dieser Brauch aufgegeben wurde, weil er stets von einem gewaltigen Tumult begleitet wurde. Auf die Festsetzung des Preises folgt die Abrechnung der Transaktionen (sofern sie nicht bereits zur Monatsmitte abgerechnet worden sind). Die Bezahlung erfolgt bar und pünktlicher als bei den großen Aktien, sodass sogar die erfahrenen Geschäftsleute an diesem Handel mit kleinen Aktien teilnehmen: Von der Pünktlichkeit angelockt, sehen sie über den zweifelhaften Ruf des Geschäfts hinweg und billigen es [durch ihre Beteiligung].

Dieser Bereich des Börsenhandels hat in den letzten fünf Jahren ein derartiges Ausmaß angenommen (vor allem bei einer bestimmten Gruppe, die gleichermaßen lärmend und gewitzt ist), dass sich beide Geschlechter daran beteiligen und alte Männer genauso wie junge Frauen und Kinder.... Auf diese Art hat ein Werkzeug, das ursprünglich dazu dienen sollte, die Risiken zu verringern, tatsächlich zur Ausweitung der Gefahren beigetragen. Die Spekulation hat sich derart ausgebreitet, dass mit ganzen Regimenten von [Dukaton-] Aktien gehandelt wird, als wären es Streichhölzer, und ich fürchte, dass die Beteiligten eines Tages in den Ruin stürzen werden....[92]

Jeder Splitter eines zerbrochenen Spiegels ist ebenfalls ein Spiegel, und der einzige Unterschied zwischen diesen Splittern und dem unversehrten Spiegel besteht darin, dass der Betrachter sein Spiegelbild hier groß und dort in Miniatur sieht.... Aktien haben Ähnlichkeit mit Spiegeln, zumindest mit einer besonderen Art Spiegel, der den Eindruck erweckt, dass das gespiegelte Objekt in der Luft hängt, oder mit einer Art, die den Betrachter vor Staunen erstarren lässt, weil er sich selbst vorüber fliegen sieht. Oder die Aktien sind wie jene Spiegel, die in Achaia in eine Quelle hinabgelassen wurden und den Kranken entweder ein gesundes Spiegelbild oder eine Leichenmaske zeigten. Ängstliche Menschen zerbrachen diese Spiegel [die großen »Ost«-Aktien] in kleine Splitter, indem sie vereinbarten, aus einer großen zehn kleine Aktien zu machen. Auf diese Art wollten sie den Handel beruhigen, aber es gelang ihnen

92) Vgl. dazu auch die Darstellung der Einstellung dieser Spekulationsgeschäfte im Jahr 1688.

lediglich, aus einer Transaktion viele zu machen und einen Spiegel in viele Splitter zu zerschlagen....

Der Grund dafür, dass sich fast alle Spekulanten so eifrig am Handel mit kleinen Aktien beteiligen, ist darin zu suchen, dass die Käufer großer Aktien diese als kleine verkaufen möchten (da der Preis der kleinen Aktien am Monatsanfang höher ist als jener der großen).[93] Da sie von dieser Operation profitieren, nehmen sie die Mehrarbeit gerne auf sich und ignorieren die Unwürdigkeit und die Gefahren dieses Geschäfts.

Die unkluge Übertragung der Aktien von der einen Spekulantengruppe auf die andere (dies ist die einzige Richtung, in die diese Aktien übertragen werden) erhöht den Lärm, das Gebrüll und den Tumult am Abrechnungstag. (An Wochentagen wird in der Börse, an Sonn- und Feiertagen auf der Hauptstraße abgerechnet.) Der Lärm ist derart groß, dass manche Leute das Gefühl haben, angegriffen zu werden, und einige fürchten sogar, sie könnten getötet werden. Wer große Aktien gekauft und Dukaton-Aktien verkauft hat, der bemüht sich darum, dass der Stab unten bleibt [also darum, dass der Handel noch einige Minuten fortgesetzt wird], um den Gewinn aus den kleinen Anteilen einstreichen und seine Engagements in großen Aktien fortsetzen zu können. Wer hingegen Dukaton-Aktien gekauft hat, weil er große Aktien [leer] verkauft hat, der fordert, der Stab solle gehoben werden, um seinen Gewinn zu sichern, und wird in der Hoffnung auf einen noch höheren Gewinn mit dem Abschluss seiner Geschäfte mit großen Aktien warten....

Thomas de Vega beschreibt das Verhalten eines Narren, der die Ärzte bat, ihn in einem See schwimmen zu lassen. Doch in dem Augenblick, da ihm das Wasser bis zum Hals stand, kam er wieder zur Vernunft, gewann seine Gesundheit zurück und blieb in diesem Zustand. Oh, wie viele Kranke gibt es unter den Aktienspekulanten. Sie ähneln diesem Narren, wie sie sich in das Meer der Spekulation stürzen und sich ans Ufer zu retten versuchen, wenn ihnen das Wasser bis zum Hals steigt. Aber das Schlimmste ist, dass sie das Heilmittel nicht erkennen, wenn sie sich vollkommen von Sinnen in die Fluten stürzen. Vom Krokodil heißt es, es sei die größte Echse, die sich aus einem winzigen Ei entwickelt. Aus den winzigen Anfängen der Dukaton-Aktien haben sich die Aktivitäten der durchtriebensten Spekulanten entwickelt, und

93) Die Abweichung war möglicherweise auf die unterschiedlichen Abrechnungstermine zurückzuführen.

niemand fühlt sich unwohl dabei oder hat das Gefühl, sich entschuldigen zu müssen....

Die Spekulanten haben die irrige Vorstellung, durch den Verzicht auf das Geschäft mit großen Aktien könnten sie ihrem unausweichlichen Schicksal entgehen und sich aus den Fängen des [Glücksspiels mit] Aktien befreien. Aber sie werden entdecken, dass sie durch den Handel mit Dukaton-Aktien lediglich die Agonie verlängern.... Wie ich bereits erwähnt habe, führen die Spekulanten zahllose Transaktionen durch, um nicht zu schwer von einem einzelnen Verlust getroffen zu werden.... Obwohl man unsere Verluste an unseren Augen ablesen kann, verstricken wir uns tiefer und tiefer in das Geschäft. Möge Gott uns davor bewahren, alles zu verlieren!

Das Vergnügen an diesem Spiel ist derart gewachsen, dass Leute, die keinen Dukaton pro Punkt riskieren können, einen Stuiver riskieren, und jene, denen auch ein Stuiver noch zu viel ist, eine noch kleinere Münze einsetzen. Sogar Kinder, die kaum etwas über das Leben wissen und höchstens ein wenig Taschengeld besitzen, sind sich darin einig, dass jeder Punkt, um den die großen Aktien steigen oder fallen, einen bestimmten Betrag ihres Taschengelds für ihre kleinen Aktien bedeutet.... Würde man einen Fremden nach einem Besuch Amsterdams fragen, wo er gewesen sei, so würde er antworten: »Unter Spekulanten«, denn es gibt in der Stadt keinen Winkel, in dem nicht über Aktien gesprochen würde.

Die beiden wichtigsten Gründe für die Entstehung dieser Art von Spekulation waren die Habgier der Makler und die Bedürftigkeit der Personen, die das Spiel erfanden. Es sei darauf hingewiesen, dass es für die Gier der Makler drei Gründe gibt, die schon viele ruiniert haben: Erstens wollen sie die Maklergebühren verdienen, zweitens wollen sie [bei ihren Geschäften auf eigene Rechnung] rasche Gewinne aufgrund von Preisschwankungen erzielen, und drittens wollen sie ein behagliches Leben führen.

[1] Wenn sie versuchen, all diese Ziele gleichzeitig zu erreichen, werden sie leicht scheitern, denn um höhere Courtagen zu verdienen, müssen sie große Aktienpakete anbieten oder übernehmen, mit denen sie leicht hängen bleiben. So hängen sie von einem stetigen Fluss neuer Nachrichten ab und sind dem Ruin ausgesetzt.

[2] Die Makler, die mit Kursschwankungen schnelle Gewinne zu erzielen versuchen, indem sie große Aufträge von ihren Kunden entgegennehmen und

bei der Ausführung dieser Aufträge [auf eigene Rechnung] heftig spekulieren, erleiden dasselbe Schicksal. Zwar ist es nicht ihre Absicht, die [für ihre Klienten gekauften] Aktien für längere Zeit auf eigenes Risiko zu halten, doch sie können Zwischenfälle nicht voraussehen, die sich in der Zeit, in der sich die Aktien in ihrer Hand befinden, plötzlich ereignen können.

[3] Wer sich freiwillig dem Geschäft widmet und versucht, allen Wechselfällen mit Klugheit und Mut zu begegnen, wird umso größere Befriedigung erfahren, je heftiger die Angriffe werden, aber am Ende wird auch er eingestehen müssen, dass dieses Geschäft so beschaffen ist, dass es stets rätselhaft, riskant und furchteinflößend bleibt.

Um [mit der zweiten der genannten Methoden] Gewinne zu erzielen, muss ein Makler an der Börse beliebt sein, denn wenn er nach dem Geschäftsabschluss nach seinen Kunden gefragt wird, braucht er die Hilfe eines guten Freundes, der die Kontrakte für ihn unterzeichnet und den wahren Charakter des Geschäfts verbirgt. Diese Verheimlichung der Aufträge hat derart um sich gegriffen, dass sich sogar die Kaufleute dieses Manövers bedienen, obwohl es auch für arglose Menschen von Nachteil sein kann.

Wenn die Kaufleute von einem Ereignis erfahren, das sich zweifellos auf den Kurs auswirken wird, wenden sie sich an die Makler, um von dieser Kursschwankung zu profitieren. Aber sie erteilen ihre Aufträge nur jenen Maklern, die ihren Namen erst preisgeben, wenn die Order ausgeführt ist, da sie glauben, die finanzielle Lage des Auftraggebers könne in Zweifel gezogen werden oder der Kurs könne sich vor der Ausführung des Auftrags ändern....

Erhält ein Makler einen derartigen Auftrag,[94] so wagt er nicht, für sich zu verhandeln, da die Leute von dem Auftrag erfahren und ihn für die Ausführung des Geschäfts zur Rechenschaft ziehen könnten. Er fürchtet sich vor einer möglichen Verzerrung des Kurses oder davor, unvorteilhafte Aufmerksamkeit auf sich zu ziehen. Er vermutet, die Leute könnten durch Nachforschungen seinen Kunden enttarnen und ihm die Aktien nicht mehr für seine eigene Rechnung verkaufen. Also wetteifert sein Eigeninteresse mit seiner Loyalität gegenüber dem Auftraggeber, sein Ehrgeiz ringt mit seiner Furcht, seine Ge-

94) De la Vega nimmt hier vorweg, was er später ausführlich erklärt, nämlich, dass dieser Makler mit der Partei der Haussiers verbündet ist. Er beschreibt auch den speziellen Fall eines Ereignisses, das den Aktienkurs drücken kann.

winnsucht widerspricht seinem Gewissen. Schließlich beschließt der Makler, die Angelegenheit mit einem Freund zu besprechen, der daraufhin in seinem Namen soundso viele tausend Pfund an Dukaton-Aktien verkauft und es ihm damit ermöglicht, sich im Hintergrund zu halten.

Erfunden wurde dieses Glücksspiel von den Maklern, aber bald begannen sich auch Personen daran zu beteiligen, die sich in einer weniger günstigen Lage befanden. Übrigens wird der Großteil der Spielgewinne für Karten- und Würfelspiele, Wein, Festessen, Geschenke, Damen, Kutschen, schöne Kleider und sonstigen Luxus ausgegeben. Dennoch gibt es an der Börse auch zahlreiche Menschen, die lediglich gut für ihre Familien sorgen wollen....

Manche spielen zum Spaß, andere aus Eitelkeit, viele sind Verschwender, einige finden Erfüllung in ihrer Tätigkeit und so manche verdienen sich einfach ihren Lebensunterhalt an der Börse. Werden sie vom Glück verlassen und können ihren Sturz nicht verhindern, so versuchen sie, wenigstens ihre Ehre zu retten. Sie kaufen Optionen, erstatten das investierte Geld zurück, zahlen die Differenzen, der Aufruhr legt sich, sie befreien sich aus ihrer Notlage, die Verwirrung ist überwunden und der Angriff zurückgeschlagen.

[Die Möglichkeit, eine völlige Katastrophe zu vermeiden,] ist der Grund dafür, dass sich so viele in diese bewegte See stürzen. Und jene, die nicht mit Dukaton-Aktien handeln, sind leichter zu zählen als jene, die es tun.

Vierter Dialog

Aktionär: … Im ersten Dialog befasste ich mich mit dem Ursprung der Börse und ihrer Bezeichnung, mit dem Reichtum der Kompanie, mit … der Ausbreitung der Spekulation und der Bedeutung des Optionsgeschäfts, wobei ich auch die betrügerischen Manöver ansprach.

Im zweiten Dialog erläuterte ich Euch die Instabilität der Kurse und die Gründe dafür, gab Ratschläge für die erfolgreiche Spekulation, beschrieb die Gründe des Auf und Ab, sprach über die Furchtsamkeit der Baissiers und den Mut der Haussiers, über die Ergebnisse der kühnen Vorstöße der zweiten und die Bedeutung des zögernden Vorgehens der ersten Gruppe, über die Hinweise auf Turbulenzen und ihre Rätselhaftigkeit, über den Wahnsinn und die Dummheit der Spekulation, über die Sprache der Börse und die dort verwendeten Ausdrücke.

Im dritten Dialog begann ich, Euch verschiedene Transaktionen zu erklären, Euch einige Regeln des Spiels beizubringen und einige der Geschäftspraktiken verständlich zu machen. Ich sprach über die Billigkeit der Kontrakte, über den Zeitpunkt für die Lieferung der Aktien, über die Orte, an denen die Papiere übertragen und die Geschäfte abgewickelt werden, über das unanständige Benehmen an der Börse, die Rastlosigkeit, die Vulgarität, die Handschläge und die Unmöglichkeit, sich der Raserei der Börse zu entziehen. Ich sprach über die Westindien-Kompanie, über die Grundlagen der Spekulation mit Dukaton-Aktien, die unterschiedlichen Börsenakteure, die Verzögerungen bei der Abrechnung der Kontrakte, die verschiedenen Typen von Maklern, ihr Pflichtbewusstsein, ihre Risikofreude und ihre Verwegenheit. Somit bleibt mir nur noch, den spekulativsten Teil des Geschäfts zu beschreiben, den Höhepunkt der Börsentransaktionen, die raffiniertesten und kompliziertesten Machenschaften im Irrgarten der Börse, die ein Höchstmaß an Schlauheit erfordern. …

[Beispielsweise] versammeln sich zehn oder zwölf Personen an der Börse und bilden einen Kreis (der, wie bereits erwähnt, als »Cabala« bezeichnet wird). Wenn es dieser Kreis für ratsam hält, Aktien zu verkaufen, beginnen seine Mitglieder sorgfältig darüber nachzudenken, wie das Vorhaben umsichtig vollbracht werden kann. Sie schreiten erst zur Tat, wenn sie das Ergebnis vorhersehen können, sodass sie, sofern es nicht zu unglücklichen Zwischenfällen kommt, mit einem ziemlich sicheren Erfolg rechnen dürfen. ...

Sie [der Kreis der Baissiers] tragen den ersten Angriff mit Terminverkäufen vor und bewahren sich die Verkäufe gegen Kasse für Zeiten größerer Bedrängnis auf. Sie verkaufen 50.000 Pfund auf mehrere Monate, was zwangsläufig zu einem Kursrückgang führen wird. Der Abwärtstrend verstärkt sich, die Baissiers erhalten Unterstützung von anderen Spekulanten und es wird klar, dass sie ihr Ziel [der Kursmanipulation] dank der umfassenden Beteiligung erreichen werden. So wie Amadeus I. von Savoyen wegen seines zahlreichen Gefolges als der »Herzog des Schwanzes« bezeichnet wurde, können die Anführer der Baissiers als »Fürsten des Schwanzes« bezeichnet werden, weil sie Scharen von Anhängern haben, die sich an sie hängen, oder weil diese Gefolgsleute die Schleppen der Anführer tragen. Da es viele Leute nicht erwarten können, sich der vorherrschenden Meinung anzuschließen, überrascht es mich nicht, dass sich eine kleine Gruppe in eine Armee verwandelt. [Die meisten Leute] können nicht anders, als das nachzuahmen, was die anderen tun. ...

Der erste Trick [des Baissierkreises] funktioniert so: Um zahlreiche Verlängerungen der Kontrakte zu verhindern, mit denen die großen Finanziers Aktien gegen Kasse kaufen, um sie auf Termin zu verkaufen, [wobei sie sich mit einer Marge zufrieden geben, die den Zinsen auf das investierte Geld entspricht], arrangiert der Kreis Verkäufe zu späteren Terminen zum selben Preis, zu dem die Aktien gegen Kasse verkauft werden. In der Hoffnung auf einen höheren Gewinn kümmern sich die Baissiers nicht um den Verlust der Zinsen. Sie sind wie der Hund des Äsop, der den Knochen ausspuckte, weil der Schatten des Knochens größer war.

Zweitens wird ein Makler, dem das Syndikat der Baissiers vertraut, angewiesen, in aller Stille ein Aktienpaket von einem erklärten Haussier zu kaufen, ohne seinen Auftraggeber zu verraten. Anschließend verkauft der Makler diese Aktien ganz öffentlich, wobei hinausposaunt wird, dass sogar die Haussiers verkaufen. Da der Makler einem Haussier die von einem anderen Haussier gekauften Aktien zu verkaufen versucht, sieht der Käufer, dass die Geschichte über den Verkauf seines Haussierkollegen wahr ist. Nun ist der zweite Haussier beunruhigt und verkauft seine Aktien ebenfalls. Von der Furcht gepackt, versucht alle Welt, den anderen mit dem eigenen Verkauf zuvorzukommen. Jeder Rat zum Kauf wird als Täuschungsversuch gedeutet. Wenn eine derartige Panik ausbricht, heißt es an der Börse, dass die Aktienhändler »in Ketten liegen«[95], und ungezählte Händler nehmen Reißaus ... wenn der geringste Verdacht laut wird. ...

Drittens verkauft das Syndikat der Baissiers einige Aktienpakete gegen Kasse an einen der reichen Männer, die von der Beleihung der Aktien leben. Da bekannt ist, dass diese Leute [üblicherweise] die bar gekauften Aktien zur zukünftigen Lieferung verkaufen, erteilt das Syndikat seinem mit der Ausführung des Manövers beauftragten Makler den Befehl, vor der [täglichen] Feststellung der Preise unter strenger Geheimhaltung an die Agenten aller an der Börse vertretenen Firmen eine Botschaft zu schicken, die bald ein *offenes Geheimnis* sein wird und besagt, dass der größte Kapitalist eine beunruhigende Nachricht erhalten habe und beabsichtige, Aktien zu verkaufen. Wenn dieser Verkauf später tatsächlich erfolgt, scheint der Schwindel bestätigt zu werden. Das Ziel ist erreicht, die Furcht nimmt überhand, die Kurse brechen ein. Der Grund für die Panik ist, dass die Spekulanten einen Meinungswandel bei ihren Schutzherren vermuten und befürchten, den Boden unter den Füßen zu verlieren.

Viertens leiht sich das Syndikat zu Beginn eines Feldzugs alles an der Börse verfügbare Geld und erweckt den Eindruck, mit diesem Geld Aktien kaufen zu wollen – um dann jedoch zu massiven *Verkäufen* überzugehen. Auf diese Art werden zwei Fliegen mit einer Klappe geschlagen: Erstens soll an der Börse der Eindruck erweckt werden, es seien wichtige Nachrichten eingetroffen, die das Syndikat dazu bewegt hätten, seinen ursprünglichen Plan aufzugeben. Zweitens werden die Haussiers daran gehindert, sich Geld durch die Verpfändung ihrer Aktien zu beschaffen. So sind sie gezwungen zu verkaufen, da sie nicht genügend Geld haben, um die Aktien zu übernehmen [oder ansonsten in die Falle gehen werden, die ich als siebte Kriegslist beschreibe]....

Die fünfte List des Syndikats besteht darin, möglichst viele Kaufoptionen zu verkaufen, um [anscheinend durch die Aufnahme der verfügbaren Kredit-

95) Im Original tener calcetas. Als calcetas bezeichnete man früher die Fußketten, die den Sträflingen angelegt wurden.

mittel] die Prämienzahler unter Druck zu setzen, damit diese bei der Ausübung ihres Rechts zur Entgegennahme die Aktien verkaufen.

Die sechste Kriegslist besteht darin, möglichst viele Verkaufsoptionen zu verkaufen, solange, bis die Prämienempfänger [von denen angenommen wird, dass sie Haussiers sind] nicht mehr wagen, weitere Aktien zu kaufen. [Ihnen werden weitgehend die Hände gebunden sein], da sie bereits verpflichtet sind, die Aktien zu übernehmen [die durch die Verkaufsoptionen gedeckt sind]. Nun steht der Spekulation auf einen Kursrückgang, die ein fast garantierter Erfolg sein wird, nichts mehr im Weg. Von jenen, die mit einer Kaufoption kaufen und zu einem feststehenden zukünftigen Termin verkaufen, sowie von jenen, die mit einer Verkaufsoption verkaufen und zu einem feststehenden zukünftigen Termin kaufen, sagen wir, dass sie *den Lauf ihrer Spekulation ändern*. Aber da sich der [gewählte Kurs] als falsche Spekulationsrichtung erweisen und der richtige Weg auf diese Art verfehlt werden kann, kommt [eine solche Änderung] nur selten vor.

Die siebte List besteht darin zu erkennen, dass die Haussiers Aktien brauchen, um die Belagerung überstehen zu können. Also leihen ihnen [die Baissiers] Geld. Anschließend verkaufen [die Baissiers] die beliehenen Aktien wieder und können mit der Marge zwischen dem, was sie für den Verkauf erhalten, und dem Betrag, den sie sich auf die Aktien geliehen haben, weitere Optionskontrakte abschließen.[96]

Dies ist ein teuflischer Trick, denn hier wird Unsterblichkeit versprochen und der Tod gegeben. Es hat den Anschein, als würden die Baissiers den Haussiers das Überleben ermöglichen, indem sie ihnen Geld [auf die von den Haussiers gekauften Aktien] leihen, [aber die Baissiers machen eine Kehrtwendung und verkaufen diese Aktien, sodass die Haussiers] erneut die Aktien kaufen müssen, die sie verpfändet hatten....

Obwohl es den Baissiers an Aktien mangelt, schrecken sie nicht davor zurück, den Anschein des Überflusses zu erwecken. Die Aktien wechseln oft 50 Mal in einer Woche den Besitzer und springen wie Bälle in einem Spiel auf und ab, aber diese Besitzerwechsel sind nur ein Zeichen für den Untergang des Ak-

---

96) Pringsheim äußert in seiner Übersetzung die Ansicht, de la Vega habe hier einen doppelten Fehler begangen. Er hätte im ersten Satz »Geld« statt »Aktien« schreiben müssen. Zweitens habe er mit der Bezugnahme auf Kauf- und Verkaufsoptionen eine überflüssige Idee eingeführt.

tienhandels .... Was hat es für einen Sinn, dass die Baissiers eine Aktie kaufen, während sie gleichzeitig geschützt durch ihr Bündnis zehn Aktien verkaufen? Was hat es für einen Sinn, dass sie die verpfändeten Aktien übernehmen, um sie augenblicklich weiterzureichen? Wie kann man die Furcht [angesichts dieser Situation] unterdrücken und Klagen vermeiden? ... Würden die Gelehrten die Feststellung als unzutreffend zurückweisen, dass ich den Erwerb einer Aktie nicht als Kauf [in gutem Glauben] bezeichnen kann, wenn gleichzeitig vier Aktien verkauft werden, dass ich die Übernahme einer Aktie nicht als Übernahme [in gutem Glauben] betrachten kann, wenn gleichzeitig zehn Aktien geliefert werden? ...

Die achte List [des Syndikats der Baissiers] sieht so aus: Soll eine Nachricht verbreitet werden, die von den Spekulanten selbst erfunden wurde, so lassen sie einen Brief aufsetzen, der scheinbar versehentlich an einer geeigneten Stelle fallen gelassen wird. Der Finder glaubt, einen Schatz in Händen zu halten, während dies in Wahrheit ein Brief wie jener ist, in dem Uria sein eigenes Todesurteil überbrachte. Der Finder klärt seine Clique über den Inhalt des Briefs auf und erklärt die Gründe, die das Syndikat zum Verkauf bewegen werden, wenn es diese Nachrichten erhält. Und als am selben Tag an der Börse ein Sturm losbricht, scheint dies die Nachricht zu bestätigen. Der Verdacht ist anscheinend begründet gewesen, und die Befürchtungen erweisen sich als angebracht. ...

Neuntens ermutigt das Syndikat einen wegen seines Urteilsvermögens sehr angesehenen Verbündeten, der Verbindungen zu angesehenen Leuten unterhält und nie mit Aktien gehandelt hat, ein oder zwei Pakete zu verkaufen, wobei die Gruppe das Verlustrisiko trägt. Hinter diesem Manöver steckt der Gedanke, dass alles Neue Aufmerksamkeit weckt: Die Verkaufsentscheidung dieser Person wird für einige Bewegung an der Börse sorgen....

Der zehnte Kunstgriff der Baissiers besteht darin, einem Vertrauten ins Ohr zu flüstern, er müsse verkaufen, wenn er Geld verdienen wolle. (Allerdings wird so laut geflüstert, dass diejenigen, die die Ohren spitzen, es durchaus hören können.) ... »Die Steine sprechen«, sagt der Prophet, und »die Wände haben Ohren«, wie es im Sprichwort heißt. Unsere Verschwörer wissen, dass die Erfahrung diese Weisheiten bestätigt. Wird ihr Geheimnis allgemein bekannt, so [scheint] ihr Rat Zustimmung zu finden, und [wenn] offenkundig wird, dass sie Aktienpakete verkaufen, sprechen die Wände und Steine. Die Leute suchen nach den geheimen Gründen für die [geflüsterten] Behauptungen, man zeigt sich dankbar für den Hinweis, und da niemand für möglich hält, dass irgendwer einen engen Freund betrügen könnte, hat das Manöver Erfolg. Die Fische schnappen nach dem Köder, das Netz füllt sich, der Sieg wird gefeiert, und der Kreis der Baissiers erreicht sein Ziel.

Der elfte Kunstgriff der Baissiers funktioniert folgendermaßen: Sie geben sich nicht damit zufrieden, ihre Feinde mit der Zunge zu verwunden, die Jeremia mit einem Pfeil vergleicht, und sie mit ihren Zähnen … und Argumenten zu bekämpfen. Um anzudeuten, dass ihre Sorge auf generellen Bedenken beruht und sich nicht ausschließlich auf die Kompanie bezieht, verkaufen die Baissiers Staatsobligationen. So erwecken sie bei den Haussiers den Eindruck, dass im Staat Uneinigkeit herrscht und es Gründe gibt, sich vor einem möglichen Kriegsausbruch zu fürchten…. Es mag den Anschein haben, als wäre es für das Aktiengeschäft kaum von Bedeutung, dass sie Zuflucht zum Verkauf von lang- und kurzfristigen Staatsobligationen nehmen, aber wer das denkt, ist im Irrtum…. Unsere Spekulanten [das heißt die Haussiers] sind in ihren Aktiengeschäften gelähmt und bluten durch ihre Versuche aus, [den Markt für Staatsanleihen zu schützen], und das alles [aufgrund einer hinausposaunten Behauptung], das Land befinde sich in einer gefährlichen Lage, die Kompanie sei bedroht und der Aktienmarkt werde zusammenbrechen.

Schließlich wendet der Kreis der Baissiers noch einen zwölften Kunstgriff an: Um sich stets über die Entwicklung des Marktes auf dem Laufenden zu halten, beginnen selbst die Baissiers [vor der Einleitung ihrer großen Operation] mit Käufen und übernehmen alle angebotenen Papiere. Steigen die Aktienkurse, so streichen sie einen schnellen Gewinn ein, doch wenn die Kurse sinken, verkaufen sie mit Verlust und geben sich damit zufrieden, den Kursverfall vorausgesehen zu haben. Zudem nützt ihnen bereits das Interesse der ängstlichen Allgemeinheit an ihrem Verhalten, da die Allgemeinheit denkt, dass die Lage ernst sein muss, wenn die Spekulanten mit Verlust verkaufen. Dies ist eine der wirkungsvollsten Strategien zur Beeinflussung der Schwankenden. Wenn [die furchtsamen Seelen] die Baissiers kaufen sehen, wissen sie nicht, ob diese kaufen, um wieder zu verkaufen (was an der Börse als »Suche nach Pulver« bezeichnet wird), oder ob sie kaufen, weil sie ihre Meinung geändert oder ihre Position aufgegeben haben und daher wirklich kaufen wollen. Entscheiden sich die Baissiers für dieses Tarnmanöver, so bieten sie für die Aktien mehr als den Tageskurs (wir nennen das »den Preis aufblasen«). Sie beeinflussen den Preis auf diese Art, um zum höheren Kurs (leer) zu verkaufen und am Ende einen Gewinn zu erzielen. Gott hauchte Adam mit einem

Atemzug Leben ein, während die Baissiers vielen Leuten das Leben nehmen, indem sie den Kurs der Aktien aufblasen....

Kaufmann: Können sich die armen Haussiers nicht gegen diese Manöver verteidigen?

Aktionär: Natürlich können sie das. Sie können sich gegen die wildesten Attacken wappnen, und auch die größte Durchtriebenheit findet ihren Meister. Doch insofern, als beide Seiten dieselben Mittel einsetzen, um ihre jeweiligen Ziele zu erreichen, fürchte ich, dass die beiderseitigen Manöver denselben Charakter haben [wie die gerade beschriebenen, das heißt, sie sind moralisch zu verurteilen]. Um nicht weitschweifig zu werden und mich nicht zu wiederholen, werde ich die Manöver der Haussiers übergehen und Euch stattdessen nur von den Praktiken einiger gerissener Makler berichten, die Beifall verdienen würden, müsste man sie nicht als skrupellos verurteilen.[97]

Beispielsweise erhält ein Makler den Auftrag, 20 Aktien zu verkaufen. Geht ein solcher Auftrag an einen Makler der Haussiers, so beginnt er vor Furcht zu schwitzen und vor Wut zu rasen, denn wenn er zuerst die auf eigene Rechnung gekauften Aktien abstößt, muss er fürchten, dass man ihm dahinterkommen und ihn [unsauberer Geschäftspraktiken] bezichtigen wird. Behält er jedoch seine eigenen Aktien und führt den Auftrag aus, so muss er einen Kurssturz infolge des Verkaufs befürchten, womit er seine eigenen Aktien nur noch mit einem großen Verlust verkaufen könnte. Schließlich entschließt er sich, anständig zu handeln ... und stößt sie insgeheim ab, um sowohl seinem eigenen Interesse als auch dem des Klienten dienen zu können.

[Aber] die Leute bemerken eine derartige Verstellung; die Baissiers werden erneut ermutigt, jemand brüllt: »Die Piraten sind vor der Küste!«, und ein anderer ruft: »Der und der muss ein Abführmittel geschluckt haben. Er verkauft so viel wie möglich für geheime Klienten«. Ein dritter schreit: »Er leidet unter Durchfall«, und ein anderer scherzt: »Er legt Eier«, und alle miteinander verkünden sie: »Er vergiftet die Börse.« So drücken sich unsere Spekulanten in derlei Situationen aus. Das alles lässt unseren verschwiegenen Makler kalt, denn da er seinen Auftrag nach bestem Gewissen ausführt, ärgert er sich lediglich darüber, dass der Plan vor der Durchführung ans Licht gekommen

---

97) Hier bezieht sich de la Vega auf die so genannten »freien« Makler, die auf eigene Rechnung an der Börsenspekulation teilnehmen.

ist. Aber dieser Schmerz sitzt nicht allzu tief. Unser Makler hat das Gefühl, ein Wohltäter zu sein, der keine Verluste verursacht hat....

Der fragliche Makler handelt auf eigene Rechnung, weil er einen hohen Gewinn erwartet. Erhält er [in einer solchen Situation] eine Order, deren Durchführung ihn zwingt, seinen eigenen geschäftlichen Interessen zuwider zu handeln, so beginnt sein Herz zu rasen, seine äußere Erscheinung verändert sich, seine Sprache wird hitzig, es schnürt ihm die Kehle zu, seine Stimme ist von Furcht erfüllt, sein Atem stockt, und sofern er nicht ... ein Überlebenskünstler ist ..., geht er elend zugrunde und stirbt als Narr. ... Um das zu vermeiden, verkauft unser Makler seine eigenen Aktien heimlich. Er versucht, die um den Hals eines anderen Mannes gewickelte Schlange zu töten, ohne den Mann zu verletzen; er versucht den Schaden [für sich selbst] abzuwenden, ohne im Fall dieser spezifischen Verkaufsorder Schaden anzurichten. Es wäre besser, er würde es gar nicht erst zu einer solchen Zwangslage kommen lassen [indem er nur für Klienten handelt]. Was hat es für einen Sinn, einen Gewinn zu erzielen (sofern er überhaupt einen Gewinn erzielt), wenn sein Ansehen derart leidet, dass er sein Maklergeschäft und damit sein Einkommen verliert? ...

Noch bemerkenswerter ist es, wenn ein uneigennütziger Makler eine große Order klug und geschickt ausführt. Wenn er kauft ..., versucht er zunächst, schnell einige Aktien zu erwerben, in der Hoffnung, sich durch geschicktes Verhandeln den Rest später [zu einem vernünftigen Preis] sichern zu können. Um seine Absichten zu verbergen, bietet er hier ein Aktienpaket an und holt dort ein Angebot ein. Werden ihm nun zahlreiche Posten aufgedrängt, so hat er sein Ziel erreicht. Wenn jemand versucht, ihm Aktien abzunehmen, hat er [tatsächlich] bereits den Posten gekauft, [für den er den Auftrag hatte], und ohne den Aktienkurs zu beeinflussen, die doppelte Maklergebühr verdient.[98] Er führt das Schwert mit bewundernswertem Geschick und bietet uns ein so schönes Schauspiel, dass wir bedauern, dass er nicht immer erfolgreich ist. ...

98) Das bedeutet vermutlich, dass der Makler seinem Auftraggeber sowohl den vorgetäuschen Verkaufsauftrag, der auf Anweisung des Klienten wieder zurückgezogen wird, als auch die tatsächlich durchgeführte Kauforder in Rechnung stellen kann.

Einfallsreichtum und Wagemut [des Maklers] sichern manchmal auch unter ungünstigen Bedingungen den Erfolg, der dadurch noch bewundernswerter wird.

Wenn ein Makler, der bereits auf eigene Rechnung auf einen Kursrückgang spekuliert, einen Verkaufsauftrag erhält, so gibt es natürlich nichts, was seine Freude trüben könnte.

Unsere Spekulanten suchen bestimmte Orte auf, die als *Coffy-huysen* (Kaffeehäuser) bezeichnet werden, weil dort ein Getränk angeboten wird, das die Niederländer als *Coffy* und die Levantiner als *Caffé* bezeichnen. Die gut beheizten Räume sind im Winter ein angenehmer Aufenthaltsort, und es mangelt nicht an vielfältigen Unterhaltungen. Man findet dort Bücher und Brettspiele und trifft Bekannte, mit denen man sich über die Geschäfte unterhalten kann. Die einen trinken Schokolade, die anderen Kaffee, Milch und Tee, und fast alle Besucher rauchen während des Gesprächs. Das alles kostet nicht viel, und während man die Neuigkeiten erfährt, führt man Verhandlungen und schließt Geschäfte ab.

Ein Haussier betritt während der Geschäftszeit der Börse ein Kaffeehaus, und die Anwesenden erkundigen sich bei ihm nach den Aktienkursen. Er schlägt ein oder zwei Prozent auf den Tageskurs auf und holt ein Notizbuch hervor, um Aufträge entgegenzunehmen. Die Gäste bekommen Appetit auf Aktien, und rasch wächst die Furcht vor einem weiteren Kursanstieg (denn an diesem Punkt sind wir alle gleich: steigen die Preise, so glauben wir, sie würden weiter steigen, und steigen sie weiter, ohne dass wir gekauft haben, so befürchten wir, wir könnten den Anschluss endgültig verlieren). Also erhält unser schlauer Makler Kaufaufträge. Aber um seine eigenen Ziele zu erreichen, antwortet er, er habe bereits derart viele Aufträge, dass er keine weiteren mehr entgegennehmen könne. Der unbedarfte Klient glaubt ihm, sein Wunsch zu kaufen wird noch brennender, und er erteilt einem anderen Makler eine Order ohne Limit. Sobald der gerissene [erste] Makler das erfährt, eilt er zur Börse und bietet die Aktien über dem Tageskurs an. Der andere Makler, der zuvor kein Kaufinteresse hatte, kauft nun doch zum höheren Preis, da er glaubt, es müsse neue Gründe für einen Kursanstieg und für ein größeres Interesse an der Investition geben. Manchmal kann der Kursanstieg aufrechterhalten werden, die Täuschung wird von Erfolg gekrönt, und was ursprünglich wie Verrücktheit wirkte, erhält nun den Anstrich der Schlauheit....

Einer der reizvollsten Kunstgriffe, die in diesen Kreisen angewandt werden, besteht darin, dass sich einige Haussiers als Baissiers verstellen. Das tun sie aus zwei Gründen. Erstens sind die Widersacher [die wirklichen Baissiers] der Meinung, wenn es ihnen gelinge, eine der zurückgehaltenen und verborgenen Aktien zu kaufen, hätten die gegnerischen Haussiers ihre Einstellung geändert und beabsichtigten nun, keine silbernen Brücken mehr zu bauen, sondern sie niederzureißen.... Nun ändern die Haussiers den Preis, sodass die Baissiers gezwungen sind, die [in dem Bemühen, die Haussiers unter Druck zu setzen] leer verkauften Aktien teuer zu bezahlen. So erreichen die Haussiers ihr Ziel und schlagen ihre böswilligen Feinde, indem sie sich verstellen. Sie haben mit vorsichtigen Manövern die Widersacher getäuscht, die sie zu täuschen versuchten.

Zweitens greifen diese Spekulanten auf einen solchen Kunstgriff zurück, um bei plötzlichen Kursschwankungen verkaufen zu können, ohne eine Panik auszulösen. Da es als selbstverständlich gilt, dass diese Spekulanten der Fraktion der Baissiers angehören, sammeln sich die wütenden Haussiers, um die von der ersten Gruppe angebotenen Aktien zu kaufen, da sie glauben, zu ihrer Meinung stehen und Opfer dafür bringen zu müssen.

Ein Makler versucht herauszufinden, was in einem Kreis an der Börse vor sich geht. Also steckt er den Kopf zwischen den Armen der Versammelten durch (ohne sich am unangenehmen Schweißgeruch zu stören) und erfährt, das acht [588] für die Aktien geboten wird, ohne dass irgendwer mit diesem Preis einverstanden wäre. Der Makler zieht sich zurück und schließt sich der Gruppe auf der anderen Seite an. Er gibt vor, nichts erfahren und eine Kauforder ohne Limit erhalten zu haben. Er bietet zunächst achteinhalb, seine Gefolgsleute werden mutig und bieten neun, und schließlich hat er Erfolg und erntet begeisterten Beifall. Legt man einen Zitteraal zwischen tote Fische, so beginnen sich diese erneut zu bewegen. Auch die Haussiers wirken tot, bevor sie von den Lügen und dem Mut dieses Maklers zu neuem Leben erweckt werden. Er tritt sehr energisch und lebhaft auf, und seine Forschheit kann sogar die Toten zu neuem Leben erwecken. Die Rinder verstummen beim Anblick des Wolfes, und der Frosch büßt seine Farbe ein, wenn er sich beobachtet fühlt: Wie wunderbar ist es, dass sogar die Baissiers bei einer solchen Gelegenheit still und blass werden....

Beim Kauf und Verkauf von Aktien werden drei Formeln angewandt. [Ein Verkäufer erklärt:] »Ich gebe Euch die Aktien zu diesem Preis.« Oder er sagt:

»Ich verkaufe sie zu jenem Preis.« Eine weitere Erklärung gibt er nicht. Oder man sagt: »Ich gebe sie jedem, der sie haben will, zu diesem Preis.« [Daneben gibt es Formeln, die seltener angewandt werden, weil sie gefährlich sind.] Wer einfach sagt: »Ich gebe die Aktien her«, der hat keine andere Wahl, als sie zu jedem gebotenen Preis zu liefern, und wenn diese Person das Geschäft später bereut und nicht von einem befreundeten Verkäufer von ihrer Verpflichtung entbunden wird, so bleibt ihr nichts anderes übrig als zu beten, zu klagen und zu leiden. Wer sagt: »Ich gebe die Aktien jedem, der sie will«, der begibt sich in große Gefahr, denn es gibt Leute, die warten auf so großzügige Angebote, als hinge ihr tägliches Brot davon ab. Da die zweifelhafte Gebarung, der Kapitalmangel, das geringe Ansehen und die beschränkte Vertrauenswürdigkeit solcher Leute allgemein bekannt sind, wagen sie nicht zu versuchen, große Geschäfte abzuschließen. Aber wenn sie von einem derart großzügigen Angebot wie dem unseres Prahlhanses hören, bringen sie ihn rasch aus der Fassung, indem sie schreien: »Sie gehören mir.« So wird er für seine übermäßige Zuversicht bestraft und hat nun Zeit, seine Unbesonnenheit zu bedauern.

Wer lediglich »Ich verkaufe« sagt, tut dies mit einer zweifelhaften Absicht.... Denn er will nicht verkaufen, sondern den Kurs in Bewegung bringen. Wenn es jemanden gibt, der einen Kaufwunsch äußert, dann lautet die prompte Antwort des Händlers; »Ich gebe sie her, aber nicht an Euch«, und da er zu nichts gezwungen werden kann, da er – wenn man es genau nimmt – lediglich »Ich verkaufe« gesagt hatte, kämpft er stets mit einem zweischneidigen Schwert und einer doppelläufigen Pistole.

Es überrascht mich nicht, dass es Makler gibt, die (wenn ihre Namen allgemein bekannt sind) ihre Kontrakte mit »N.N. mit Order« gegenzeichnen. Dazu werden sie durch ihren Wunsch getrieben, auf eigene Rechnung zu handeln, und sie wählen diese Unterschrift, um zu zeigen, dass das Geschäft nur auf »Order« eines Kunden abgeschlossen wird. So bemänteln sie ihre Habgier und ihre Dummheit.

Hingegen überrascht es mich, dass einige geschäftstüchtige Makler bereits seit Langem [zwei Arten von Geschäften] betreiben, nämlich das eigentliche Maklergeschäft sowie Börsentransaktionen auf eigene Rechnung. Bei der Lieferung der Aktien haben sie sich selbst zu Auftraggebern gemacht, und sie vertreten die Ansicht, dass eine Änderung des Namens eine tatsächliche Änderung des Auftraggebers bedeutet. Ein Mann aß mit seiner Frau in einem

Gasthaus und wollte nur für eine Person zahlen, mit der Begründung, Gottes Gesetz besage, dass ein Mann und sein Weib eins seien. Doch als der Wirt erkannte, dass sie die Sophisterei zu seinem Schaden einsetzten, zahlte er es ihnen mit ihrer eigenen Münze heim und verlangte von ihnen, sie sollten für elf Personen zahlen, denn wenn zwei eins seien, dann seien zwei Einsen nebeneinander elf. Anscheinend entspricht die List unserer gerissenen Makler der Gerissenheit des Gastwirts, denn sie versuchen sich einzubilden, sie könnten fünf Plätze besetzen und gleichzeitig die Rollen des Maklers, des Kaufmanns, des Vertragsnehmers, des Rechtsanwalts und des Richters spielen....

Doch mit gutem Grund sind alle Fraktionen an der Börse bestürzt, wenn ein einflussreicher und angesehener Makler, der ihnen Schutz gewährte, sie im Stich lässt. Wir dürfen annehmen, dass so ein Makler die erlesensten, vermögendsten und geschäftstüchtigsten Klienten an der Börse betreut. Die Haussiers sind seine Kunden, und seine unparteiischen Bemühungen dienten stets den Interessen seiner Auftraggeber. Eines Tages erkennt ein aufmerksamer Baissier, dass die Aktienkurse nachgeben. Um ihren Fall zu beschleunigen, erteilt er einem [redlichen] Makler den Auftrag, zehn Aktien zu verkaufen, ohne den Namen seines Auftraggebers preiszugeben. Der Makler führt den Auftrag anständig, klug und diskret aus, weil er die Courtage verdienen will, obwohl er offenkundig seinen Verbündeten [den Haussiers] Schaden zufügt. Seine verblüfften Anhänger fragen ihn, ob er für einen Auftraggeber verkaufe und ob er neue Nachrichten habe. Er antwortet nicht. Sie wollen wissen, ob er viele Aktien zu verkaufen habe. Er schweigt. Erbost über seinen Meinungsumschwung und seinen Verrat, entschließen sich seine früheren Verbündeten, ihn in Bedrängnis zu bringen und daran zu hindern, einen profitablen Verkauf zu arrangieren. Sie drücken den Kurs und werfen dem Makler Undankbarkeit vor, da er ihren Vorteil außer Acht gelassen hat. Als die geschickt verborgene Wahrheit ans Licht kommt, hat der Baissier, der den Auftrag erteilt hat, sein Ziel bereits erreicht: Er hat Zwietracht gesät und den Kurs in seinem Sinn beeinflusst....

Manche Makler denken sich unentwegt [neue Manöver] aus, erreichen jedoch aus eben diesem Grund ihre Ziele nicht. Die Haussiers streuen tausend Gerüchte über die Aktien aus, von denen ein einziges genügen würde, um die Preise hochzutreiben. Die Baissiers wenden tausend Kriegslisten an, um die Stimmung an der Börse zu drücken. Werden jedoch zufällig einige ihrer Hirngespinste bestätigt, so erweist sich die tatsächliche Entwicklung möglicherweise als weniger extrem [als man erwarten könnte]. Stellt sich beispielsweise heraus, dass die Lage trotz einer tatsächlichen Verschlechterung nicht so ernst ist wie befürchtet, so steigen die Kurse trotzdem. Auf der anderen Seite können die Kurse fallen, wenn ein vorteilhaftes Ereignis die euphorischen Erwartungen nicht erfüllt.

Muss ein schlauer Makler [der an einem Kursanstieg interessiert ist] Aktien im Wert von 2000 Pfund kaufen, so kauft er zunächst für 1000 Pfund, um den Eindruck zu erwecken, dass er Aktien im Wert von mindestens 20.000 Pfund erwerben wird. Sobald er sieht, dass ein anderer Makler ebenfalls kauft, sei es, um seinem Beispiel zu folgen oder ihm zu schmeicheln, tritt er an den Kollegen heran und beginnt, diesen mit gedämpfter Stimme – aber laut genug, um von allen gehört zu werden, die an seinen Worten interessiert sind – anzuflehen, ihn um Himmels Willen nicht zu ruinieren und den Kurs nicht zu beeinflussen, da er noch einen gewaltigen Posten kaufen müsse. Sollte es zu einer Störung kommen, werde die Transaktion scheitern, womit ein Verlust unvermeidlich wäre. Nun nimmt die Börse den erfundenen Auftrag für bare Münze: Augenblicklich beginnt alle Welt zu kaufen, um sich den Gewinn zu sichern, der aufgrund der vermuteten Tendenz zu erwarten ist. Obwohl der Erfolg dieser Schliche nicht garantiert ist, lohnt sich ein Versuch. Der böse Geist flüsterte Eva ein, eine Frucht vom verbotenen Baum zu essen, um unsterblich zu werden. Hätte sie tatsächlich die Unsterblichkeit erlangen können, so hätte ihr der böse Geist gewiss nicht dazu geraten, denn er gab nur zu seinem eigenen Vorteil Ratschläge. Ganz ähnlich verhalten sich die bösen Geister an unserer Börse. Wenn sie jedoch – wie oben beschrieben – versuchen, ihre Freunde zu überzeugen, keine Aktien zu kaufen, um sie selbst zu kaufen, und wenn sie mit der Bitte, ihre Freunde sollten den Kurs nicht beeinflussen, selbst zu einem Kursanstieg beitragen, so hat ein solcher Kunstgriff etwas beinahe Göttliches an sich....

Will ein großzügiger Makler einen Verwandten begünstigen, so [muss er möglicherweise] hundertmal an diesen herantreten, bevor es ihm gelingt, ihm die erforderliche Information zuzuflüstern, ohne dass sie von jenen aufgeschnappt wird, die ständig auf der Lauer liegen, um derartige Hinweise in Erfahrung zu bringen. Aus Furcht davor sprechen die beiden nur in Kürzeln miteinander, was zu Missverständnissen führt, da oft das Gegenteil von dem verstanden wird, was beabsichtigt war. Einmal fragte ich einen Herrn, der ganz in seine eigenen Angelegenheiten vertieft war, wie sich die Kurse seiner Meinung nach entwickeln würden. Er antwortete aufgeregt: »Ven.«[99] Ich glaubte, er habe mich zu sich gerufen, also folgte ich ihm und sah, dass er in einem Gasthaus viele Aktien kaufte, ohne mir noch irgendetwas anderes zu sagen. Also nahm ich an, er habe mich aufgefordert, ihm zu folgen und es ihm gleichzutun. Sehr glücklich über seinen Hinweis, eilte ich zur Börse und kaufte ein kleines Aktienpaket, als mir plötzlich auffiel, dass mein Ratgeber acht Aktien auf einmal verkaufte. Ich stellte ihn zur Rede und warf ihm vor, er habe mich heimtückisch getäuscht. Er jedoch versicherte mir (und bekräftigte das, indem er weitere Aktien verkaufte), dass er die heimlich erworbenen Aktien lediglich verwendet habe, um die Position seiner Feinde zu schwächen. Und genau darauf habe er mich auch hingewiesen, indem er wiederholt »Ven« zu mir gesagt habe; er sei ihm unmöglich gewesen, die Verkaufsempfehlung klarer auszusprechen, ohne dass jemand anderer Wind davon bekommen hätte....

Als abscheulich und böse muss man die Praxis einiger weniger Makler bezeichnen, die unter dem Vorwand der Gefälligkeit folgende Schliche anwenden, auch wenn sie deshalb allgemein als unehrenhaft gelten: Sie raten einem engen Freund zu verkaufen, obwohl sie selbst eine Kauforder haben. Noch schlimmer ist, dass sie die betroffene Person zum Verkauf von Aktien bewegen, die sie ihr selbst durch jemand anderen aufgedrängt haben, als wäre es nicht ein Leichtes, einen arglosen Menschen zu täuschen....

Kaufmann: Wir bitten Euch, unsere Aufmerksamkeit zu belohnen, indem Ihr uns den Grund für den [jüngsten] beispiellosen Kurssturz an der Börse erklärt, der innerhalb so kurzer Zeit einen derart traurigen Niedergang ausgelöst hat.

Aktionär: Das tue ich mit großem Vergnügen. Um Euch zu beruhigen, teile ich Euch mit, dass der Kurs der Aktien, der bis auf 365 gefallen war, mittlerweile wieder auf 465 gestiegen ist und dieses Niveau hält. Aber Ihr solltet die vielen Fallen kennen, die der böse Geist für die Haussiers ausgelegt hat.... Im Buch Hiob sagt der Satan zum Herrn, dass er über die Erde gezogen ist. Ich denke, vor unserem Unglück zog [derselbe böse Geist] über das Meer und durch das Land, da von überall schlechte Neuigkeiten eintrafen, die den Anstoß zu den schlimmen Ereignissen gaben. Auf dem Land herrschten zu jener Zeit überall Ruhe und Frieden, an der Börse waren genug Geld und Kredit

99) Hier kann es sich um eine Abkürzung von venir (kommen), aber auch von vender (verkaufen) handeln.

vorhanden, die Aussichten für die Exporte waren glänzend, das Land war von Unternehmergeist erfüllt, strahlende, von berühmten Feldherren geführte Armeen [beschützten das Land], die Nachrichten waren verheißungsvoll und die Kenntnis der Geschäfte unvergleichlich. Die Bevölkerung wuchs, die Flotte war stark und die Bündnisse vorteilhaft. Es gab keinerlei Anlass zu Befürchtungen, niemand machte sich irgendwelche Sorgen, nirgendwo war ein Wölkchen am Himmel oder ein kleiner Schatten zu sehen.

Was die Lage auf den Meeren anbelangte, so brachte ein französisches Schiff einen Brief des Gouverneurs der Kapkolonie. Der Brief enthielt die Nachricht, dass sich die Dinge in Indien nach Wunsch entwickelten und dass die von dort kommenden Schiffe mit wertvoller Ladung am Kap der Guten Hoffnung eingetroffen waren. Die Gründe für diese glückliche Entwicklung waren die Öffnung des chinesischen Markts und die Entdeckung neuer Minen. Alle Welt rechnete mit reichen Erträgen und einer vorteilhaften wirtschaftlichen Lage. Weite Kreise erwarteten sogar ein Wunder, das jedermann überraschen würde.

Nur ein einziger Umstand widersprach diesen wunderbaren Aussichten. Es traf die Nachricht ein, dass eines der am reichsten beladenen Schiffe vom Kap nach Batavia[100] zurückgekehrt war, weil es die Fahrt wegen einer Havarie nicht hatte fortsetzen können. Doch selbst dieses Ärgernis wurde nicht schwer genommen, da man erwartete, dass dieses Schiff dann eben mit den *Naa Schepen* kommen würde, zwei oder drei kleineren Schiffen, die normalerweise einige Monate nach dem ersten Geschwader aus Batavia ausliefen und Fracht im Wert von vier Tonnen [Gold] sowie die Bücher, Abrechnungen und Bilanzen der Verwaltung der Ostindien-Kompanie für die Direktoren in den Niederlanden mitbrachten. Einige Tage vor dem Eintreffen des ersten Geschwaders traf ein anscheinend durchaus zuverlässiger Bericht darüber ein, dass diese Schiffe auf einer Sandbank auf Grund gelaufen, jedoch außer Gefahr seien; außerdem folge das Schiff, das zur Umkehr gezwungen gewesen sei, der Flotte. Diese für die Haussiers erfreulichen Nachrichten, die auch für die Dividenden bedeutsam waren, weckten den Geist Ahabs und des Satans [an der Börse]. Jeder, der sich dem allgemeinen Jubel nicht anschloss, wurde als Dummkopf verspottet, und wer in dieser Lage Aktien verkaufte, galt als starrköpfig und als Todfeind seiner eigenen Interessen. Jede Verkaufsorder wurde als Torheit, Wahnsinn und Verbrechen bezeichnet.

---

100) Das heutige Jakarta.

Die Schiffe trafen sicher im Hafen ein, und die Direktoren lasen einen Teil der Briefe. Als sich das Gerücht verbreitete, dass die Fracht (der in Indien gekauften Güter, die als *Inkoop* bezeichnet wurden) nur einen Wert von 34 Tonnen [Gold] statt wie im Vorjahr 50 Tonnen hatte, schlug die Stimmung um, und die Zuversicht an der Börse schwand. Der Rückschlag wäre jedoch nicht so schwer gewesen, hätten nicht auch die Baissiers auf einen Kursanstieg spekuliert. Eingeschüchtert vom offenbar wunderbaren Ertrag, hatten sie es nicht gewagt, sich auf einen Kampf einzulassen. Hätten die Baissiers einen großen Posten Aktien [leer] verkauft, so hätten sie viel Geld verdient, als der Kurs zunächst um 20 Prozent abstürzte. [Da sie sich in diesem Fall zur Erfüllung ihrer Verpflichtungen hätten eindecken müssen], wäre der Kurseinbruch nicht derart gewaltsam gewesen. Doch da einige Leute zu verkaufen versuchten, um nicht noch mehr zu verlieren, während andere ihre Aktien abstießen, um jeglichen Verlust zu vermeiden, und wieder andere verkauften, um noch etwas zu verdienen, setzte eine allgemeine Verkaufsbewegung ein, und überall machte sich Mutlosigkeit breit. Diejenigen, die Aktien [aus früher geschlossenen Kaufverträgen] abnehmen mussten, verkauften, um ihre Verpflichtungen erfüllen zu können. Wer beliehene Aktien besaß, verkaufte sie, weil ihr Wert unter den geliehenen Betrag gesunken war. Wer gekauft hatte, verkaufte, um nicht noch mehr zu verlieren, und dann verkaufte er noch mehr, um den [früheren] Verlust auszugleichen. Die wenigen, die bereits [gezielt] leer verkauft hatten, drückten den Preis in der Hoffnung auf einen gewaltigen Gewinn noch tiefer. Am Ende boten die Leute ihre Aktien feil, als würden sie den [potenziellen] Käufer um Almosen bitten. Es herrschte eine derartige Panik, die Börse befand sich in einem derart tiefen Schockzustand, dass man den Eindruck hatte, die Welt werde untergehen und der Himmel werde einstürzen.

Die Stimmung hellte sich wieder auf, als der Inhalt weiterer Briefe der Kompanie bekannt wurde. Es hatte den Anschein, dass mit dem Verkauf der 34 Tonnen [aufgrund der gestiegenen Preise] genauso viel verdient werden konnte wie mit den 50 Tonnen, die im Vorjahr angelandet worden waren. Nun rotteten sich die Baissiers zusammen und streuten das Gerücht von einem bevorstehenden Kriegsausbruch aus, um die Haussiers nicht zu Atem kommen zu lassen. Sie behaupteten, von so vielen geheimen Kriegsvorbereitungen zu wissen, dass kein Zweifel möglich sei. Als nächstes, so die Baissiers, würden die Steuern auf ein unerträgliches Maß steigen, ganz Europa werde in Flammen aufgehen, und Elend, Schrecken und Ruin würden sich ausbreiten. Selbst jene, die den Verdacht hatten, dass es sich um eine Intrige der Baissiers handelte, wurden langsam besorgt. So erlangten die Baissiers die völlige Kontrolle über die Marktpreise. Ihre Machtposition war derart unerschütterlich, dass sie davon Abstand nahmen, Aktien gegen Kasse zu verkaufen und die Zahlungsunfähigkeit zu provozieren, denn sie brauchten noch einige solvente Marktteilnehmer. So geriet die Börse in die bedauerliche Lage, die ich gerade beschrieben habe, und sogar einige als sehr vermögend geltende Personen nahmen den Schutz in Anspruch, [den das Dekret von Frederick Henry] überforderten Optionskäufern gewährt. Diese Geschehnisse bestätigen die weise Redensart, dass man oft wie Saul nach David sucht und nur eine Statue findet. Auch an der Börse fand man Steine statt Männern, und die stärksten Säulen knickten unter der Last ein wie dünne Stöcke.

Noch beunruhigender war der Schaden, der in der Dukaton-Spekulation entstand. (Die Spekulation mit diesen imaginären Aktieneinheiten wurde von den Gerichten mit einem Glücksspiel oder einer Wette gleichgesetzt, weshalb Transaktionen mit Dukaton-Aktien nicht als rechtskräftige Geschäfte anerkannt waren.) Daher musste man sich nicht einmal auf Frederick Henrys Dekret berufen, um die Zahlung zu vermeiden.

Die Spekulanten reagierten sehr unterschiedlich, als bei diesem Taschendiebstahl Aktien im Wert von 500 Pfund [oder 3000 Gulden] erst 300 und später weitere 500 Gulden an Wert verloren. Einige wenige Ehrenmänner bezahlten alles, andere beglichen wenigstens einen Teil ihrer Schuld, soweit sie es sich leisten konnten. Es gab jedoch auch Personen, die unter dem Eindruck des plötzlichen Endes des Geschäfts (von dem niemand mehr sprach) ihren Verpflichtungen nicht mehr nachkamen. Einige taten das, weil sie nicht zahlen wollten, andere waren zahlungsunfähig, andere mussten die Zahlungen verweigern, weil sie selbst nicht mehr bezahlt wurden und keine ausreichenden Mittel hatten, um die Schwäche anderer auszugleichen. Manche brüsteten sich sogar damit, dass sie die Zahlungen eingestellt hatten, und waren unverfroren genug zu behaupten, sie hätten aus Dreck Geld gemacht, um ihre Gläubiger zu betrügen. Wären diese Männer nicht schamlos, sondern höflich gewesen, so hätten sie zumindest gesagt, dass der Mensch aus Staub sei und dass sie, da sie nichts anderes zur Befriedigung ihrer Gläubiger tun könnten, sich selbst, das heißt Staub geben würden, um ihre Körper als Opfer darzubringen....

[Wie sich herausstellte], brachten die Einfuhren der Ostindien-Kompanie einen fürstlichen Ertrag. Aber auch hier war das Licht [wie bei den Soldaten in Gideons Heer] in einem Gefäß verborgen gewesen. Nicht der Wert, sondern nur die Menge der importierten Waren war bekannt gewesen. Die kühnen Spekulanten erkannten den Glanz der Transaktionen nicht, sondern nur die *Hülle*, unter der sie verborgen waren. Nach der Prüfung der neuesten Geschäftsbriefe aus Indien stellte sich heraus, dass die Schiffsladungen ausgezeichnete Erträge abwerfen würden. Das Gefäß zerbrach, und das Licht wurde sichtbar, doch in diesem Augenblick stießen die Baissiers ins Horn und riefen, es werde ein Krieg erklärt werden.

Was für eine schreckliche Grausamkeit war es von diesen Henkern der Börse, nicht nur ein zukünftiges Ereignis, sondern sogar eine Entwicklung, die lediglich *möglicherweise* eintreten konnte, als vollendete Tatsachen darzustellen! Die Baissiers sahen voraus, dass die Vereinigten Provinzen [unter bestimmten Umständen] in den Krieg eintreten würden, und diese Annahme genügte ihnen, um einen Kriegsausbruch zu verkünden. Doch ich bin nicht von ihrer Prognose überrascht, sondern davon, dass sie angesichts der bloßen Möglichkeit eines Kriegs den Kriegsausbruch für eine Gewissheit hielten....

Meine Freunde, das ist alles, was ich über die jüngsten Unglücke an der Börse zu sagen habe, obwohl meine Darstellung nur ein blasses Abbild der Geschehnisse liefert....

Alle Welt beteiligte sich an der Spekulation. Als sie begann, bot die Börse ein schönes Bild, als sie vorüber war, hatte sie sich in einen trostlosen Ort verwandelt.... Die Losung *Audaces fortuna juvat* ... gilt nicht für die Ostindien-Kompanie, denn wir sehen, dass beim Handel mit ihren Aktien die Mutigen bestraft wurden.

Trotz dieser Schwierigkeiten rate ich dazu, nicht auf sinkende, sondern auf steigende Kurse zu setzen. Dass ich es aufrichtig meine, wird dadurch bestätigt, dass ich etwas empfehle, was mir selbst Verluste zugefügt hat, und dass ich etwas befürworte, was mich ruiniert hat. Gerade wegen meines Unglücks berate ich Euch gut.... Und damit Ihr seht, dass sich die Börse bereits erholt hat, möchte ich Eure Aufmerksamkeit auf die Tatsache lenken, dass die Aktien, die aufgrund der Furcht vor einem Kriegsausbruch um 180 Prozent gefallen waren, seit der Kriegserklärung wieder um 100 Prozent gestiegen sind....

Besonders bedauerlich finde ich das plötzliche Ende der Dukaton-Spekulation, von der so viele anständige Leute und so viele Menschen mit begrenzten

Mitteln lebten. Dieser Baum hatte so viele Wurzeln geschlagen, dass es niemand für möglich gehalten hätte, dass der Stamm im ersten Sturm umstürzen und der Kurs derart plötzlich fallen würde.... Es ist sehr traurig, wenn eine solche Katastrophe mit einem Schlag derart viele Träume, Menschen, Vermögen und so manchen guten Ruf vernichtet.

Julius Cäsar nahm die Hilfe des Mathematikers Sosigenes in Anspruch, um das unstete Mondjahr durch das konstante astronomische Jahr von 365 Tagen und 6 Stunden zu ersetzen und die Tag-Nacht-Gleiche auf einen gleichbleibenden Tag zu legen. Da es erforderlich war, die Daten aller Feiertage zu verändern ... und zwei zusätzliche Monate einzufügen, wurde das Jahr des Übergangs allgemein als *Jahr der Verwirrung* bezeichnet. Die Dukaton-Spekulanten begriffen, dass am 1. September die Abrechnung ihrer Transaktionen abgeschlossen sein musste. Auch sie hofften, ein Astronom werde die Zeitrechnung ändern und die Abrechnungszeit bis November verlängern, damit sich die Preise erholen und sie aus ihrer Notlage befreit würden. Sie erreichten dieses Ziel nicht, aber es wurde dieselbe Wirkung erzielt wie mit der Änderung des Kalenders. Auch dieses Börsenjahr war ein *Jahr der Verwirrung*, denn viele unglückliche Spekulanten erklärten einhellig, die gegenwärtige Krise sei das verworrenste aller Labyrinthe, der fürchterlichste aller Schrecken, die *größte aller Verwirrungen*....

Ich beende diesen Vortrag, denn mein Geist ist erschöpft. Ich bitte Euch, meine leidenschaftliche Schilderung dieser berühmten Kompanie als Beweis meiner Freundschaft zu akzeptieren, Die Kompanie wurde im Jahr 1602 auf Beschluss der Generalstaaten gegründet, nachdem 1594 mehrere Schiffe entsandt worden waren. Trotz des erbitterten Widerstands der Portugiesen und Spanier gelang es der Kompanie, zahlreiche Königreiche zu erobern und sich den Tribut vieler Könige zu sichern....

Auf den Landkarten werden gestrichelte Linien um noch nicht entdeckte Gebiete gezogen, die wir als *Terra incognita* bezeichnen. Auch an der Börse gibt es viele geheime Geschäfte, die ich nicht habe entdecken können, aber ich bediene mich des Kunstgriffs der Geographen: Solange, bis uns weitere Forschungen Gewissheit verschaffen, habe ich die Gegenstände mit dünnen Linien für euch gezeichnet. Ich hoffe, Ihr werdet mir als Freunde die Mängel der Darstellung nachsehen und als gebildete Männer die Lücken füllen.

Kaufmann: Ich für meine Person bin Euch dankbar für die Unterweisung. Ich schätze das Geschäft, aber ich verabscheue das Glücksspiel. Ich habe den Eindruck, dass meine Fähigkeiten für derart komplizierte Transaktionen nicht genügen. Dass ich beinahe den Verstand verloren hätte, als ich versuchte, etwas über die Spekulationen zu lernen, verrät Euch, wie wichtig der Ablauf der Börsentransaktionen für mich ist. Es ist möglich, dass ich Aktien erwerben und auf anständige Art damit handeln werde, aber ich bin fest davon überzeugt, dass ich mich niemals in einen Spekulanten verwandeln werde....

Philosoph: Ich werde denselben Weg gehen, denn ich bin zu alt, um Gefahren zu trotzen und Stürme zu überstehen. Ich werde meine Aktien behalten, bis es Gott gefällt, dass ich mich [nach dem jüngsten Kurssturz] in Frieden von ihnen trennen kann, denn ich werde nur mich selbst retten, ohne Wohlstand zu erlangen.... Alle philosophischen Schulen lehren uns, dass die Seele wertvoller ist als der Körper, dass das Leben wertvoller ist als der Tod, und dass das Seiende wertvoller ist als das Nichtseiende. Aber was die Börse anbelangt, so teile ich die paradoxe Meinung des platonischen Musikers, dass das Nichtseiende besser ist als das Seiende. Ich halte es für sehr viel besser, kein Spekulant zu sein, und damit meine ich die wirkliche Spekulation, nicht den redlichen Handel mit Aktien, denn was an diesem klar ist, ist an jener unklar....

Literaturverzeichnis

Amzalak, Moses Bensabat, *Joseph de la Vega e o Seu Livro »Confusión de Confusiones«* (Lissabon, 1925). (Enthält eine Aufstellung der Schriften de la Vegas.)

Amzalak, Moses Bensabat, *As Operações de Bôlsa Segundo Iosseph de la Vega ou José da Veiga Economista Portugués do Século XVII* (Lissabon, 1926).

Amzalak, Moses Bensabat, »Joseph da Veiga and Stock Exchange Operations in the Seventeenth Century«. In: *Essays in Honour of the Very Rev. Dr. J. H. Hertz* (London, 1944), S.33-49.

Barbour, Violet, *Capitalism in Amsterdam in the Seventeenth Century* (Baltimore, 1950). (The John Hopkins University Studies in Historical and Political Science, Reihe 67, Nr. I).

Bloom, Herbert Ivan, *The Economic Activities of the Jews of Amsterdam in the Seventeenth and Eighteenth Centuries* (Williamsport, 1937).

Cole, Arthur Harrison, *The Great Mirror of Folly (Het Groote Tafereel der Dwaasheid)* (Boston 1949). (The Kress Library of Business and Economics, Publication No. 6).

Dillen, Johannes Gerard van, »Isaac le Maire et le Commerce des Actions de la Compagnie des Indes Orientales«. In: *Revue d'Histoire Moderne,* X (1935), S.121-137.

Dillen, Johannes Gerard van, »Termijnhandel te Amsterdam in de 16de en 17re Eeuw«. In: *De Economist,* LXXVI (1927), S. 503-523.

Ehrenberg, Richard, »Die Amsterdamer Aktienspekulation im 17. Jahrhundert«. In: *Jahrbücher für Nationalökonomie und Statistik,* 3. Reihe, Bd. 3 (1892), S. 809-826.

Galbraith, John Kenneth, *The Great Crash 1929* (New York 1962).

Galbraith, John Kenneth, *Der Große Crash 1929 – mit einem Vorwort von Prof. Dr. Max Otte* (München, 2008).

Garber, Peter, *Who put the Mania in the Tulipmania?* In: Eugene N. White: *Crashes and Panics* (Homewood, Ill., 1988); S. 3-33.

Jongh, J. de, *De Nederlandsche Makelaardij...met een Voor Woord van P.A. Diepenhorst* (Haarlem, 1949).

Kellenbenz, Hermann, *Unternehmerkräfte im Hamburger Portugal- und Spanienhandel, 1590-1625* (Hamburg, 1954).

Laspeyres, Etienne, *Geschichte der volkswirtschaftlichen Anschauungen der Niederländer und ihrer Literatur zur Zeit der Republik* (Leipzig, 1863). (Fürstlich Jablonowski'sche Gesellschaft zu Leipzig, XI).

MacKay, Charles, *Extraordinary Popular Delusions and the Madness of Crowds* und Joseph de la Vega, *Confusión de Confusiones* (New York, 1996).

MacKay, Charles, *Zeichen und Wunder – aus den Annalen des Wahns* (Frankfurt, 1992).

Müller, Dirk, *Crashkurs – Weltwirtschaftskrise oder Jahrhundertchance? Wie Sie das Beste aus Ihrem Geld machen* (München, 2009).

Otte, Max, *Der Crash kommt – die neue Weltwirtschaftskrise und wie Sie sich darauf vorbereiten* (Berlin, 2006).

Otte, Max und Castner, Jens, *Deutsche Superinvestoren aus Graham- und Doddsville – Erfolgsgeheimnisse der besten Value-Investoren* (München, 2007).

Kindleberger, Charles, *Manias, Panics and Crashes – a History of Financial Crises* (New York, 3. Aufl. 1996).

ders., *Manien, Paniken, Crashs – die Geschichte der Finanzkrisen der Welt* (Kulmbach 1991).

Rüstow, Alexander, *Die Religion der Marktwirtschaft* (Münster, 2003).

Samuel, Ludwig, *Die Effektenspekulation im 17. und 18. Jahrhundert* (Berlin 1924), S. 192 ff. (Betriebs- und finanzwirtschaftliche Forschungen, II. Serie, Heft 13).

Sayous, André Emile, »La Bourse d'Amsterdam au XVIIe Siècle«. In: *Revue de Paris*, 1900, Bd. 3, S. 772-784.

Sayous, André Emile, »Die grossen Händler und Kapitalisten in Amsterdam gegen Ende des sechzehnten und während des siebzehnten Jahrhunderts«. In: *Weltwirtschaftliches Archiv,* Bd. 46, Heft 3 (1937), S. 685-711; Bd. 47, Heft 1 (1938), S. 115-144.

Sayous, André Emile, »La Spéculation sur Marchandises dans les Provinces-Unies au XVIIe Sciècle«. In: *Bijdragen voor Vaderlandsche Geschiedenis en Oudheidkunde*, Bd. IV, 3 (1903), S. 24-36.

Smith, Marius Franciscus Johannes, *Tijd-Affaires in Effecten aan de Amsterdamsche Beurs* (Den Haag, 1919).

Vaz Diaz, A.M., »Over den Vermogens Toestand der Amsterdamsche Joden in de 17e en de 18e Eeuw«. In: *Tijdschrift voor Geschiedenis*, Bd. 51 (1936), S. 165-176.

Vega, Joseph de la, *Confusión de Confusiones ...herdruk van den Spaanschen Tekt met Nederlandsche Vertaling, inleiding en toelichtingen door Dr. M. F. J. Smith; vertaling door Dr. G. J. Geers* (Den Haag, 1939). (Nederlandsch *Economisch-Historisch Archief*. Werken, 10).

Vega, Joseph de la, *Die Verwirrung der Verwirrungen; Vier Dialoge über die Börse in Amsterdam. Nach dem Spanischen Original...übersetzt und eingeleitet von Dr. Otto Pringsheim* (Breslau, 1919).

Vega, Joseph de la, *1650-1692? Confusión de confusiones. übersetzt und eingeleitet von Hermann Kellenbenz* (Boston, Mass.: Harvard Graduate School of Business Administration, 1957).

Vergouwen, J.P., *De Geschiedenis der Makelaardij in Assurantiën hier te Lande tot 1813* (Den Haag, 1945).

White, Eugene N., *Crashes and Panics* (Homewood, Ill., 1988).

Über den Herausgeber

IFVE Institut für Vermögensentwicklung

Seit 1999 hilft Prof. Dr. Max Otte Privatanlegern, unabhängig von Banken und Finanzdienstleistern Vermögen aufzubauen und zu sichern. Das Institut für Vermögensentwicklung hat es sich zum Ziel gesetzt, erfolgreiche und praktikable Aktien- und Vermögensstrategien für Privatanleger zu entwickeln.

Mit seinem Analyseteam verfolgt Otte die internationalen Kapitalmärkte und gibt transparente und seriöse Informationen für die Kapitalanlage heraus. Von August 2002 bis Juni 2009 erzielte er mit seinem Wachstumsdepot eine Rendite von 68,5%, der DAX eine Rendite von nur 28,6%. Die Anlageentscheidungen von Prof. Otte und seinem Team können Sie als Mitglied online jederzeit nachvollziehen. So werden Privatanleger in die Lage versetzt, ihre Geldanlageentscheidungen in die eigene Hand zu nehmen.

Als Internetmitglied des Instituts können Sie sämtliche Online-Informationsangebote nutzen. Als Vollmitglied erhalten Sie eine gründliche Analyse Ihrer Vermögenssituation, persönliche Empfehlungen und einen jährlichen Depotcheck. Eine begrenzte Zahl von Privatkunden wird von Prof. Otte und seinem Team persönlich beraten. Das Angebot des Instituts können Sie unverbindlich testen:

➤ *http://www.privatinvestor.de/formulare/download.php*

Einmal im Jahr unternimmt Prof. Otte eine Vortragsreise durch Deutschland, die Schweiz und Österreich. Informationen zu den Terminen finden Sie unter:

➤ *http://www.privatinvestor.de/html/register/reg_seminare.php*

Den von Prof. Otte gemanagten Anlagefonds finden Sie unter:

➤ *www.privatinvestor.ch*

IFVE Institut für Vermögensentwicklung GmbH
Frau Gitta Kikulski
Auf dem Ebenfelde 5a
56567 Neuwied
Tel.: 02631-979154
Fax.: 02631-979156
www.privatinvestor.de;
info@privatinvestor.de

Kolibri 360 GmbH
Ferdinand-Jühlke-Straße 7
99095 Erfurt, Deutschland
produktsicherheit@kolibri360.de

Druck:
CPI Druckdienstleistungen GmbH
im Auftrag der
Kolibri 360 GmbH
Ferdinand-Jühlke-Str. 7
99095 Erfurt